Hanny Lightfoot-Klein

Odyssee einer Frau in Afrika

Eine Lebensgeschichte

Aus dem Amerikanischen von
Elke vom Scheidt

Fischer Taschenbuch Verlag

Die Frau in der Gesellschaft
Herausgegeben von Ingeborg Mues

9.–10. Tausend: August 1996

Deutsche Erstausgabe
Veröffentlicht im Fischer Taschenbuch Verlag GmbH,
Frankfurt am Main, Juni 1995

Titel der amerikanischen Originalausgabe:
›A Woman's Odyssey into Africa. Tracks Across a Life‹,
erschienen bei Harrington Press.
An Imprint of The Haworth Press, Inc.,
New York, London, Norwood (Australia)
© 1992 by Hanny Lightfoot-Klein
Für die deutschsprachige Ausgabe:
© Fischer Taschenbuch Verlag GmbH, Frankfurt am Main 1995
Gesamtherstellung: Clausen & Bosse, Leck
Printed in Germany
ISBN 3-596-12324-0

Gedruckt auf chlor- und säurefreiem Papier

Inhalt

Brief aus Kadugli 7
Erste Schritte 20
Die Flucht aus Ägypten 33
Garten 40
Ein sudanesisches Sprichwort:
Als Allah den Sudan schuf,
lachte Allah 44
Costi 49
Die Barbarische Praxis 54
Sexualerziehung 61
Persönliche Dämonen 73
Scharade in Wad Cherrifay . . . 89
Kleine Sünden 99
Lightfoot 119
El Shadida 131
Die Gesichter meiner Geliebten . 149
Dein Tod ist immer bei dir . . . 155
Haute Cuisine in Port Sudan . . 168
Stephanies Lied 175
Requiem für einen Goliathreiher . 185
Karen Blixen kehrte nie
nach Afrika zurück 222
Kristallnacht:
Wiederbegegnung mit Deutschland 269

Für meine unerbittlichen Dämonen.
Für Laurance, den Liebenswerten.
Für John, mein wohlwollendes Ungeheuer.
Und für Lightfoot, meinen indianischen Großvater,
der mich lehrte, wie man lebt.

Brief aus Kadugli

Daniel, mein liebster Sohnnenschein,

Himmel, das muß der Rand der Erde sein! Bin ich schon heruntergefallen oder erst im Begriff dazu? Wenn es nur nicht so unmenschlich heiß wäre! Wenn ich nur nicht so entsetzliches Heimweh hätte! Es muß fast ein ganzes Jahr her sein, daß ich meine Kinder zum letzten Mal gesehen habe, und fast so lange, seit ein Brief bis zu mir durchgekommen ist! Diese allumfassende Einsamkeit packt mich nicht oft, aber wenn sie es tut, plötzlich und aus heiterem Himmel, ist sie wie ein Vorschlaghammer, der mich bis in die Eingeweide trifft. Woher kommt sie? Gestern war ich so glücklich!
Aber ich greife vor. Gestern? Ach ja, ich kam aus Kelek, einem Dorf in den Bergen, nach Kadugli zurück. In Kelek gibt es einen sogenannten See. Sein Wasser ist unglaublich trübe, verdreckt und voller Tierkot. Große Rinder- und Ziegenherden waten jeden Morgen und Abend hinein, um zu trinken, während das Wasser für den menschlichen Verzehr kaum hundert Meter weiter geschöpft wird, als wäre es dort weniger verschmutzt! Ich habe das Gewicht meiner vollen Wasserflasche nur zu oft verflucht, aber was für ein Schatz wird sie an Orten wie diesem!
Und was für ein Dorf! Absolut unberührt. Keine Spur von der allgegenwärtigen Pest der Plastiktüten. Es gibt keine einzige Pepsibüchse. Ich hatte einen Stapel Streichholzheftchen bei mir, gespendet von einer freundlichen Stewardeß in Khartum, und sie erregten ziemliches Aufsehen. Ich versuchte zu erklären, daß sie in der Regenzeit sehr nützlich sein können, aber der unwiderstehliche Zauber dieses Wunders erwies sich als übermächtig. Immer, wenn ich ein Heftchen verschenkte, nachdem ich zuerst seine Macht demonstriert hatte, setzte der Empfänger sich einfach hin und zündete ein

Streichholz nach dem anderen an, bis alle verbraucht waren. Vielleicht ist es so am besten. Ganz offensichtlich haben sie Mittel und Wege, selbst bei Regen Feuer zu machen, und brauchen meine Streichhölzer nicht, außer als wunderbare Unterhaltung!
Sie nennen mich *Chiwadja*, weiße Frau, und wenn sie mich nach meinem Namen fragen, sage ich, ich hieße *El Shadida*, die Starke. Ich muß allerdings gestehen, daß ich mich im Augenblick nicht allzu stark fühle, sondern eher weinerlich und abgrundtief einsam. Auch *das* wird vergehen. Es wird, es wird. Das tut es am Ende immer, mit dem nächsten Schritt, dem nächsten Tag, dem nächsten Abenteuer. Ich brauche bloß meinen Rucksack zu schultern, den linken Fuß vor den rechten und dann den rechten vor den linken zu setzen und einfach weiterzugehen. Dieses Rezept versagt bei mir nie.
Die Fahrt nach Kelek war nicht allzu schlimm, aber ich habe hier gelernt, die Diskrepanz zwischen Theorie und Praxis zu berücksichtigen. Theoretisch verläßt der Lastwagen Kadugli um drei Uhr nachmittags und erreicht Kelek um fünf Uhr nachmittags, und ich hätte reichlich Zeit gehabt, vor Einbruch der Dunkelheit mein Zelt aufzuschlagen. So weit, so gut.
Tatsächlich fuhr der Fahrer aber erst um sechs Uhr abends los, und nach den üblichen Pannen und Verwandtenbesuchen in den Dörfern am Weg erreichten wir Kelek erst um Mitternacht. Doch es war alles ganz wundervoll, denn auf der Fahrt bekam ich bei jedem Halt Datteln und Erdnüsse, in jedem Dorf Einladungen zu Tee und Zitronensaft, und es gab viele exotische Dinge zu sehen.
So versuchte ich um zwölf Uhr nachts, ein Zelt aufzubauen. Der Boden war steinhart, und ich war völlig außerstande, im schwachen Mondlicht dieses Ungeheuer von einem Zelt auseinanderzusortieren. Nun gut, macht nichts. Der Schlafsack mußte reichen. Aber es wird kalt hier! Tagsüber steigt das Thermometer auf weit über vierzig Grad Celsius, aber nachts muß es so um fünf Grad kalt sein.
Ein Wort zu den Straßen. (Hier tritt eine kurze Pause ein, während ich hysterisch kichere.) Natürlich gibt es nichts dergleichen. Was es gibt, ist ein Pfad von ausgetrockneten Reifenspuren, ein Erbe der Regenzeit, und es ist sehr vergnüglich, wenn das ungefederte Fahrzeug in und aus den vielen trockenen Vertiefungen rumpelt, die zu durchqueren sind.

Eine weitere Quelle der Unterhaltung, auf die man sich verlassen kann, ist der Versuch, den Lastwagen nach einer Panne wieder in Gang zu bringen. Jeder, buchstäblich *jeder*, muß die Lasten abladen und anschieben. Gewöhnlich fährt das Ding ein oder zwei Stunden, ehe es zusammenbricht, außer wenn man besonderes Pech hat.

Ich habe keine Ahnung, wie dieser Brief Dich erreichen wird. Vielleicht reist bald jemand von hier nach Khartum, vielleicht auch nicht. Mit dem Lastwagen dauert die Strecke drei Tage, mit dem Flugzeug eine Stunde. In Khartum wird der Überbringer jemanden finden müssen, der nach Europa oder in die Vereinigten Staaten fliegt. Der Brief könnte ohne weiteres einen Monat, drei Monate oder auch nur eine Woche brauchen, um zu Dir zu gelangen.

Auch hier in Kadugli gibt es ein Klein-Amerika, eingeschlossen in einen achteckigen Bau, der als »Rundes Haus« bekannt ist. Seine Bewohner strapazieren die Nerven weit weniger als die kleinlichen Bürokraten, die vage mit der amerikanischen Präsenz in Khartum verbunden sind. Ich weiß nicht so genau, was sie hier machen, nur daß sie an irgendeinem landwirtschaftlichen Projekt beteiligt sind. Im Augenblick sind sie alle in Khartum und gestatten mir freundlicherweise, das Haus zu benutzen.

Das Haus ist ein Wunder an moderner Technologie; es hat nämlich einen Kühlschrank, eine Toilette mit Wasserspülung, eine Waschmaschine, Deckenventilatoren, richtige Betten mit Matratzen, Möbel, eine Dusche und einen Elektroherd aufzuweisen. Allerdings gibt es selten Strom, um dieses Mirakel in Gang zu setzen. An glücklichen Tagen kommt er für ein oder zwei Stunden, aber glückliche Tage sind selten.

Heute gab es für eine halbe Stunde Wasser, o Freude und Seligkeit! Als ich gestern aus Kelek zurückkam – schmutzig und staubbedeckt –, floß überhaupt kein Wasser, und ein Hausboy war nicht aufzutreiben. Schließlich kam es mir in den Sinn, im Kühlschrank nachzusehen, und ich war hocherfreut, mit einer Flasche warmen, aber trinkbaren Wassers belohnt zu werden.

Es ist erstaunlich, wie schnell man lernt, sich anzupassen. Man stürzt nicht einfach unter die Dusche, wenn das Wasser angestellt wird. Man füllt zuerst ein paar Eimer für den Fall, daß es plötzlich wieder ausbleibt, wenn man sich gerade das Shampoo aus den Haaren waschen will.

Die Rückreise von Kelek war herrlich bizarr. Es gelang mir, einen Platz auf einem Lastwagen zu finden, der die Teilnehmer eines Schulausfluges nach Kadugli zurückbrachte. Stell Dir, wenn Du Dich traust, das geballte Irresein von fünfzig pubertierenden afrikanischen Jungen im Junior-High-School-Alter vor, in einen Lastwagen gepfercht, der vernünftigerweise etwa zwanzig Personen Platz bietet, wie sie in einem Fahrzeug ohne Stoßdämpfer durch die straßenlosen Berge rumpeln, und dazu Deine Mutter.

Es gibt nur eine Art, solche Dinge durchzustehen. Du mußt einige ziemlich beträchtliche Verschiebungen in Deinem Nervensystem vornehmen. Wenn Du zu diesen Verschiebungen fähig bist, kannst Du hier nicht nur überleben, sondern alles wird zu einer Herausforderung, einer Feuerprobe, die schließlich all Deine Schlacken wegbrennt, Stückchen für Stückchen. Es hilft, wenn man ein Läufer ist. Das hat mich gelehrt, wie ich mit dem physischen Schmerz umgehen muß, der hier ein integraler Bestandteil allen Reisens ist.

Inzwischen hält der Kulturschock an. Die Mentalität der Sudanesen ist nicht leicht zu ergründen, einfach, weil sie uns in bestimmten Aspekten ihrer menschlichen Beziehungen soweit voraus sind, in der Technologie aber weit nachhinken. Woran man sich ständig erinnern muß, ist, daß die Sudanesen überaus moralische Menschen im besten Sinne des Wortes sind.

Es gibt einen Begriff, den man in diesem kahlen, wasserlosen Land am besten sehr schnell lernt, und das ist der Begriff von *fee* und *mafee* – es gibt und es gibt nicht. Wenn Dinge mafee sind, dann sind sie hoffnungslos und rettungslos mafee. Wenn Wasser mafee ist, ist es mafee. Wenn Transportmittel oder medizinische Hilfe oder Komfort oder Rettung mafee sind, dann sind sie mafee. Telefon? Post? Flugzeuge? Total mafee. Und das macht etwas mit Deinem Kopf. Du mußt die Fähigkeit entwickeln, solche Dinge zu akzeptieren, und das am besten sehr schnell, wenn Du bei Verstand bleiben willst. Schließlich gibt es ja eine halbe Stunde am Tag Wasser, aber Du mußt lernen, es zu nehmen, wie es kommt. Kulturschock? O ja. Kulturschock fee!

In Khartum ist es ganz anders. Trotz allen Stöhnens und Klagens, das man im Amerikanischen Club hört, besitzt diese Stadt eine kleine Handvoll einigermaßen anständiger Restaurants, und der westliche Sektor ist stolzer Besitzer von zwei oder drei Schwimmbädern, alle von den Wassern des Nil gespeist. Ebenfalls am Nil gibt es eine kleine Anzahl protziger Hotels, die mikrokosmische Enklaven von westlichem Luxus und natürlich der damit einhergehenden Denkart sind.

Aber hier draußen, an den Grenzen von mafee, steht das heikle Gleichgewicht des Überlebens ständig auf Messers Schneide.

Während ich Dir dies schreibe, schaut mir einer der Hausboys von hinten über die Schulter. Die Hausboys meinen alle, ich sei eine *dictori* und schriebe einen Brief nach Washington. Jeden Morgen besuche ich sie im Hof, wo sie ein Feuer gemacht haben und in ihrem verbeulten Kessel Wasser erhitzen. Ich bringe meinen Schatz mit, eine Büchse mit englischem Tee, den wir alle miteinander teilen, und wir plaudern. Endlich fange ich an, ein wirkliches Gefühl für die Sprache zu bekommen.

In Kelek sah ich Leute einen Stier schlachten, den sie zwischen zwei Bäumen angebunden hatten. Es dauerte mehrere Minuten. Ich glaube nicht, daß ich je wieder Rindfleisch werde essen können. Sie schlugen ihm mit Keulen über den Kopf und schnitten ihm dann die Kehle durch, aus der eine unglaubliche Menge Blut strömte. Ich wollte weglaufen und mich verstecken, zwang mich aber, von Anfang bis Ende zuzusehen. Dies ist kein Ort für jemanden, der Angst hat, Blut zu sehen. Es fließt ständig wie ein Fluß, weit reichlicher als Wasser.

In meiner ersten Nacht in Kadugli wohnte ich bei der Frau eines Arztes, für den mir eine Krankenschwester in Khartum einen Empfehlungsbrief mitgegeben hatte. Der Arzt, den ich zu interviewen hoffte, war gerade nach Port Sudan gefahren. Seine Frau nahm mich auf und behandelte mich wie eine lange vermißte Freundin, obwohl ich völlig unangemeldet gegen ein Uhr nachts bei ihr erschienen war. Am nächsten Morgen trug sie ein einfaches ärmelloses Hauskleid, und ich konnte sehen, daß ihr ganzer oberer Rücken und ihre Arme tiefe Narben aufwiesen – zufällige, keine rituellen Narben, als sei sie mit einer Pferdepeitsche geschlagen worden. Ich konnte nicht anders, ich mußte sie fragen, woher sie diese Narben hatte. Sie lachte bloß und erzählte mir, als sie ein kleines Mädchen gewesen sei und in einem Dorf gelebt habe, habe ihre Mutter sie mit einer Eselspeitsche geschlagen, wenn sie nicht gehorchte.

Ich akzeptierte ihre Erklärung, und ich frage mich unwillkürlich, wie die vollständige Geschichte lautet. Diese Narben sind ziemlich eindrucksvoll. Einige davon sind zwanzig bis fünfundzwanzig Zentimeter lang, und so, wie sie aussehen, muß die Peitsche sie ziemlich schlimm geschnitten haben. Gewöhnlich schlagen die Leute hier ihre Kinder nicht. Man hört sehr selten ein Kind weinen. Ich frage mich, aus welcher Gegend sie stammt. Vielleicht hatte sie bloß besonders großes Pech. Einigen Leuten geht es so. Und doch, was ist sie für eine warmherzige, liebevolle Frau! Ich wünschte, ich kennte ihre Geschichte.

Heute erschien plötzlich, die hügelige Landschaft durchquerend, ein Landrover mit einem englischen Botaniker, einem sudanesischen Assistenten, einem Fahrer und, Wunder aller Wunder, einem freien Sitz für mich und einer Einladung, mich ihnen für den Tag anzuschließen. Was für ein herrlicher Glücksfall, ein Gefühl für die Gegend zu bekommen, ohne daß ich mich selbst abmühen muß, sie zu durchwandern! Das gibt mir eine Chance, mehr über die Nuba zu erfahren.

Eine interessante Subkultur, die Nuba. Sie sind ein echter Naturstamm mitten im Prozeß des Übergangs. Die sudanesische Regierung zwingt diese Menschen, die bis vor kurzem nackt gingen, ein schlecht geschnittenes und daher offensichtlich unbequemes Kleidungsstück namens »Missionarsshorts« zu tragen, um das zu bedecken, was zu zeigen die Regierung für unziemlich hält. Um ihnen diese Vorschrift schmackhafter zu machen, sind die Shorts aus grellbunten Stoffen geschneidert.

Die Nuba halten ihren Körper peinlich rein, haben aber absolut keine Vorstellung davon, wie man mit Kleidern umgeht, und es ist ganz offensichtlich, daß die Missionarsshorts niemals gewaschen werden. Zu allem Überfluß ist dieses Kleidungsstück auch noch aus billigem synthetischen Stoff gefertigt, der nicht atmet. Man kann sich leicht die ungesunden Auswirkungen auf die Nuba in diesem tropischen Klima vorstellen.

Durch irgendeine seltsame Laune des Schicksals hat auch eine

Schiffsladung knallbunter Legwarmers ihren Weg zu den Nuba gefunden, und daher vervollständigen diese unwahrscheinlichen Accessoires das hochmodische Aussehen, das durch ihren Brauch, ihren Körper mit ausgedehnten Schmucknarben zu verzieren, noch gesteigert wird.

Die dominierende Kultur des Islam betrachtet die Nuba offensichtlich als minderwertige Subspezies. Die beiden Kulturen koexistieren, doch Handel und Besitz liegen ganz in den Händen ersterer. Ihr gehören die Lastwagen, die Wasserstellen, die Getreidespeicher, die Backöfen und die Schule. Die Nuba existieren irgendwo an den Rändern. Sie graben ihre eigenen Wasserlöcher, die flach, schlammig und voller Schweineexkremente sind. Die Bäuche der Kinder sind von Parasiten aufgebläht, und nach dem, was der britische Botaniker mir sagt, liegt die Säuglingssterblichkeit irgendwo um die fünfzig Prozent.

Der Botaniker ist ein recht interessantes Exemplar. Er hält sich in vieler Hinsicht für den glücklichsten Menschen der Welt. Er verbringt seinen Tag damit, Proben von Blättern, Samenhülsen und Blüten zu sammeln, die er dann in Plastiktüten ordnet und sorgfältig beschriftet. Er sagt mir, er könne sich nichts auf der Welt vorstellen, was er lieber täte. Die Hälfte seiner Zeit verbringt er an der Universität von Khartum, die andere Hälfte mit Feldforschung in entlegenen Gebieten.

Afrika tut ihm offenbar sehr wohl. Auch er liebt die Freiheit, durch die Landschaft zu streifen und ganz auf sich selbst gestellt zu sein. Seine Frau und seine drei Kinder leben in Khartum. Seinen Kindern gefällt es dort, seine Frau kann es gerade eben ertragen. Ihm ist klar, daß er in bezug auf diese Familie irgendwann eine Entscheidung treffen muß, aber ohne es zu wissen, hat er sie bereits getroffen.

Wir stießen auf einen herrlichen blühenden Baum voll riesiger, orchideenartiger Blüten, die einen starken, berauschenden Duft verströmen. Die Blüten sind so spektakulär, daß ich eine davon pflücken möchte, um sie genauer zu untersuchen, aber der Botaniker hindert mich daran. Die Eingeborenen nennen dieses Wunder den »Giftbaum«, und sein Saft ist so giftig, daß er sich, wenn man ihn auf der Haut läßt, geradewegs durch sie hindurchfrißt. Der Botaniker nimmt ein Paar Schutzhandschuhe heraus und pflückt eine

Blüte für seine Sammlung, wobei er die ganze Zeit glücklich vor sich hin summt. Es ist schwer, ihn nicht um seine persönliche Welt der Vollkommenheit zu beneiden.
So ist Afrika. Entweder liebst Du es, oder Du haßt es. Diejenigen, die es lieben, können durchaus in eine Besessenheit geraten, die so stark ist, daß im Vergleich dazu alles andere in ihrem Leben verblaßt. Nur diejenigen, die ähnlich besessen sind, können ihre Leidenschaft verstehen.
Drei Tage später im Dorf Reika: Ich habe mich wieder einmal verliebt. Ich wohne im Haus des örtlichen Händlers in den Frauengemächern, zusammen mit seinen drei Ehefrauen. Er ist weder sehr jung noch besonders attraktiv, also scheint es wenig Grund zur Eifersucht zwischen ihnen zu geben. Sie kommen glänzend miteinander aus, teilen alles, Arbeit, Essen, Versorgung der Kinder, und leisten sich gegenseitig Gesellschaft.
Zusammen haben sie acht kleine Kinder, sechs davon Mädchen. Nur eines von ihnen ist bisher dem unterzogen worden, was sie hier euphemistisch »weibliche Beschneidung« nennen, und, Himmel, wie verschieden seine Augen von denen der anderen, unversehrten sind! Etwas passiert mit den Augen. Ich habe es so viele, viele Male gesehen! Es ist, als ob das ganze Auge flach würde – buchstäblich, morphologisch *flach*! Und etwas fehlt diesen Augen. Es ist, als sei das Licht ausgelöscht, das Feuer erstickt worden. Das ist unverkennbar.
Ich habe mich in all diese exquisiten, zerbrechlichen Vögelchen von Kindern verliebt, die wie Perlenschnüre an meinen beiden Händen hängen, wenn ich spazierengehe. Aber eines besonders ist da, das immer als erstes meine Hand findet, das mir jeden Wunsch von den Augen abliest, das stundenlang bei mir sitzt und jede Bewegung beobachtet, wenn ich schreibe. Oh, wie sehr wünschte ich, die Kleine retten zu können! Wie wünschte ich mir, ich könnte sie an einen Ort bringen, wo sie vor der Qual sicher ist, die sie erwartet! Aber natürlich bin ich völlig machtlos, das zu tun, und das ist die unablässige Folter, mit der ich hier leben muß.
Meine Umgebung aus kleinen Mädchen hat gelernt, »liebes Spätzchen« zu mir zu sagen, vermutlich, weil ich das ständig zu ihnen sage. Heute morgen, während ihre Mütter anderweitig beschäftigt

waren, nahmen sie mich feierlich beiseite, hoben ihre Kleider und zeigten mir die Unterhöschen, die sie trugen. Ich akzeptierte ihre Geste als höchsten Ausdruck von Vertrauen und Schwesterlichkeit, und als sie mich alle ganz gespannt und erwartungsvoll ansahen, hob ich mein Kleid und zeigte ihnen meinen eigenen Slip. Damit schienen sie halbwegs zufrieden. Trotzdem frage ich mich, was sie wirklich sehen wollten. Wenn ich mich an meine eigene brennende Neugier im gleichen Alter erinnere, habe ich eine recht gute Vorstellung davon, was das gewesen sein mag.

Zu einer Zeit, an die die Alten sich noch erinnern, war das Klima der Nuba-Hügel noch gemäßigt, feucht und ideal für pflanzliches und tierisches Leben. Heute ist es drückend heiß und trocken und wird nachts immer kälter. Ich konnte aus der Luft deutlich den Prozeß der Verwüstung sehen. Ein norwegischer Anthropologe, der auf dem Flug neben mir saß, wies mich darauf hin. Wo immer menschliche Behausungen sind, gibt es ringsum einen Kreis völlig entblößter Erde. Da die Bevölkerung wächst, entstehen immer mehr von diesen Kreisen, bis sie sich überschneiden und ineinander übergehen, und das Endergebnis ist eine übervölkerte, nackte Wüste. Es ist erschreckend anzusehen.

Eine Woche später, zurück in Kadugli: Interessanter Kommentar zur sudanesischen Persönlichkeit. Als ich in das Runde Haus zurückkam, stellte ich fest, daß all meine Habseligkeiten, die ich in einem verschlossenen Raum gelassen hatte, fachmännisch durchsucht worden waren – alle meine Kleider, Papiere, Schnappschüsse, Filme, Bänder, Medikamente und Toilettengegenstände herausgezogen und sorgfältig inspiziert. Mein Geldgürtel, den ich in einem verbleiten Schutzumschlag für Filme versteckt hatte, ist mit einem feinzahnigen Kamm durchsucht worden. Niemand hat sich bemüht, meine Habseligkeiten wieder zusammenzupacken oder den Versuch zu unternehmen, die erfolgte Durchsuchung zu verheimlichen. Unglücklich betrachte ich die offenen Reißverschlüsse und geöffneten Riemen meiner verstreuten Besitztümer und frage mich, wo ich mit dem Aufräumen anfangen soll. Die Hausboys und Wachleute scheinen sich in Luft aufgelöst zu haben.

Nach vielleicht zweistündiger Inventur entdecke ich zu meiner gro-

ßen Verwirrung, daß nichts, aber auch gar nichts fehlt. Kein Penny, kein Piaster, kein Bild, keine Pille und kein Stück Unterwäsche. Offenbar war alles das Werk eines oder aller Hausboys, aus keinem anderen Grund als unwiderstehlicher Neugier oder vielleicht bloßer Langeweile.
Zwei Tage lang starre ich sie wütend an und komme morgens nicht mit meiner Teebüchse in den Hof. Ich spreche nicht mit ihnen, während sie zerknirscht auf Zehenspitzen herumgehen, die Augen abwenden und mir Friedensangebote in Form von gefüllten Wassereimern hinstellen. Am dritten Morgen gebe ich nach, und wir trinken wieder alle zusammen Tee.
In der Zwischenzeit sind zwei walisische Lehrer vorbeigekommen und haben mir erzählt, daß eine junge Frau, die mit ihnen an der Oberschule arbeitet, so schwer an Hepatitis und Anämie erkrankt ist, daß man sie nicht nach Khartum bringen kann. Sie bekommt zweimal am Tag Bluttransfusionen. Fast jeder hier hat Malaria gehabt und ist daher als Blutspender nutzlos. Ich biete ihnen einen halben Liter von meinem Blut der Blutgruppe Null an, allerdings unter der Voraussetzung, daß ich selbst die Sterilisierung jeglicher Instrumente überwache, die an mir benutzt werden.
Am nächsten Tag kommen sie wieder vorbei und berichten, der Zustand ihrer Freundin habe sich so weit gebessert, daß sie es riskieren können, sie auszufliegen. Es gibt hier einen Landestreifen, und es gibt Nottaxis von AID und UNICEF für autorisiertes Personal und diejenigen, die in der Lage sind, unmäßig hohe Gebühren zu bezahlen. Ich gehöre zu keiner von beiden Kategorien. Totale, unbehinderte Freiheit hat ihren Preis.
Einige der Forscher, die mit dem Runden Haus zu tun haben, sind zurückgekehrt, Frank, ein amerikanischer Anthropologe, und zwei britische Tierkundler. Seit zwei Tagen ist kein Wasser aus den Hähnen gekommen, also nehmen wir ihren Landrover nach Miri, das in einiger Entfernung liegt und wo es einen Damm und ein ziemlich reichhaltiges Reservoir von sauberem Wasser gibt. Was wäre das für ein idealer Platz, um ein paar Tage zu zelten!
Unweit von uns ist eine Horde Paviane in den Ästen eines kleinen Haines sichtbar. Ich kann sie durch mein Fernglas deutlich erkennen. Plötzlich ertönt ein Schuß, und eines der Tiere fällt zu Boden.

Dann ein zweiter Schuß, und noch eines fällt. Die restlichen Tiere zerstreuen sich. Ich kann sie im Gebüsch verschwinden sehen.
Ein paar Minuten später erscheint der stolze Jäger, der die beiden Kadaver mitschleppt. Seine ledrige, faltige Haut ist blauschwarz, und er ist in Lumpen gekleidet, die einst eine Uniform gewesen sein mögen. Er trägt eine fleckige Armeemütze von beträchtlichem Alter. Stolz stellt er den Beweis seiner Meisterschaft als Scharfschütze zur Schau, ein junges Männchen und ein altes Weibchen. Er hat ihnen die Kehle durchgeschnitten, aus Rücksicht auf seine Religion, die diese Methode des Tötens vorschreibt, aber auch den Verzehr dieser Tiere verbietet.
Verblüfft betrachte ich die Schönheit ihrer merkwürdig menschlichen Gesichter, ihre ausdrucksvollen Züge, ihre selbst im Tod spürbare Empfindsamkeit. Zum ersten Mal sehe ich Primaten in freier Wildbahn, und es muß so enden! Der Jäger zeigt auf meine Kamera und dann auf sich selbst und seine Beute. Er stellt sich in Positur und zielt mit seiner altertümlichen und höchst unglaubwürdigen Waffe auf die beiden Kadaver zu seinen Füßen. Weil es eine Aktivität ist, die mich von meiner tiefen emotionalen Verstörung ablenkt, mache ich ein Foto von ihm. Er beginnt, die Kadaver zu häuten, die dadurch noch menschlicher aussehen, und lädt uns ein, das Mahl zu teilen, das er sich zu bereiten anschickt. Wir lehnen so taktvoll wie möglich ab, indem wir sagen, wir hätten bereits gegessen. Hier mußt Du, bevor Du das Fleisch eines Geschöpfes verzehrst, zuerst bereit sein, Deiner potentiellen Mahlzeit ins Gesicht zu schauen, und diese beiden Gesichter sehen viel zu menschlich aus, als daß man sie ohne Unbehagen verspeisen könnte.
Zurück im Runden Haus, unterhalte ich mich stundenlang mit den verschiedenen Wissenschaftlern, die kommen und gehen und beträchtliche Verdienste in meiner ausgefallenen Forschungsarbeit zu sehen scheinen. Offenbar betrachten sie mich nicht als »Freak« wie einige im Amerikanischen Club in Khartum. Wissenschaftler kommen von überall her, und jeder ist höchst engagiert mit irgendeiner aufregenden Feldarbeit beschäftigt. Sie sind eine interessante und bunt gemischte Gruppe von Leuten, und zum ersten Mal, seit ich mich in meine eigenen Studien verstrickte, fühle ich mich wohl und unter Gleichgesinnten.

Frank, der Anthropologe, ist ein ehemaliger professioneller Opernsänger, dessen Brustumfang erstaunliche 157 Zentimeter beträgt. Er singt mir ganze Arien von Wagner, Verdi, Puccini und, gütiger Himmel, Mozart vor! Seine strahlende, mächtige Stimme hallt durch die Nuba-Hügel. Was für ein unwahrscheinlicher Rahmen für einen solchen Reichtum an musikalischen Schätzen!

Frank hat die Gabe, die Aura von Menschen zu sehen. Meine, sagt er, ist sehr deutlich wahrnehmbar. Er hat erst eine einzige derartige gesehen. Sie ist überwiegend violett, das ins Blaue übergeht, mit roten, stachelähnlichen Auswüchsen, und sie ist golden gefleckt. Seine Deutung meiner Aura lautet, sie gehöre einer Person, die beträchtlich gelitten hat. Die vorherrschende Farbe, Violett, ist eine delikate, verletzliche, spirituelle Farbe, die auf Blau basiert, einer Farbe, die er als Stabilität bedeutend interpretiert. Die roten, stachelähnlichen Auswüchse nimmt er als Leid wahr, die goldenen Flecken als Menschenfreundlichkeit.

Was immer das auch wert sein mag, unsere intensiven Gespräche haben ihm genug Informationen geliefert, so daß er auch auf anderen Wegen zu diesen Schlüssen hätte kommen können. Das Interessante an seiner seltsamen Gabe ist, daß er behauptet, eine Aura sogar auf Fotos zu sehen, und daß er sein Talent nicht als eine Form außersinnlicher Wahrnehmung betrachtet, weil er es mit seinen gewöhnlichen, alltäglichen Sinnen erfährt.

Eine Woche später: Ach, wie abscheulich! Zeit, nach Khartum zurückzukehren! Ich kann es kaum erwarten, wieder in den Amerikanischen Club zu gehen, damit ich die neueste Horrorstory darüber höre, wie der Service im Hilton nachläßt und was man dem Fußvolk der Botschaft wieder Ungeheuerliches zugemutet hat.

Als ich letztes Mal von einem meiner Ausflüge ins Landesinnere zurückkehrte, wollten ein paar von den Botschaftsleuten unbedingt wissen, wer mich finanziere. Obwohl es sie eigentlich nichts angeht, bin ich ziemlich stolz auf die Tatsache, daß ich bloß eine pensionierte Lehrerin bin, die ganz mit eigenen Mitteln und aus eigenem Antrieb reist, und das habe ich ihnen gesagt. Sie weigerten sich, mir zu glauben, und wurden im Laufe des Gesprächs sogar ziemlich ungehalten. Es scheint ihnen unmöglich zu begreifen, daß ich tatsächlich aus freiem Willen in den Sudan gekommen bin, und das

auch noch mehrmals, und daß ich wahrhaftig meine eigenen Ersparnisse verzehre, wo ihresgleichen nichts Besseres zu tun hat, als ihre Härtezulage zu zählen, um nicht verrückt zu werden. Am Ende sind sie natürlich dahintergekommen. Frank hat mich ganz triumphierend fröhlich darüber informiert, in der ganzen amerikanischen Gemeinde ginge das Gerücht um, ich sei in Wirklichkeit eine israelische Agentin, deren Mission darin bestehe, Zwietracht zwischen den arabischen Staaten zu säen! O Freude!
Wie leicht doch der Sumpf der Langeweile Menschen von kleinlicher Mentalität verschlingt und ertränkt! Und ich dachte, ich sei so weit ausgestiegen, daß mich niemand auch nur bemerkt!
Du wirst Deinen Spaß daran haben. Deine Mutter, die Anhalterin, Deine Mutter, die Sexologin, Deine Mutter, die Wüstenratte. Und nun auch noch: Deine Mutter, die Spionin!

Erste Schritte

Früher einmal war ich Englischlehrerin in einer der High Schools von New York City, gelegen in den Tiefen der Innenstadtslums. Wie die meisten dieser alptraumhaften Schulen wies sie massive Dosen von allem Wahnsinn auf, den eine solche Umgebung hervorbringen kann. Drogenhändler streiften ziemlich unbefangen durch die Gänge und wickelten ihre Geschäfte in Garderoben, im Treppenhaus und in den Waschräumen ab. Bandenrivalitäten führten regelmäßig zu Gewaltausbrüchen, und Schläge mit Ketten oder Messerstechereien waren so häufig, daß sie keine Schlagzeilen machten.
Die Jahre der Arbeit in einem Amalgam aus institutionalisiertem Tollhaus, konzentrierten Massen von persönlicher Verzweiflung, um sich greifender Demoralisierung, Gewalt und Heuchelei haben in mir einige unauslöschliche Bilder hinterlassen. So wurde beispielsweise ein ganzes denkwürdiges Jahr hindurch an jedem einzelnen Schultag ein Haufen menschlicher Exkremente irgendwo im Gebäude deponiert. Er erschien vielleicht auf einem Gang, in einem Klassenzimmer vor der Tafel, auf einem Regal in der Bücherei, vor der Tür des Lehrerzimmers oder auf einem Tablett im Speisesaal. Der »Verrückte Scheißer«, wie er genannt wurde, wurde nie gefaßt, verschwand aber gnädigerweise für immer, als das Schuljahr endete.
Im folgenden Jahr war eine andere Form von durchdringendem Wahnsinn an der Tagesordnung, nämlich häufige, scheinbar wahllose Brandstiftungsversuche. Fast täglich wurden in unratübersäten Ecken oder Papierkörben oder Klassenschränken kleine Feuer gelegt, als solle damit wenigstens ein Teil des Mülls beseitigt werden, der achtlos überall herumgeworfen wurde. Diese kleinen Feuer wurden immer schnell entdeckt und gelöscht, aber sie hinterließen in allen eine angespannte Wachsamkeit und ein unbarmherzig na-

gendes Unbehagen. Keiner zweifelte daran, daß sie das Werk eines Geisteskranken waren, und darin lag die wirkliche Gefahr.
Zum großen Finale nach dieser Serie unbedeutender Zündeleien kam es gegen Ende des Schuljahres an einem Tag Anfang Juni. Die letzte Stunde des Schultages war bereits fortgeschritten, als ich zufällig aus meinem Flurfenster im dritten Stock schaute und entsetzt sah, daß der gesamte leere und vermeintlich verschlossene Klassenraum meinem gegenüber in Flammen stand. Rasch scheuchte ich meine Klasse über die nächstgelegene Treppe nach unten und löste dabei den Feueralarm aus.
Während ich zusah, wie die letzten meiner Schüler sicher die Treppe hinunter verschwanden, kam zufällig einer der stellvertretenden Schulleiter (ein wahrhaft prachtvolles Beispiel für das Verwaltungspersonal der Schule) vorbei und begann, mich laut zu schelten. Ich hätte kein Recht, meine Klasse zu entlassen! Er habe noch nicht den Befehl gegeben, die Schule zu räumen, und ich könne mich darauf verlassen, daß er dem Direktor meine Unbotmäßigkeit melden werde! Ich wieherte ihm nur ganz kurz ungläubig ins Gesicht, ehe ich die Treppe hinunter und auf die Straße lief, wo ich zusammen mit meinen Schülern die folgende Totalräumung des Gebäudes beobachtete. Binnen weniger Minuten erschienen ein halbes Dutzend Feuerwehrwagen auf der Szene, und das Feuer, das noch immer sicher auf den einen Raum beschränkt war, wurde rasch gelöscht.
Der stellvertretende Schulleiter trat später beschämt an mich heran und bat mich mit ungewohnter Demut, ich möge die Szene ignorieren, die sich zwischen uns abgespielt hatte. Ich hatte zwar seine kostbare Autorität total mißachtet, doch bei ruhigerem Nachdenken hatte er offenbar erkannt, daß eine Meldung meiner Rebellion ihn nur zum Gespött der ganzen Schule gemacht hätte. Es paßte zu dem bizarren, kafkaesken Wahnsinn des ganzen Systems, daß eben dieser Mann nur wenige Jahre später zum Direktor der Schule werden sollte.
Eines Morgens machte die Supervisorin meiner Abteilung in den Stapeln der Bücherei neben ihrem Büro Inventur, als sie hörte, wie die schwere Tür geöffnet und einen Moment später zugeschlagen wurde. Sie wurde von einem bewaffneten Jugendlichen in die Ecke gedrängt und vergewaltigt.

Sie konnte sein teilweise maskiertes Gesicht nicht erkennen, hatte jedoch den deutlichen Eindruck, daß es sich um einen ehemaligen Schüler der Schule handelte. Nachdem er sie vergewaltigt hatte, verschwand er in der wimmelnden Menge der Schüler, die auf den Gängen die Klassenzimmer wechselten, und wurde nie gefaßt. Sie floh in einem Zustand akuten Schocks aus der Schule, und keiner von uns hat sie je wiedergesehen. Die schauerlichen Details des Falles wurden in allen Zeitungen der Stadt sensationell behandelt.

Bemerkenswert ist, daß mir in einer Schule, in der Lehrer mit deprimierender Regelmäßigkeit körperlich attackiert oder bestohlen wurden, in den fünfzehn Jahren meiner Lehrtätigkeit nie etwas passierte. Teilweise war das sicher einfach Glück. Teilweise lag es wohl auch an der Tatsache, daß ich bis auf die allerletzten Jahre meiner Laufbahn als Lehrerin eine recht beneidenswerte Beliebtheit genoß. Vielleicht war es in gewissem Maße auch dadurch begründet, daß ich etwas von dem wahnsinnigen, heißspornigen Mut des Zwerghahns angesichts von Bedrohung, der meinen Vater charakterisierte, geerbt oder erlernt hatte. Wahrscheinlich hatte sich herumgesprochen, daß man sich mit mir am besten nicht anlege.

Ich erinnere mich an einen speziellen Vorfall, als ich gerade eine der vielen Operationen an meinem Knie hinter mir hatte, das bei einem Unfall viele Jahre zuvor ruiniert worden war, und mit einem hüfthohen Gipsverband und einer Krücke durch die Klasse humpelte. Plötzlich flog die Tür meines Klassenzimmers auf, und vier Rowdys stürmten in den Raum. Zwei von ihnen hielten an der Tür Wache, während die anderen beiden sich anschickten, das Schloß eines Garderobenschranks an der hinteren Wand zu knacken.

Ich hatte keinen von ihnen je zuvor gesehen, und so verlangte ich laut, sie sollten erklären, was sie da machten. Sie ignorierten mich völlig und konzentrierten sich ganz auf ihre jeweilige Aufgabe. Mit erhobener Stimme fragte ich erneut. Derjenige, der der Anführer zu sein schien, geruhte bei dieser zweiten dringlichen Aufforderung, in meine Richtung zu schauen und das Kinn zu heben. »Gib Ruhe, Alte!« fertigte er mich verächtlich ab.

Ich fing an, rotzusehen. Dies war *mein* Klassenzimmer, in das diese Raufbolde eindrangen! Ich ergriff meine Krücke und rückte auf sie zu, wobei ich mich mit der anderen Hand auf die Tische stützte.

»Ihr habt in meinem Klassenzimmer nichts verloren! Laßt die Finger von diesem Schrank!« zischte ich sie zähneknirschend an.
»Verpiß dich, Alte!« knurrte der Sprecher der Gruppe in bissigem Ton und bemühte sich weiter, das Schloß aufzubrechen.
Ich war kaum in der Lage zu registrieren, daß meine Schüler sich auf ihren Stühlen duckten, ehe ich plötzlich in heftige Aktion trat. Ich schwang meine Krücke wie eine Kriegskeule über dem Kopf und humpelte kreischend auf sie zu, eine erschreckende Furie mit Gipsbein. Die Eindringlinge gafften mich nur kurz verblüfft an, ehe sie die Beine in die Hand nahmen und en masse flohen. Meine Schüler hockten da und mieden meinen Blick. Als die Glocke läutete, flohen sie schnell und schweigend aus der Klasse.
Es gibt einige Erinnerungen an die Schule, die ich immer im Herzen tragen werde. Gegen Ende der sechziger Jahre war ich an einem wunderbaren, neu entwickelten experimentellen Programm beteiligt. Es wählte eine kleine Gruppe von neu eintretenden, benachteiligten Minderheitenschülern aus, die in irgendeiner Weise einen Funken, einen Antrieb oder eine Begabung aufwiesen, die versprachen, ihnen akademischen Erfolg zu ermöglichen, wenn man ihnen Hilfestellung gab.
Die Verwalter dieser kleinen »Schule in der Schule« waren äußerst hilfreich und großzügig und gewährten mir die Bücher und Materialien, mit denen ich arbeiten wollte. Die Klassenstärke war begrenzt, und der Unterricht war erfrischend lebhaft. Das Gefühl der Freiheit, das ich empfand, da ich lehren konnte, was und wie ich wollte, veranlaßte mich, jeden Morgen eine Stunde zu früh in die Schule zu eilen und sie nach Schulschluß nur widerwillig zu verlassen. Ich glühte vor Inspiration, und mein Unterricht wurde zu einem täglichen Wunder an Erfindungsreichtum.
Den größten Teil meiner Unterrichtszeit verbrachte ich damit, meine Schüler zum Schreiben zu motivieren und ihnen beizubringen, ihre Geschichten zu erzählen, und während ich das tat, lernte ich ebenfalls, zu schreiben und Geschichten zu erzählen. Ich bin fest davon überzeugt, daß man, wenn man sich mit Leib und Seele bemüht, andere etwas zu lehren, am Ende selbst lernt, es gut zu machen.
Es war eine Liebesgeschichte, die mehrere Jahre dauern sollte. Nie

wurde ich müde, an den Wochenenden meine Schüler zu Ausflügen, Theaterstücken, Ausstellungen, Konzerten und Happenings mitzunehmen. Ich brachte meine beiden eigenen, viel jüngeren Kinder mit, und sie schnappten zusammen mit meinen Schülern manches auf, ein Aspekt von Erziehung, den keiner ihrer eigenen Lehrer ihnen bieten konnte.

Die Erfolgsrate des Programms erwies sich als signifikant, und ein hoher Prozentsatz der daran beteiligten Schüler beendete später das College. Doch wie bei allen guten Dingen, die in großen, schwerfälligen und lieblosen Institutionen geschehen, wurden schließlich alle guten Leute durch nicht so gute Leute ersetzt. Diese setzten ihre eigenen Schwerpunkte in dem Projekt, das nach Jahren harter Arbeit zu einem reibungslos funktionierenden System geworden war. Die Erfolgsrate des Programms ging zurück, Mittel wurden gestrichen, und nach und nach starb seine Seele. Alles, was am Ende übrigblieb, war ein Standardprogramm zur Verbesserung der Lesefähigkeit, das nicht sonderlich gut funktionierte.

Natürlich war es unvermeidlich, daß ich ausbrannte. Die sich verschlechternden Bedingungen in der Schule machten meine eigene Stellung in ihr ethisch immer unhaltbarer für mich. Ich führte einen vergeblichen Kampf gegen die vielen persönlichen emotionalen Niederlagen und lähmenden Krankheitsanfälle, die inzwischen mein Leben kennzeichneten. Schließlich gab ich auf. Das Feuer in mir erlosch, und ich geriet nach und nach in eine immer tiefere Depression.

Als sich mir unerwartet die Möglichkeit eines Sabbatjahres* bot, kam ein alter Traum plötzlich wieder hoch, den ich vor vielen Jahren gehabt hatte. Ich erinnerte mich, daß ich bei meinen Anfängen als Lehrerin an der Schule einen jungen Biologielehrer kennengelernt hatte, und da wir gemeinsame Interessen hatten, waren wir Freunde geworden. Ein paar Jahre später hatte er sich aufgemacht, um sein lebenslängliches Streben zu verwirklichen, um die Welt zu reisen. Das war etwas, das einige junge Leute damals machten, und

---

* Teilweise bezahlter längerer Urlaub von bis zu einem Jahr, zur Weiterbildung oder Erholung, der Lehrern und College-Dozenten in gewissen Abständen, ursprünglich alle sieben Jahre, gewährt wird.

irgendwie schafften sie es mit überraschend wenig Geld. Sie nahmen nur das mit, was sie auf dem Rücken tragen konnten, und zogen los. Wie es weiterging, lernten sie unterwegs.
Als mein Freund nach seiner zweijährigen Reise wieder an die Schule zurückkehrte, mit einem wilden Bart, stolz in seine fadenscheinige, abgenutzte Reisekleidung gewandet und strahlend vor Erfüllung, war ich erstaunt zu sehen, wie sehr er in dieser Zeit an persönlicher Statur gewonnen hatte. Er strahlte nun eine Aura heiterer Gelassenheit aus, etwas, das ihm früher schmerzhaft gefehlt hatte. Er war ein viel, viel glücklicherer Mensch und voller wunderbarer Abenteuergeschichten.
Ich beneidete ihn. Oh, *wie* ich ihn beneidete! Ich sehnte mich danach, auch so eine Odyssee in die entlegenen Ecken der Welt zu unternehmen, doch die Fesseln meines eigenen Lebensgeschirrs sollten mich bald noch grausamer einengen, und mit der Zeit wurden alle derartigen Sehnsüchte unterdrückt und vergessen.
Als sich mir die Chance eines Sabbatjahres bot, war ich bereits einundfünfzig. Meine Kinder waren erwachsen und ich damit meiner wichtigsten Verantwortung ledig. Meine Ehe mit ihrem Vater, eine viele Jahre alte Bindung von verzweifelter Unerfülltheit, befand sich in den letzten Stadien ihrer Auflösung. Die verschiedensten Gesundheitsprobleme, die mich viele Jahre lang buchstäblich zum Krüppel gemacht hatten, waren in jüngster Zeit chirurgisch gelöst worden, und die akute Depression, an der ich noch länger gelitten hatte, war zumindest für den Augenblick auf dem Rückzug.
Ich bewarb mich um das Sabbatjahr und wünschte glühend und fast wider alle Hoffnung, es möge mir gewährt werden. Zu meiner großen Überraschung und Freude geschah das tatsächlich. Die Richtung, in die ich gehen mußte, lag nun klar vor mir. Ich wußte, in diesem relativ späten Stadium meines Lebens konnte es nur jetzt oder nie sein.
Ich kaufte einen Rucksack und traf Vorbereitungen für meine Abreise.
Zwei Wochen vor dem geplanten Aufbruch erlitt ich einen Schädelbruch. Dieses unglückliche Ereignis, das mein Leben auf mehrere ungünstige Arten berühren sollte, hätte meinen Freiheitshoffnungen beinahe ein Ende gemacht. Doch etwas in mir hat mir nie er-

laubt aufzugeben, wenn ich etwas angefangen hatte, und in meinem Kopf hatte meine Reise schon begonnen. Nach der Entlassung aus dem Krankenhaus nahm ich meine Vorbereitungen wieder auf, und schon vier Wochen später war ich in der Lage, meinen Flug nach London anzutreten.
Im ersten Monat hielt ich mich an die Sicherheit von Busreisen und Übernachtungen in Jugendherbergen, während ich eine Rundreise zu Schlössern überall in Schottland machte, doch ich wurde ihrer sehr schnell müde. Ich beobachtete, daß viele der weit jüngeren Reisenden wahllos durch England trampten, von einer Herberge zur anderen. Ich nahm meinen Mut zusammen, trat an einige von ihnen heran und bat sie, mir zu zeigen, wie man das anstellt.
Wie die meisten Reisenden dieser Art, die ich unterwegs kennenlernen sollte, waren sie gern bereit, ihre Sachkunde zu demonstrieren und Informationen weiterzugeben. Die grundlegenden Sicherheitsrichtlinien waren ganz einfach. Wie alle Großstadtgebiete war der Großraum London schwierig und etwas heikel, daher war es am besten, dort auf konventionellere Art zu reisen. Überall sonst im ländlichen England war bei Tageslicht das Reisen per Anhalter als angenehm und völlig ungefährlich bekannt.
Was zumindest Teile des Kontinents anging, so durfte man nicht vergessen, daß Männer gewisser Nationalitäten dazu neigten, alleinreisenden weiblichen Anhaltern gegenüber wesentlich andere Einstellungen an den Tag zu legen, als sie anscheinend die ungezwungenen, freundlichen Briten hatten. Aber wenn man unternehmungslustig war, konnte man immer Wege finden, die ganz ungefährlich waren. Es war nicht notwendig, am Straßenrand zu stehen und Autos anzuhalten.
Jeder erfahrene Anhalter entwickelt ein individuelles System, und meines wurde im Laufe einiger Jahre schließlich recht raffiniert. So konnte man sich beispielsweise immer darauf verlassen, von Lastwagen mit nur einem Fahrer, die vor Fähren Schlange standen, als Ersatzfahrer mitgenommen zu werden, was den zusätzlichen Vorteil hatte, daß man den Preis der Fähre sparte. War man erst einmal an Bord, war es nicht schwierig, am Tisch der Lastwagenfahrer oder, wenn das fehlschlug, unter den anderen Passagieren jemanden zu finden, der das gleiche Ziel hatte wie man selbst. Wenn man von

einem Fahrer mitgenommen worden war, tat er später häufig sein möglichstes, bei der Suche nach weiteren Mitfahrgelegenheiten zu helfen.
Von diesen Fahrern lernte ich schließlich auch, direkt zu Speditionen zu gehen und mich in deren Büros zu erkundigen, ob jemand eine Ladung habe und mein Ziel ansteuern werde. Wenn die Spediteure nicht gerade zu tun hatten, waren sie meist bereit, die notwendigen Arrangements zu treffen. Bei mehreren Gelegenheiten, als ihre eigene Spedition mich nicht unterbringen konnte, riefen sie sogar andere an und ließen mich dorthin bringen, damit ich mich nicht verirrte.
So hatte ich eine Möglichkeit, meinen Fahrer kennenzulernen, ehe ich persönlich an ihn herantrat, und bis ich schließlich seinen Lastwagen bestieg, wußte ein halbes Dutzend Leute, daß ich mit ihm fahren würde. Also war ich ganz sicher, daß mir nichts passieren würde.
Je mehr ich über die Mittel und Wege dieser weit interessanteren und abenteuerlicheren Art des Reisens lernte, desto vollständiger schüttelte ich das ab, was zunächst eine höchst langweilige Abhängigkeit von Busfahrplänen gewesen war. Ich erlebte das erste berauschende Aufwallen von Freiheit.
Ich überquerte den Ärmelkanal und begann mit Lastwagenfahrern zu reisen, deren Routen sich durch ganz Europa zogen. Mehrere Monate lang streifte ich auf diese Weise auf dem Kontinent umher, und als es kalt wurde, trieb es mich schließlich immer weiter nach Süden. Ende November hatte ich Griechenland erreicht.
In Athen las ich zum ersten Mal seit mehreren Monaten eine amerikanische Zeitung. Ich stellte fest, daß ich meine vorläufigen Pläne, über Land durch die Türkei und den Iran nach Indien zu reisen, würde ändern müssen. Wir schrieben das Jahr 1978, und die politischen Beziehungen mit dem Iran waren instabil geworden. Ein oder zwei Wochen später gingen sie ganz zu Bruch.
Inzwischen hatte ich schon gelernt, mich den Gegebenheiten anzupassen, wenn Pläne schiefgingen. Ich entschied mich, noch weiter nach Süden zu reisen. Ich buchte einen billigen Nachtflug nach Kairo, und mein afrikanisches Abenteuer fing an.
Einmal in Afrika, zog es mich weiter und weiter nach Süden, bis ich

Khartum erreicht hatte, die Hauptstadt des Sudan. Dort erfuhr ich ganz zufällig von der Sitte der Beschneidung der weiblichen Genitalien, die im größeren Teil Afrikas noch immer an kleinen Mädchen und Heranwachsenden vorgenommen wird. Ich entdeckte, daß der islamische Sudan die am zähesten verteidigte Hochburg dieser seltsamen Sitte war. Eine besonders extreme und schädliche Version dieser Prozedur war hier allgegenwärtig, selbst bei der höchstgebildeten Klasse.

Entsetzt und gleichzeitig fasziniert begann ich, von jedem, der bereit war, mit mir darüber zu sprechen, Informationen über diese Praxis einzuholen. Rasch erfand ich für mich die Rolle der reisenden amerikanischen Journalistin. Die einzige Ausstattung, die nötig war, um überzeugend zu wirken, bestand aus einem Notizbuch und einem schnell gezückten Stift, und in einer afrikanischen Umgebung waren das tatsächlich mächtige Zaubermittel.

Ich reiste mit allen Transportmitteln durch das Land, die ich finden konnte. Am Ende, als ich mehr Erfahrungen gesammelt hatte, setzte sich eine echte, aber bis dahin nicht zum Ausdruck gekommene Neigung durch, und meine Studien auf dem einzigartigen Gebiet der anthropologischen Sexologie wurden geboren.

Nach sechs Monaten intensiver, alles andere verzehrender Untersuchungen kehrte ich nach Athen zurück. Wieder durchquerte ich die ganze Länge Europas per Lastwagen und kam bis zum Polarkreis. In der Einsamkeit eines norwegischen Fischerdorfes schrieb ich meinen ersten Artikel.

Später, in Stockholm, zeigte ich das Geschriebene einer Schwedin, mit der ich Freundschaft geschlossen hatte. Sie rief die Zeitungen an, erkundigte sich nach einem Redakteur, der sich für die Angelegenheiten von Frauen in der dritten Welt interessierte, und vereinbarte für den nächsten Tag ein Interview. Eine Woche später erschien meine Story in *Svenska Dagbladet*, der größten Zeitung des Landes.

Damit war das Muster vorgegeben. Die nächsten Monate verbrachte ich damit, von einer europäischen Großstadt zur anderen zu trampen und gleich bei meiner Ankunft Zeitungen anzurufen, um ein Vehikel für meine Geschichte zu finden. Die Redakteure, mit denen ich sprach, waren meist auf mehrere Arten hilfreich. Wenn die Zeitung des einen meine Story wegen ihrer unkonventionellen

Art nicht bringen wollte, wurde ich im allgemeinen an den Redakteur eines anderen Blattes weitergereicht, wo meine Chancen besser standen. Auf diese Weise fand der Artikel schließlich seinen Weg zur Drucklegung, und es gelang mir, mein Material in fünf westeuropäischen Ländern zu veröffentlichen.

Im Laufe des Tages, während diese Arrangements verhandelt wurden, fragte mich unweigerlich jemand, ob ich telefonisch zu erreichen sei. Ich pflegte offen zu antworten, ich hätte noch keine Unterkunft gefunden und sei auf der Suche nach einer Bleibe. Wegen des humanitären Charakters meines Engagements und zweifellos auch, weil mein überaus ungewöhnlicher Lebensstil ihre Phantasie anregte, brachten sie mich dann in Kontakt mit einer Frauenkommune oder einem Frauenbuchladen, und rasch war eine Unterkunft für mich gefunden. Manchmal nahmen sie mich auch einfach selbst mit nach Hause. Ich wurde schließlich so geschickt darin, kostenlose Beförderung und Logis zu finden, daß ich in etlichen Jahren nur dann zu den Konventionen üblicher Reisen und Unterkünfte Zuflucht nehmen mußte, wenn ich wieder einmal die Vereinigten Staaten erreichte.

Als mein Sabbatjahr vorüber war und das neue Schuljahr vor der Tür stand, kehrte ich widerstrebend nach New York zurück, um meinen alten Job wieder aufzunehmen. Ich hatte vor, ein weiteres Jahr zu unterrichten, nur so lange, um eine neue Reise in den Sudan zu finanzieren. Obwohl ich gewußt hatte, daß es schwer sein würde, mich wieder in die alte Arbeitsroutine einzugliedern, übertraf der tatsächliche Schock dieses Wiedereintritts all meine Befürchtungen. Nachdem ich ein ganzes Jahr lang ein fabelhaft freies Leben geführt hatte, war ich völlig aus der Zwangsjacke der absurden Selbstvernichtungsroutine der Schule herausgewachsen. Jeder weitere Tag in ihrem verhaßten System vergrößerte meine Qualen nur.

Als acht Monate des neuen Schuljahres vergangen waren, befand ich mich erneut in einem Zustand tiefer Depression. Andere Nachwirkungen meines Schädelbruchs waren inzwischen so akut geworden, daß ich erkannte, daß ich nur noch mit minimalem Einsatz meine Arbeit tun konnte. Ich kündigte meine Stelle, akzeptierte meine winzige Rente, tat einen tiefen, ekstatischen Seufzer der Erleichterung und verließ die Schule für immer, vollkommen frei.

In den folgenden drei Jahren reiste ich weiter wie zuvor. Während dieser Zeitspanne kehrte ich noch zweimal für jeweils sechs Monate einsamer Feldforschung in den Sudan zurück. Meine Beobachtungsgabe und meine Fähigkeit zum Nachdenken schärften sich, meine Befragungen wurden einschneidender und direkter, meine Reisen von Khartum aus ins Landesinnere immer kühner und ausgedehnter.

Man hat mich gefragt, wieso ich überhaupt in den Sudan zurückgekehrt sei, nachdem ich nach meinen ersten dortigen Erfahrungen sehr wohl wußte, welche Härten mich erwarteten. Ich kann nur antworten, daß ich eine Besessene war. Die Notlage der Frauen und Kinder, deren Leben meines berührten und die ich beobachtete und beschrieb, ließ mich nicht mehr los.

Was die Härten anging, so liebte ich allmählich die persönliche Herausforderung, die sie darstellten. Je näher ich mich an die Schwelle dessen heranarbeitete, was eingeborene Sudanesen alltäglich zu ertragen vermochten, desto stolzer und erfüllter fühlte ich mich. Ich genoß es, mich von aller Dekadenz der westlichen Zivilisation zu reinigen.

Nach meiner dritten und letzten Reise in den Sudan hatte ich das Gefühl, das meiste von dem gelernt zu haben, was ich hatte lernen wollen. Die nächsten vierzehn Monate verbrachte ich in Kenia auf der Suche nach letzten Bruchstücken von Information. Zu dieser Zeit war ich ganz darin vertieft, über meine Erfahrungen zu schreiben. Auf Lamu, einer kleinen Insel in der Nähe des Hafens von Mombasa, vervollständigte ich die erste Version meines ersten Buches, *Das grausame Ritual*. Sein Inhalt läßt sich am besten als Beobachtungen einer zutiefst begeisterten und getriebenen Amateuranthropologin beschreiben. Thema dieses Buches war meine sudanesische Odyssee, und es lieferte einen detaillierten und genauen Bericht über eine tabuisierte Praxis, die bis dahin nur oberflächlich erforscht war.

Auf Lamu wurde mir schließlich immer mehr bewußt, was eine meiner Freundinnen in Europa scharfsinnig als meinen unablässig wachsenden Hunger beobachtet hatte, wieder meinen eigenen Schlüssel zu meiner eigenen Tür zu haben. Mir wurde klar, daß für mich die Zeit gekommen war, nach Hause zurückzukehren und etwas Dauerhaftes zu suchen. Ich flog in die Vereinigten Staaten zurück, ließ mich sehr bald im Westen nieder und fing ein neues Leben an.

Als *Das grausame Ritual* erschien, begann gerade das Jahrzehnt des Kindes. Inzwischen hatte ich angefangen, vor verschiedenen wissenschaftlichen und humanistischen Gesellschaften Vorträge über das zu halten, was ich in Afrika vorgefunden und in meinem Buch beschrieben hatte.

Ich begegnete großer Neugier in bezug auf die persönlichen Aspekte meiner Odyssee durch den Sudan. Was hatte mich, eine Frau in mittleren Jahren, plötzlich veranlaßt, mich auf ein so überaus ungewöhnliches Unternehmen einzulassen? Welche außergewöhnlichen Faktoren in meinem Hintergrund hatten den Boden für meine Faszination durch dieses Thema bereitet und mir die Zähigkeit gegeben, es in dem erfolgten Ausmaß zu erforschen? Wie war ich mit den Entbehrungen meiner Reise und ihren Gefahren fertig geworden? Welches waren meine aufregendsten Abenteuer gewesen? Und vor allem: Hatte ich keine Angst gehabt?

Der Versuch, diese Fragen nicht nur für diejenigen zu beantworten, die sie stellten, sondern auch für mich selbst, hatte natürlich die unvermeidliche Folge, daß das Schicksal mich sanft zur Erfüllung einer weiteren Bestimmung führte. Ich stellte fest, daß ich mich zu einer Geschichtenerzählerin entwickelte. Schließlich begannen die Umrisse von *Odyssee einer Frau in Afrika* Gestalt anzunehmen.

Im Geist jedes Geschichtenerzählers haften unauslöschlich einige der Bilder, die ihm in den Arbeiten anderer Erzähler begegnet sind. Unter diesen Bildern haben die folgenden sich mir am deutlichsten eingeprägt:

◦ Die vielen untadeligen Wahnsinnigen und Fastwahnsinnigen, die auf Kurt Vonneguts Seiten herumlaufen und sich angesichts eines kolossalen und unerbittlichen kosmischen Wahnsinns an den seidenen Faden mühsamen Überlebens klammern.

◦ Bernard Malamuds Heiratsvermittler und der junge Rabbi, der zu ihm kommt und Erlösung von seiner öden, gefühllosen und leeren Existenz sucht. Der Ehevermittler zeigt ihm Bilder verschiedener unpassender Frauen, die zu treffen der Rabbi ablehnt. Zufällig läßt er das Foto eines engelhaften jungen Mädchens fallen und versucht, es vor dem Rabbi zu verbergen. Der jüngere Mann ist auf der Stelle geblendet und fällt ihm mit der Bitte lästig, ein Treffen zu vereinbaren. Nach vielen Weigerungen und Ausflüchten stimmt der Ehevermittler widerwillig zu. Das Mädchen, das an der bezeichneten Straßenecke wartet, ist keine andere als die gefallene, entfremdete und unschuldige Tochter des verzweifelten Heiratsvermittlers. Als der Rabbi vorwärts eilt, einen Blumenstrauß umklammernd, flüstert der Ehevermittler, der sich in einer Gasse versteckt, das Totengebet vor sich hin.

◦ Am meisten von allen ging mir Karen Blixens Erzählung nach: Die Große Diva, Die Ihre Stimme Verloren Hat, wandert in der Welt selbstauferlegten Exils umher. Bei ihren Wanderungen wird sie in irgendeiner Bergregion von der Dunkelheit überrascht. Sie sucht Zuflucht in einer Hütte, der Wohnstätte eines sehr alten Mannes, der von einem seelenzerreißenden Schrecken besessen ist. Er teilt sein schlichtes Mahl mit ihr und berichtet von seiner entsetzlichen Geschichte. In seiner Jugend war er einmal von der Außenwelt abgeschnitten, und da er zu verhungern fürchtete, aß er das Fleisch der Hand seines bereits verstorbenen Freundes. Die Diva legt sich auf das Bett des alten Mannes, bietet ihm ihre Brust und die Vergebung einer Mutter an und gibt ihm seine verlorene Menschlichkeit wieder.

Da ich jetzt selbst Geschichtenerzählerin bin, habe ich die Hoffnung, dem Leser und vor allem Frauen meiner Generation, die es versäumt haben, ihr eigenes Potential zu verwirklichen, zu vermitteln, daß selbst ein Leben stiller Verzweiflung nicht jeder Erlösung unzugänglich ist. Es spielt keine Rolle, in welchem späten Stadium man die Kraft findet, es zu verändern.

Veränderung beginnt mit der Neueinschätzung der Verzerrungen des Selbstbildes, die zu akzeptieren man programmiert worden ist. Sie beginnt mit einer inneren Auflehnung, der Erkenntnis, daß etwas nicht stimmt, und dem Wunsch, es in Ordnung zu bringen, und sei es nur, um den eigenen Kindern ein besseres Erbe zu hinterlassen. Und dann, das ist das Wichtigste, beginnt es mit einem einzelnen, wilden, atemlosen Augenblick, in dem man eine ungewohnte Last schultert und ins Unbekannte schreitet…

Die Flucht aus Ägypten

Meine einsame Reise hatte Anfang September begonnen. Als ich drei Monate später Ägypten erreichte, fürchtete ich, an Einsamkeit zu sterben. Ich fiel allmählich einer fast greifbaren Angst anheim, die sogar meinen Atem zu lähmen drohte.
Die Fremdheit von Kairos wimmelndem Schmutz verstärkte mein Gefühl der Verlassenheit nur. Die erbärmliche Herberge, in der ich Unterkunft fand, erwies sich auch als Diebesnest, wo Ausländer routinemäßig ausgeraubt wurden.
Ein junger holländischer Reisender warnte mich, der überfüllte Bus zu den Pyramiden von Gizeh sei berühmt für seine Taschendiebe. Ich verteilte meine Wertsachen unter meinen Kleidern und klemmte mir meinen kleinen Rucksack fest unter den Arm. Während ich in dem vollgestopften, Qualm ausstoßenden Bus dicht an schwitzende Körper gepreßt wurde, glaubte ich mir nur einzubilden, daß Hände vorsichtig meinen Körper erforschten. Als der Bus sein Ziel erreichte, stellten vier europäische Touristen fest, daß ihnen ihre Brustbeutel und andere Wertgegenstände gestohlen worden waren. Mir hatten die Diebe nur ein leeres Brillenetui und einige unbeschriebene Zettel entwendet, die sie bei der Berührung irrtümlich für Banknoten gehalten haben müssen.
Als ich nach einem Tag des Herumkletterns auf den Pyramiden in die Herberge zurückkehrte, befanden sich die Gäste in heller Aufregung. Ein zweistöckiges Ziegelgebäude etwa sechzig Meter weiter war wie vom Blitz getroffen ohne Vorwarnung eingestürzt. Den Reisenden wurde versichert, es habe keine Verletzten gegeben, da das Unglück tagsüber passiert sei und sich um diese Zeit niemand in dem Gebäude aufgehalten habe, aber das konnte ich nicht glauben. Durch das trübe, vergitterte Fenster des Schlafsaals sah ich einige verstörte Menschen, die ganz verloren in den Trümmern stocher-

ten, und mußte mich unwillkürlich fragen, wonach sie wohl suchten.
Ich fand ein kleines, unangenehm feuchtes Hotel in der Nähe einer Moschee und hoffte, mich dort sicherer zu fühlen. Der Besitzer hatte ein freundliches Gesicht, und seine Frau lächelte mich scheu an, als sie mein Gepäck nahm und in einen dunklen, schmierigen Raum trug. Da sie kein Englisch sprach, gab sie mir pantomimisch zu verstehen, sie würde meine Wäsche waschen und von ihren beiden Töchtern bewachen lassen, während sie trocknete, so daß Diebe sie nicht stehlen könnten. Als ich um Tee bat, brachte eines der kleinen Mädchen ihn mir auf einem Tablett und warf mir dabei unter den Wimpern hervor scheue, aber neugierige Blicke zu. Ich wußte, bei diesen Leuten würde ich sicher sein.
Fünfmal am Tag wetteiferten die Lautsprecher unzähliger Moscheen überall in der Stadt lautstark miteinander, um die Gläubigen zum Gebet zu rufen. Bei Sonnenaufgang forderten die Verstärker im Turm der Moschee neben meinem Hotel die Anhänger Allahs mit so ungeheurer Lautstärke zum Gehorsam auf, daß ich abrupt aus einem traumschweren Schlaf auffuhr und beinahe taub geworden wäre. Als ich auf den Gang zu den Wasserhähnen taumelte, kam ich an dem Mann vorbei, der das Hotel fegte und der auf seiner schäbigen Matte in ekstatische Gebete versunken war.
Ich fand eine Gruppe von Europäern, mit denen ich abends ungefährdet durch die menschenwimmelnden Straßen wandern konnte. Auf der Suche nach Zerstreuung durchkämmten wir die engen Gassen. Die Musik eines fernen Festes lockte uns an, und wir folgten ihr, bis wir zu einem Baldachin gelangten, der zwischen zwei baufälligen Häusern über eine Gasse gespannt war. Dort fand eine Hochzeit statt. Sobald wir uns näherten, wurden wir eifrig von einigen der Gäste umringt und zur Begrüßung des Brautpaares geführt.
Der Bräutigam trug einen offensichtlich bejahrten, schlecht sitzenden Anzug von der Art, wie sie in Amerika in den vierziger Jahren Mode waren. Sein gelbliches, nervöses Gesicht drückte abwechselnd Entschlossenheit und Unsicherheit aus. Die Braut trug das traditionelle ägyptische Gewand. Sie hatte fleckige Haut und sah alles andere als gesund aus. Die Knöchel ihrer abgearbeiteten Hände waren steif und geschwollen.

Ich betrachtete sie und ihren schwitzenden Bräutigam und hatte eine Vorahnung, sie werde es mit ihm nicht leicht haben. Aus einem Impuls heraus streifte ich einen goldenen Ring ab, der mein Ehering gewesen war, und schenkte ihn ihr. Obwohl ich wußte, daß sie die Worte nicht würde verstehen können, sagte ich leise auf englisch: »Möge er dir mehr Glück bringen als mir.«
Eine meiner Gefährtinnen, eine amerikanische Regierungsangestellte, die gerade aus dem Iran evakuiert worden war und über Land nach Kenia reisen wollte, ehe sie nach Hause zurückkehrte, schüttelte ungläubig den Kopf. »Wie kannst du dein Gold verschenken?« fragte sie fassungslos. Ich hatte mich vor der Abreise fast aller meiner Wertsachen entledigt. Schmuck, den man auf einer Reise wie meiner trägt, verspottet nur die Armen und ist eine Einladung an Diebe. »Ich brauche den Ring nicht mehr«, sagte ich achselzuckend, »und habe nichts anderes, was ich der Braut geben könnte.« – »Warum gibst du ihr überhaupt etwas?« schalt sie. Es war nicht der Mühe wert, es ihr zu erklären, und ich ließ das Thema fallen.
Eine festlich aufgeputzte, etwas angejahrte Bauchtänzerin bestieg das Podium, auf dem das Brautpaar saß, und begann mit großer Kunstfertigkeit ihren enormen Bauch sinnlich zu drehen. Die Frauen klatschten und jubelten, während sich die Gesichter der Männer vor Wollust verdunkelten.
Die Zeremonie schritt voran, der Ehevertrag wurde unterschrieben und beglaubigt. Als der Augenblick kam, die Ringe zu tauschen, der die Heirat endgültig besiegelte, gab es einen schrecklichen Moment der Panik. Der Bräutigam schaffte es nicht, seinen goldenen Ring auf den böse geschwollenen Finger der Braut zu schieben. Volle fünf Minuten mühte er sich damit ab. Beiden rann der Schweiß in Strömen von den Gesichtern, während sie sich gegenseitig anbrüllten. Hysterische Verwandte rangen die Hände und schrien ihnen schrille Ratschläge zu. Endlich gab der Fingerknöchel, feucht vom Angstschweiß, nach, und der Ring rutschte an seinen Platz.
Sofort wich die Spannung aus allen Mienen, und die Festlichkeiten nahmen ihren Fortgang. Ich sah, daß die Braut sich heimlich ihre mißhandelte Hand hielt, aber ihr Gesicht verriet nur Erleichterung

und Zufriedenheit. Die Bauchtänzerin setzte ihre Windungen fort, und Frauen kamen mit Tabletts voller Speisen die Treppe eines der Häuser herunter.

Ein mandeläugiges, sehr junges Mädchen hatte sich schüchtern an mich herangeschoben und schien endlich den nötigen Mut gefaßt zu haben, mich am Ärmel zu zupfen. Ich lächelte sie an, und mit scheuem Stolz zeigte sie mir, daß auch sie die Bewegungen des Tanzes kannte. Die letzte, die für mich getanzt hatte, war meine eigene Tochter Stephanie gewesen, mein Kind, mein liebstes Herz. Einen Augenblick lang füllten sich meine Augen mit ungeweinten Tränen. Dann streckte ich die Hand aus und berührte liebevoll das Gesicht der kleinen Tänzerin. Kühner geworden, nahm sie meine Hand und zog mich über die Treppe in den ersten Stock. Sie zeigte mir zwei winzige, vergitterte Zimmer und eine fensterlose Küche und gab mir zu verstehen, dies sei ihr Zuhause. Sie wies auf ihre festlich gekleidete Mutter, die auf dem Küchenboden hockte und Tabletts mit Speisen für die Hochzeit unten belud.

Ich bemerkte, daß periodisch Männer die Treppe zu einem höhergelegenen Stockwerk hinauf- und heruntergingen. Zuerst achtete ich nicht weiter darauf, bis ich sah, wie ein Mann mir auffordernd zunickte. Ich schüttelte den Kopf, aber er wiederholte sein dringliches Nicken. Als ich mich abwandte, zuckte er mit den Schultern und verschwand die Treppe hinauf. Nach fünf Minuten kam er wieder herunter, mit unverkennbar befriedigtem Gesichtsausdruck. Als er merkte, daß ich ihn ansah, grinste er töricht, breitete die Hände aus, zuckte erneut mit den Schultern und ging zu der Hochzeit zurück. Ein anderer Mann erschien. Auch er versuchte, mich zu veranlassen, ihm die Treppe hinauf zu folgen. Wieder schüttelte ich den Kopf, und wieder verschwand er in der Dunkelheit nach oben. Nach vier Minuten kehrte er ebenfalls zurück, und erneut folgte ihm ein weiterer Mann.

Inzwischen war ich dahintergekommen. Was immer im zweiten Stock zu finden war, war offenbar eine der Annehmlichkeiten der Hochzeit, und was es auch sein mochte, an dem ich mich nicht beteiligt hatte, es fand dort oben statt.

Ich wurde des Lärms, des Schmutzes und der Brutalität Kairos bald müde. Ich hatte die Männer satt, die versuchten, mich unter den

fadenscheinigsten Vorwänden in ihre Hotelzimmer zu locken. Das Lockmittel war im allgemeinen ein Geldumtausch, und die Kurse, die sie versprachen, waren sogar für den Schwarzmarkt lächerlich günstig. Diese Transaktionen müßten im geheimen stattfinden, pflegten sie zu flüstern, und ihr Hotelzimmer war immer verfügbar und lag ganz in der Nähe. Am meisten wurde ich der arroganten Überzeugung müde, die alle diese Männer zu teilen schienen, Frauen seien von Natur aus so gierig und leichtgläubig, daß sie einer solchen Verlockung leichten Gewinns unfehlbar erliegen müßten.
Von einem Bus aus sah ich einen Mann einen Esel schlagen, der vor Erschöpfung zusammengebrochen war. Wütend und entschlossen prügelte er mit seinem schweren Knüppel auf die ausgemergelten Gelenke des sterbenden Tieres ein. Wild schrie ich ihn an, während der Bus an ihm vorbeisauste, und versuchte mich zur Tür durchzukämpfen, aber es nutzte nichts. In der ganzen Stadt wurden Esel gnadenlos geprügelt, während sie sich sinnlos abmühten, schwer überladene Karren zu ziehen, und das Geschirr scheuerte auf blankem Fleisch, wo ihr Fell abgerieben war. Bald konnte ich es nicht mehr aushalten und floh erneut nach Süden, den Nil hinauf nach Assuan in der Nähe der sudanesischen Grenze.
In Assuan waren die Gesichter dunkler, sanfter und offener. Ich fand Unterkunft in einem kleinen Gasthof im Eingeborenenviertel und fühlte mich dort sicher. Ganz in der Nähe floß majestätisch der Nil vorbei, und ich saß lange, heilsame Stunden an seinen Ufern und beobachtete die Wasservögel, während flinke *falukas* rasch vorübersegelten.
Ich mied die Touristenhotels, die es angeblich ein paar Kilometer flußabwärts geben sollte. Gelegentlich wagten sich abenteuerlustige Westler aus dieser anderen Welt für kurze Zeit in das Viertel. Täglich kam und ging ein dünner, stetiger Strom von Rucksackreisenden aus aller Welt. Sie machten wenig Aufsehen und verschmolzen leicht mit der Landschaft. In den Gassen und auf den Märkten der Stadt begann ich ein anderes Pulsieren zu spüren, und ich merkte, daß das, was ich fühlte, der langsame, geduldige Herzschlag Afrikas war.
Es dauerte nicht lange, bis diese Ruhe mir allmählich zu schaffen

machte. Da ich keinen Sinn in meinem Leben fand und von unvorstellbarer Einsamkeit getrieben wurde, floh ich noch weiter südwärts, und zwar mit dem Flußschiff, das auf dem Nil zur sudanesischen Grenze fuhr.

Dieses Schiff bestand aus vier alten Kähnen, die aneinandergebunden und bis zum Überquellen mit menschlicher Fracht und für den Transport gefesselten Tieren beladen waren. Langsam und träumerisch nahm es seinen Weg über den Nasser-See und den schmaler gewordenen Nil, dessen hohe, dünenähnliche Ufer durch den massiven Assuandamm flußabwärts leblos und kahl geworden waren. Das fruchtbare Niltal war verschwunden. Leere Sanddünen ohne eine Spur von Vegetation erstreckten sich zu beiden Seiten des Flusses, Kilometer um hoffnungslosen Kilometer und Tag um erschöpften Tag. Meine überstürzte, unbedachte Reise auf der Suche nach Sinn hatte sich in einen Abstieg in die Hölle verwandelt.

Nach vier Tagen legten die Kähne in Wadi Halfa an der sudanesischen Grenze an. Inzwischen stank das gesamte Schiff nach Unrat, und wir wurden wie Vieh über die Gangway getrieben; eine Reinigungsmannschaft war schon am Werk und besprühte sämtliche Oberflächen mit DDT.

Als unsere Papiere von uniformierten Beamten mit vorgehaltener Schußwaffe kontrolliert wurden, sonderte man alle afrikanischen Ausländer, die das Land betraten, aus und zwang sie, sich gegen Gelbfieber impfen zu lassen. Sämtliche Injektionen wurden mit derselben riesigen, todbringenden Nadel verabreicht. Nach jedem Gebrauch tauchte man die Spritze in ein halbvolles Glas mit irgendeiner Flüssigkeit, die wohl einmal ein Desinfektionsmittel gewesen war, aber schon lange unheilverkündend dickflüssig, grau und undurchsichtig geworden war.

Gnädigerweise waren, wie ich entdeckte, alle Westler davon ausgenommen. Ich besaß eine Bescheinigung, daß ich vor ein paar Monaten, vor dem Verlassen der Vereinigten Staaten, gegen Gelbfieber geimpft worden war, aber es gab keine Garantie dafür, daß irgendeiner der Beamten an dieser Grenzstation in der Lage sein würde, sie zu lesen.

Ein paar hundert Meter entfernt erstreckte sich in der völlig kahlen

Wüste ein Eisenbahngleis in die Ferne, und vielleicht vierhundert Meter weiter wartete der Zug, der uns nach Khartum bringen würde. Passagiere hasteten darauf zu, und auch ich keuchte vorwärts, so schnell ich konnte. Als ich ihn erreichte, kletterte ich eilig hinein.

Garten

In der Wüste
Wo der Zug hält
Gibt es einen Kreis aus Steinen.

Innerhalb dieses Steinkreises
Steht eine kleine Pflanze
Mit fünf Blättern.

Sie ist das einzige lebende Grün
In vielen hundert Meilen Umkreis.

Kaum je habe ich mit einem anderen menschlichen Wesen ein so tiefes gegenseitiges Mitteilen und Verstehen erlebt wie auf der Fahrt von Wadi Halfa nach Khartum. Der alte, klapprige Zug rumpelte schnurgerade auf einer einzigen Schienenspur, die unter britischer Kolonialherrschaft gelegt worden war, durch die Wüste. Sengend heiße Winde peitschen unter einer brennenden, unbarmherzigen Sonne den Wüstenstaub auf.
Das Terrain, das sich über eine Entfernung von einigen hundert Kilometern erstreckt, ist völlig ohne jedes Merkmal. Im Umkreis von dreihundertsechzig Grad sieht das ungläubige Auge betäubt einen endlosen, trostlos flachen Horizont. Es gibt keine Bäume, keine Sträucher, kein Gras, nirgends ein lebendes Geschöpf. Es gibt kein Vogelzwitschern. Es gibt nicht einmal Insekten, bis auf die Fliegen, die der Zug selbst mitbringt. Diese lösen sich benommen von Haufen menschlicher Exkremente in den stinkenden Latrinen und versuchen, sich auf ihrer hektischen Suche nach Feuchtigkeit auf Nase, Mund und Augen zu setzen.
Es gibt kein Geröll, keine Felsen, keine Steine – nur windgetriebenen, wirbelnden Staub. Die Verlassenheit, Monotonie und Leere

dieser Wüste übersteigen jedes Verständnis und jede Vorstellungskraft. Vergebens ringt der Geist des Reisenden mit dem Konstrukt, daß er sich noch auf der Erde und nicht auf irgendeinem fremden Alptraumplaneten befindet.
Beim Aufbruch hatte man mir gesagt, die Fahrt von Wadi Halfa nach Khartum werde zweiundzwanzig Stunden dauern. Man braucht nicht lange, um zu merken, daß im Sudan alle Fahrpläne bedeutungslose Formalitäten sind. Wieder und wieder quält sich die Lokomotive ab, schnauft und bleibt dann hoffnungslos stehen. Der Zug verharrt lange Stunden reglos unter einer anscheinend rachsüchtigen Sonne und wartet auf die Ankunft des Reparaturwagens. Metall erzeugt Blasen auf der Haut, die es berührt, die Zeit dehnt sich sinnlos, der Geist wandert in eine andere Realität ab.
Manchmal hält der Zug auf einem Nebengleis bei einer winzigen Wüstenstation, wo zwei kahle Lehmhütten und ein paar teilweise mit Wasser gefüllte Tonkrüge ganz allein neben den Schienen stehen. Er wartet endlose Stunden auf den Zug aus der Gegenrichtung, damit er seine mühsame Fahrt auf der einzigen Spur wieder aufnehmen kann.
Wenn dieser andere Zug endlich eintrifft, strömen alle aus den Abteilen, und für einige Minuten herrscht eine karnevalshafte Atmosphäre, während die Passagiere beider Züge einander freudig begrüßen und umarmen und Botschaften an weiß der Himmel welche entlegenen Außenposten weitergeben. Dann fährt die Lokomotive wieder an, wir verlassen behutsam das Nebengleis und rattern weiter durch die Leere der vor uns liegenden Wüste.
Die Nacht bricht herein und mit ihr eine strenge, eisige Kälte. In den überfüllten Abteilen mühen sich die Menschen um trügerische Momente von Schlaf. Körper kauern auf und zwischen den durchhängenden Sitzen, strecken sich darunter aus, hängen gefährlich in den unglaublich winzigen Gepäcknetzen. Auf den engen Gängen vor den Abteilen drängen sich noch mehr schlafende Leiber, zusammengekauert oder ausgestreckt, die Köpfe fest umwickelt gegen den am Boden treibenden Staub, und sehen aus wie ebenso viele Mumien.
In meinem Kopf beginnt sich die Natur der Realität zu verändern. Ich merke, daß ich in eine Wirklichkeit gleite, die ich von einer frü-

heren Erfahrung her wiedererkenne. Sie ist vollkommen gültig, aber völlig außerhalb des Bereichs der alltäglichen Wahrnehmung, wie ich sie kennengelernt habe. Die frühere Erfahrung ist die Geburt meines Sohnes.

Wir beide mühten uns erfolglos ab, uns voneinander zu trennen, ohne die Hilfe von Betäubungsmitteln, beinahe drei Tage lang, und beide kamen wir dem Tod sehr nahe. Irgendwann in dieser Zeit fand ich mein körperloses Selbst ruhig in der Nähe der Zimmerdecke wieder, wo es auf den sich windenden Leib unter mir niederschaute und großes Mitleid mit ihm empfand. In dieser Realität betrachtete ich nicht mich selbst, sondern ein von mir unabhängiges, unter mir liegendes Wesen.

Während meiner Reise durch die Wüste hockte ich auf dem Gang mehrere Tage lang in schmerzhafter Enge neben einer Frau aus einem Dorf. Wir schliefen, soweit wir das konnten, und lehnten uns nachts der Wärme wegen aneinander, wenn im Zug nach der Hitze des Tages die Kälte der Wüste herrschte. Sie hatte riesige, leidende, mutige Augen und fingerbreite, tiefe Stammesnarben in den Wangen. Die englischen Kolonialherren nannten dieses spezielle Muster, das im ganzen Nordsudan üblich ist, die »Eins-elf-Narbe«, weil es aus drei geraden, vertikalen Schnitten besteht, die sich vom Unterlid bis zum Kinn erstrecken.

Unsere Reise dauerte vier oder fünf Tage, und während dieser Zeit erzählten wir uns gegenseitig von unserem Leben. Ich sprach ihren Dialekt nicht, und sie konnte kein Wort Englisch, aber wir vertrauten einander in dieser anderen Realität viele Dinge an, und wir fühlten uns einander so nahe wie Schwestern. Wir kommunizierten mittels Gesten, Gesichtsausdruck und Tonfall, mit denen wir uns gegenseitig unsere tiefsten Gefühle offenbarten.

Manchmal sahen wir uns nur in die Augen und erlebten eine andere Art von Kommunikation, die hier in unserer alltäglichen westlichen Realität nur in sehr verkürzter Form existiert. Im Westen neigen wir dazu, dem Blick in die Augen auszuweichen, vielleicht aus Angst davor, was wir selbst preisgeben und was wir in den Augen der Angeschauten finden oder nicht finden könnten.

Im Sudan sollten die Augen in jedem Gesicht, das ich sah, meine Blicke treffen und festhalten. Zum ersten Mal in meinem Leben erfuhr ich die berauschende Freiheit, in ein Gesicht schauen und nach Herzenslust eine Seele suchen zu dürfen, wie diese auch meine suchte. Ich empfand ein Gefühl von Vertrauen und Sicherheit, wie ich es nie zuvor gekannt hatte. Meine Augen wurden meine Referenz, die Augen der anderen mein Paß zur Sicherheit.

Ich habe keine Worte, um mitzuteilen, was mir die Augen meiner sudanesischen Schwester sagten, denn ich müßte jetzt in einer anderen Sprache sprechen als der, die ich damals benutzte. Unsere geteilte Wirklichkeit war so, daß Worte keine Bedeutung hatten. Ich kann nur berichten, daß wir verstehen konnten, was die andere gelitten hatte, welche Freuden sie gekannt hatte, die Intensität ihrer Liebe zu ihren Kindern und was sie vom Leben gelernt hatte. Auf irgendeinem Weg, den ich in meiner gegenwärtigen Alltagsrealität nicht mehr begreife, erzählten wir einander von all diesen Dingen. Ich erinnere mich aber sehr deutlich, daß es zwischen uns ein intensives Gefühl der Liebe gab, wie es zwischen Frauen besteht, die wirklich Seelengefährtinnen sind.

Als wir uns trennten, legte jede die rechte Hand auf die linke Brust der anderen. Wir fühlten gegenseitig unseren Herzschlag und berührten uns mit den Wangen, wie Frauen es im Sudan tun, um ihre Verwandtschaft auszudrücken. Wir sahen uns ein letztes Mal tief in die Augen und gingen dann unserer Wege. Unsere Pfade haben sich nie wieder gekreuzt.

Ein sudanesisches Sprichwort:
Als Allah den Sudan schuf, lachte Allah

Im April 1989 stand auf der Titelseite des *Wall Street Journal* ein Artikel, in dem verkündet wurde, Khartum sei gerade zum härtesten Posten der Welt erklärt worden. Das machte mich zwar traurig, aber die Feststellung überraschte mich nicht. Ich hatte genügend Monate in Khartum zugebracht, um höchst sensibel zu sein für den relativen Luxus, in dem Westler dort lebten, wenn man im Vergleich dazu die Not der Sudanesen betrachtete. Ich hatte es unanständig gefunden, wie sie wütend ertrugen, was sie als Verstoß gegen das ihnen im Leben Zustehende erlebten, während die freundlich lächelnden Sudanesen ihr unglaublich schweres Dasein anmutig, heiter und mit unerschütterlicher Geduld hinnahmen. Für die meisten Westler war das Leben in Khartum ein ständiger Alptraum, denn für sie nahm alles Ungünstige, das geschah, die Dimensionen eines Unheils an, das gegen sie persönlich gerichtet war.
Es ist kein Wunder, daß Touristen sich selten nach Khartum wagen. Wer kein starkes Sinngefühl hat, wird dort wenig zu tun finden, nichts, das man sehen muß, keinen Ort, an den man gehen muß. Flugpläne sind bedeutungslos, Post trifft niemals ein, Benzin ist nicht zu bekommen. Die meisten normalen Einrichtungen, die man immer für selbstverständlich gehalten hat, fehlen völlig. Intensive Hitze versengt das Hirn und raubt dem Körper jede Energie. Unablässig verstopft stechender, vom Wind getriebener Staub aus der Wüste die Lungen. Die monotone, öde Häßlichkeit der Straßen beleidigt die Sinne. Der Gestank von Fäkalien ist überall.
Nichts funktioniert. Alles Mechanische bricht zusammen und bleibt in diesem Zustand, denn es gibt niemanden, der es zu reparieren versteht. Die Schlaglöcher in den völlig ungepflasterten Straßen können so tief sein, daß sie ein kleines Auto verschlucken. Tote Esel

und Kamele verwesen auf der Straße. Täglich gibt es endlose Stromausfälle.

Eine schwerfällige, nicht funktionierende Bürokratie lähmt jede Initiative. Gelangweilte Regierungsbeamte, deren Schreibtische mit Telefonen geschmückt sind, die seit Jahren nicht funktioniert haben, und denen es sogar an Papier fehlt, das sie herumschieben könnten, plaudern untätig und sehen auf ihren stillstehenden Uhren nach, ob es Zeit für die nächste Teepause ist.

Der Himmel helfe denen, die krank werden. Andere Hilfe gibt es nämlich nicht. Das Universitätskrankenhaus ist bestimmt der siebte Kreis der Hölle. Auf den menschenwimmelnden, schmutzigen Stationen gibt es keine Bettwäsche und auch keine sterile Watte, keine Klebepflaster, kein Desinfektionsmittel, keine Analgetika, kein Penicillin, keine Hoffnung, jemals lebend dort herauszukommen. Operationssäle werden regelmäßig wegen Tetanusinfektionen geschlossen. Mitten während einer Operation gehen die Lichter aus, und der Eingriff muß dann im schwachen Licht von Taschenlampen mit ersterbenden Batterien fortgesetzt werden. Aus den Hähnen kommt bloß schlammiges, untrinkbares Wasser – und nur zu oft überhaupt keines.

Für den unter Kulturschock stehenden Westler ist Khartum wahrhaftig die Hölle auf Erden.

Mit vorhersagbarer Regelmäßigkeit werden die dünnen Reihen von Amerikanern und Europäern, die mit maximaler Härtezulage für den Dienst in dieser Alptraumkapitale entschädigt werden, noch weiter ausgedünnt, wenn ihre Mitglieder still oder nicht ganz so still verrückt werden. Von manchen, die nach Khartum versetzt werden, weiß man, daß sie nie auch nur den baufälligen Flughafen verlassen. Sie sehen sich einfach einmal um, nehmen die erstbeste Maschine, die das Land verläßt, und fliehen an jeden beliebigen Ort, den sie zufällig ansteuert.

Unter denen, die bleiben, gibt es auch eine Handvoll starker und mutiger Seelen, die sich von dieser Härte in keiner Weise aus der Fassung bringen lassen. Sie scheinen sie eher zu begrüßen und bei den manchmal beträchtlichen Entbehrungen aufzublühen. Sie lieben die Sanftheit und Warmherzigkeit der Sudanesen. Sie sind bewegt von deren Seelenschönheit, ihrer unglaublichen Großzügig-

keit, der Tiefe der inneren Güte, die man ihren klaren, gefühlvollen Augen ansieht.
Diese Einstellung kann man nicht erzwingen. Sie entstammt einer inneren, höchst individuellen Motivation und kann nur dort gepflegt und verstärkt werden, wo ihr Keim bereits existiert. Diese »Afrika-Freaks« sind eben von einer anderen Art. Sie kehren nur höchst widerstrebend in die westliche Welt zurück, und wenn sie es tun, erleiden sie bei der Rückkehr einen massiven Kulturschock. Ich schließe mich ihren Reihen rasch und bereitwillig an.

* * *

In der unerträglichen Hitze des frühen Nachmittags lief der Zug aus Wadi Halfa endlich in Khartum ein. Taumelnd und halb verrückt vor Schlafmangel stolperte ich unter meinem unerträglich schwer gewordenen Rucksack an den Schienen entlang zu der angeblich in der Nähe liegenden Herberge. Zwei oder drei weitere Rucksackreisende eilten erschöpft in die gleiche Richtung, und ich bemühte mich, mit ihnen Schritt zu halten.
Die Herberge bestand aus einem großen, eingezäunten Hof mit vorwiegend nacktem Boden, zwei Bäumen, ein paar anämischen Sträuchern und einigen tropfenden Wasserhähnen, umgeben von kleinen Grasflecken und einem kastenähnlichen Betonbau, der Schlafräume für Männer und für Frauen enthielt. Ich warf einen einzigen Blick auf die fleckigen, beunruhigend durchhängenden Pritschen in dem mit Müll übersäten Frauenquartier und entschied mich sehr schnell für den Rasen draußen. Ich fand einen kleinen, schattigen Fleck unter einem der Bäume, legte mich auf die harte, zusammengebackene Erde und fiel auf der Stelle in einen erstarrten Schlaf.
Als ich aufwachte, war es dunkel. Mich beruhigte die Entdeckung, daß eine weitere Frau sich zu mir unter den Baum gesellt und ihre bescheidene Matte und ihre wenigen Habseligkeiten in meiner Nähe ausgebreitet hatte. Sie war etliche Jahre älter als ich und sah aus, als habe sie eine weite, schwere Reise hinter sich. Es war das erste Mal in den fünf Monaten, seit ich unterwegs war, daß ich jemanden sah, der älter war als ich und sich entschieden hatte, auf diese Weise zu reisen, und ich war sofort fasziniert.
Als sie merkte, daß ich wach war, lächelte sie und bot mir ein Stück

Brot an. Sie war eine Ärztin aus dem Albert-Schweitzer-Institut in Gabun. Sie war auf der Ladung eines Lastwagens den ganzen Weg vom Äquator in Westafrika bis nach Kairo am Mittelmeer über Land gereist, um im dort ansässigen Papyrus-Institut die Technik zur Herstellung von Papyrus zu erlernen. Sie wollte diese neu erworbene Fertigkeit in die Leprakolonie in Gabun mitnehmen und sie dort an die Leprakranken weitergeben, so daß diese damit ihren Lebensunterhalt verdienen könnten.
Sie hatte mit Albert Schweitzer zusammengearbeitet, als er noch lebte, und sprach mit großer Verehrung von ihm. Auch die Einsichten und die Weisheit der eingeborenen Medizinmänner in Gabun hatten sie bei den vielen Gelegenheiten, bei denen sie ihre einzigartigen Heilungstechniken beobachten konnte, tief beeindruckt. Sie sagte, sie wüßten viele Dinge, von denen die westliche Medizin keine Vorstellung habe. Man könne viel von ihnen lernen.
Sie setzte ihre Rückreise nach Gabun am nächsten Morgen fort, und eine Handvoll neuer Reisender traf in der Herberge ein. Unter dieser überaus jungen Gruppe war ein schwarzer Amerikaner Ende Dreißig, der, wie sich herausstellte, schon vorher weite Reisen durch Afrika unternommen hatte. Gierig nach Informationen darüber, wie ich selbst weiter vorgehen könnte, verwickelte ich ihn in ein Gespräch.
Er war unterwegs in den Dschungel von Zaire, in der Hoffnung, Masken und andere Kunstgegenstände sammeln zu können. Der Sudan gefalle ihm nicht, sagte er und schüttelte traurig den Kopf. Es sei brutal, was sie dort den Frauen antäten. Ich schaute ihn fragend an.
»Ach, Sie wissen nichts davon?« fragte er. »Sie müssen verstehen, daß ich hier mit einer ziemlich beträchtlichen Anzahl von Frauen intim war und daß man es ihnen allen angetan hatte. Sie schneiden ihnen die Sexualorgane heraus, wenn sie noch kleine Mädchen sind, und das, was übrigbleibt, nähen sie zu. Es ist wirklich ziemlich schrecklich.«
Entsetzt starrte ich ihn an. »Aber das wird doch sicher nur noch von den primitivsten Stämmen draußen im Busch gemacht?« flehte ich bestürzt und ungläubig. Er schüttelte nachdrücklich den Kopf. »Es wird von allen gemacht«, behauptete er. »Selbst gebildete Leute tun

es. Natürlich wird niemand mit Ihnen darüber reden. Sie werden alle leugnen, daß es stimmt, aber ich garantiere Ihnen, daß in dieser Stadt kaum eine Frau zu finden sein wird, mit der man nicht auf diese Weise verfahren ist. Sie nennen es ›pharaonische Beschneidung‹, und sie tun es, damit ihre Frauen keusch bleiben.«
Ich grinste sardonisch. »Offensichtlich funktioniert das nicht immer«, bemerkte ich. »Frauen sind Frauen«, meinte er achselzuckend, »genau wie Männer Männer sind. Man kann die natürliche Ordnung der Dinge nicht ändern.«
Ich merkte, daß mein Geist, benommen von der schrecklichen Information, die ihm gerade aufgedrängt worden war, jetzt auf zwei deutlich verschiedenen Ebenen arbeitete. Ein Teil malte sich erstarrt und entsetzt sämtliche Konsequenzen dessen aus, was der Amerikaner mir gerade erzählt hatte. Der andere Teil erkannte aufgeregt und mit großer Deutlichkeit, daß ich gefunden hatte, wonach ich gesucht hatte; ein sofortiges, kristallklares Zielbewußtsein; ein drängendes, antreibendes Zusammenschnurren auf einen einzigen Brennpunkt; eine Aufgabe, der ich, wie ich sofort wußte, durchaus den Rest meiner Lebenszeit widmen mochte.
Ich brauchte nicht lange, um die Warnung des Amerikaners, keiner werde mit mir über diesen seltsamen und schrecklichen Brauch sprechen, zu widerlegen. Er hatte nicht berücksichtigt, daß ich einen enormen Vorteil besaß: Ich war eine Frau. Mit einem westlichen Mann war dieses Thema indiskutabel, selbst für die sudanesischen Frauen, mit denen er geschlafen hatte, aber in der Beziehung zu mir gab es kein solches Tabu.
Der erste gebildete Mann, dem ich mich einige Tage später nähern und ihn bitten konnte, mir zu helfen, mehr über das Thema in Erfahrung zu bringen, schrieb Einführungsbriefe für mich, die anfangen sollten, mir die Reihe von Türen zu öffnen, die ich schließlich im ganzen Land finden und durchschreiten würde. Ich begann überall im Sudan Frauen und Männer aus allen Lebensbereichen zu interviewen und setzte Stückchen für Stückchen sorgfältig die Fragmente eines verborgenen Bildes zusammen, das nie zuvor jemandem aus einer fremden Kultur so deutlich offenbart worden war.

Costi

Ich blieb nur eine kurze Weile unter meinem mageren Baum in der Herberge. Erst auf weiteren Reisen in den Sudan viele Monate später sollte ich den frühmorgendlichen Luxus des verlassenen Winterpools in dem etwas ramponierten Amerikanischen Club in Khartum sowie die kühle Oase der Hotelhalle des Hilton entdecken, die ich schließlich als mein »Privatbüro« bezeichnen sollte. Doch davon später mehr.
Die Herberge war nicht sehr reizvoll und lud nicht zu längerem Aufenthalt ein. Die meisten Reisenden blieben nur lange genug, um Genehmigungen und Transportmöglichkeiten anderswohin zu besorgen, ein Vorgang, der von einer trägen Bürokratie oft auf viele mühsame Tage und manchmal Wochen ausgedehnt wurde.
Ich hatte gehört, am aufregendsten, aber auch am anstrengendsten sei die Reise per Dampfer den Nil hinauf. Dieses Schiff nahm den langsamen Weg nach Juba, das dicht an der Grenze zu Uganda liegt. Es sollte alle zwei Wochen von Costi abgehen, von Khartum aus angeblich eine Tagesreise mit der Eisenbahn.
Diese zwölftägige Reise, erzählte man mir, berge das beträchtliche Risiko, sich eine von vielen möglichen ernsten Krankheiten zuzuziehen. Reisende könnten unterwegs sogar zu Tode kommen. Wenn das Schiff tief im Landesinneren Station in den Dörfern am Ufer mache, sei es nicht ungewöhnlich, daß es die Leichen seiner Toten zur Verbrennung zurücklasse. Doch die wenigen Westler, die die Reise unternommen hatten, sprachen mit Ehrfurcht davon. Sie war die mit Abstand unvergeßlichste Erfahrung ihres Lebens gewesen.
Ich kaufte eine Eisenbahnfahrkarte nach Costi, das in einiger Entfernung südlich von Khartum am Nil liegt. Wie zu erwarten gewesen war, brach der Zug unterwegs wieder mehrmals zusammen. Die

geplante Tagesreise dehnte sich auf einen zweiten und schließlich noch einen dritten Tag aus.

Jeden Tag vor Einbruch der Nacht wanderte ich durch den Zug und erforschte verschiedene Abteile. In einem lag eine fiebernde Frau wie in einem Stupor in den Armen ihrer Schwester. Die Schwester gab mir zu verstehen, die Frau habe starke Kopfschmerzen. Sie bat mich um Medizin, die ihr Leiden lindern würde. Ich sagte ihr, ich sei keine Ärztin, könne ihr aber etwas Aspirin geben, das ich bei mir hatte. Ich goß aus meinem Kanister Wasser für sie ein und sah zu, wie sie ihre Schwester sanft dazu brachte, die Pillen zu schlucken.

Am nächsten Morgen, als der Zug in Costi einlaufen sollte, beschloß ich, das Abteil noch einmal zu besuchen, in der Hoffnung, daß sich der Zustand der kranken Frau gebessert habe. Schockiert entdeckte ich, daß sich davor in dem schmalen Gang eine lange Reihe von Menschen versammelt hatte, die alle auf das Erscheinen der *dictori* warteten.

Als ich versuchte, mich in das Abteil zu drängen, wurden Kinder zu mir hochgehalten, Hautstellen wurden entblößt, um Abszesse zu zeigen, Hände umklammerten verschiedene Körperteile, um zu zeigen, wo der Schmerz saß. Ich versuchte, ihnen zu verstehen zu geben, daß ich keine Dictori war, wie sie annahmen, aber es hatte keinen Zweck. Ich floh in das Abteil und stellte fest, daß sich, wie zu erwarten, der Zustand der fiebernden Frau nicht gebessert hatte.

Meine »Patienten« harrten stoisch auf dem Gang vor dem Abteil aus, und als ich es widerwillig verließ, wiederholten sich die vorherigen Szenen. Ich wünschte mir verzweifelt, ich wäre ihre Ärztin und könnte sie von allen ihren Krankheiten heilen, aber ich hatte weder die Fähigkeiten noch die Mittel dazu. Verzweifelt versuchte ich erneut, ihnen das klarzumachen, und als es mir nicht gelang, ergriff ich entmutigt die Flucht.

In Costi traf ich eine kleine Gruppe von europäischen Rucksacktouristen, die in der Nähe des Bahnhofs auf dem Boden hockten. Auch sie waren auf der Suche nach einer Unterkunft, und ich schloß mich ihnen eilig an. Wir fanden einen Gasthof in der Nähe des Hauptmarktes, wo auf einem schattigen Hof Pritschen aufgestellt waren. Die meisten Gäste waren muslimische Männer, die sich in inbrünstige Gebete vertieften, wann immer die Lautsprecher der zahlrei-

chen Moscheen nachdrücklich dazu aufriefen. Sie hatten anscheinend wenig zu tun, während sie auf die Ankunft des Schiffes aus Juba warteten, und verbrachten den restlichen Tag still auf ihren Pritschen sitzend. Ich wurde mit anderen Frauen in einem vergitterten Schlafsaal untergebracht, der am inneren Ende des Hofes lag.
Costi war heiß, feucht, voller Fliegen und Fäulnisgestank. Dennoch hatte es etwas an sich, das die Phantasie fesselte. Hier war Afrika ganz anders, als ich es bisher erlebt hatte. Verführerisch lockten hier die dunkelsten, verborgensten Geheimnisse des Nil. Ich spazierte an seine Wasser und beobachtete aus einem Versteck, wie nackte, halb untergetauchte Stammesmänner in seinen Wellen ihre prachtvollen, schwarzglänzenden Körper wuschen. Pflanzen, die mir nicht vertraut waren, wuchsen üppig an seinen Ufern, und bunte Wasservögel schnellten an seinem schlammigen Rand auf und nieder.
Unter den Bettlern auf dem Marktplatz waren viele Leprakranke. Andere Bettler befanden sich in fortgeschrittenen Stadien der Verkrüppelung und erscheckend entstellender Krankheiten, wie ich sie nie zuvor gesehen hatte. Blindheit schien endemisch zu sein.
Das Schiff nach Juba legte in einiger Entfernung an und sollte in vier Tagen wieder auslaufen. Seine verbeulten, abblätternden Seiten und schmutzverkrusteten Decks stanken nach Verwesung. Die Aussicht, an Bord zu gehen, erfüllte mich mit wachsender Beklommenheit und ließ mich innerlich schmerzhaft die kraftvolle Sirenenverlockung des Abenteuers gegen eine ebenso starke Furcht vor lauernden, unbekannten Gefahren abwägen.
An meinem zweiten Tag in Costi fing ich an, mich immer unwohler zu fühlen, und binnen Stunden erlag ich der schweren Lethargie eines Fiebers. Mein Kopf pochte, als werde er platzen, ich hatte brennenden Durst und konnte nichts weiter tun, als keuchend auf meiner Pritsche in dem übelriechenden, feuchten Schlafraum zu liegen. Zwei freundliche syrische Frauen mit sanften, blütenblattähnlichen Händen brachten mir Wasser zu trinken und halfen mir, mit weichen Knien zur Latrine zu wanken.
Nach zwei Tagen verschwanden die Syrerinnen plötzlich. Inzwischen hatten meine lebensrettenden Antibiotika gewirkt, und ich ging kraftlos im Hof umher und erprobte meine gummiartigen Beine. Ich fragte den Gastwirt, was aus den Frauen geworden sei.

»Ich habe sie der Polizei übergeben. Sie waren Prostituierte«, antwortete er streng. Ich versuchte, ihm weitere Fragen zu stellen, aber mehr wollte er mir nicht sagen.

Sehr besorgt bat ich zwei junge Australier auf dem Hof, sich nach dem Schicksal der beiden Frauen zu erkundigen. Sie packten ihre Ausrüstung, weil sie sich darauf vorbereiteten, mit dem Schiff abzureisen, aber sie unterbrachen ihre Arbeit, um in der Nähe des Gasthofs herumzufragen. Sie kamen zurück und sagten, auch sie hätten keine Antworten bekommen können.

Ich war zu schwach, um weiter zu suchen. An diesem Punkt kam ich zu der schmerzlichen Entscheidung, die Selbsterhaltung wichtiger nehmen zu müssen als Tapferkeit. Ich mußte nach Khartum zurück, wo es wenigstens irgendeine Form rudimentärer medizinischer Versorgung geben würde. Der Gastwirt fand einen Mann mit einem Eselskarren, der mich und mein Gepäck zum Bahnhof brachte, und ich lag neben den Gleisen, wartete auf die Ankunft des Zuges und hatte arge Angst vor der langen Rückfahrt.

Der Zug, der um zwölf Uhr mittags eintreffen sollte, lief widerstrebend bei Sonnenuntergang ein. Schwach rappelte ich mich auf, um ein Abteil zu suchen. Ich hatte Glück. Hinter der ersten Tür, die ich öffnete, wandten sich mir sieben junge, frische Frauengesichter zu und hießen mich willkommen. Die Frauen waren Studentinnen der Universität von Khartum, die von einer Feldexkursion zurückkehrten. Der Professor, der sie begleitete, kam einen Augenblick später zu uns und verbrachte einige Minuten mit höflicher Konversation. Dann zog er sich in den größeren Komfort des benachbarten Privatabteils zurück und ließ uns allein.

Die Frauen merkten offenbar, daß ich krank war, und drängten mich, mich auf einer der Bänke niederzulegen. Zwei von ihnen teilten sich die andere Bank, während die übrigen fünf sich auf dem Fußboden einrichteten, drei auf dem engen Mittelgang und zwei unter den Sitzen. Sie schliefen fast augenblicklich ein, und glücklicherweise fand ich die Kraft, meine Schuldgefühle darüber zu beruhigen, daß ich ihre bereitwillig angebotene Gastfreundschaft so schamlos ausnutzte.

Wunderbarerweise brach der Zug nicht zusammen. Ich verdöste den größten Teil des Tages, und am frühen Abend ging es mir gut

genug, um einige der neugierigen Fragen nach meiner Person zu beantworten. Die jungen Frauen fanden die Freiheit meiner einsamen Reise ebenso beängstigend wie faszinierend. Sie wußten wenig über das Leben von Frauen in anderen Ländern. »Ich glaube, mein eigenes Land ist wesentlich netter zu seinen Frauen«, sagte ich. Alle schwiegen traurig, bis auf eine, die mir unverwandt und mutig in die Augen sah. »Der Sudan ist ein bitter hartes Land für Frauen«, sagte sie. »Frauen leiden hier sehr grausam.«
Ich hatte das Gefühl, dies sei eine Frau, der ich vielleicht die Fragen stellen könnte, auf die ich so brennend gern Antworten finden wollte, aber gerade, als ich damit beginnen wollte, kam der Professor herein und sagte uns, wir würden binnen einer Stunde in Khartum eintreffen. Als er uns wieder verließ, hatte die Erschöpfung mich erneut übermannt, und die Gelegenheit war verpaßt.
Als der Zug in den Bahnhof einlief, dankte ich den Frauen für ihre Güte, wir verabschiedeten uns, und irgendwie gelang es mir, zu der Herberge zurückzutaumeln, wo ich weitere zwei Tage lang schwach unter meinem Baum lag, bis ich endlich wieder zu Kräften kam und sich herausstellte, daß ich gesund werden würde.
Zwei Jahre nach diesem mißlungenen Abenteuer traf ich bei meinem einsamen frühmorgendlichen Schwimmen eine Amerikanerin mittleren Alters, die im Amerikanischen Club allein am Rand des Pools saß. Sie verbrachte den größten Teil ihres Tages damit, angespannt dort zu sitzen, weil sie offensichtlich sonst nichts zu tun wußte. Sie wartete auf die Rückkehr ihres Mannes, der das Schiff von Costi nach Juba genommen hatte. Sie selbst hatte keinerlei Neigungen zum Abenteuer, und der Amerikanische Club in Khartum strapazierte ihre Fähigkeit, primitive Lebensumstände zu ertragen, schon aufs äußerste. Sie war eine leise sprechende, ziemlich schüchterne Frau und strahlte eine stille Verzweiflung aus, die im Lauf der Monate immer intensiver werden sollte.
Als ich bereit war, wieder nach Europa abzureisen, war sie völlig am Boden zerstört. Sie hatte mehr als fünf Monate gewartet, ihr Visum lief ab, und sie hatte nichts von ihrem Mann gehört.
Ich habe kaum Zweifel, daß sie ihn nie wiedergesehen hat.

Die Barbarische Praxis

Die britischen Kolonialherren bezeichneten sie als »Die Barbarische Praxis« und kämpften mit großem moralischen Eifer und damals leider geringem Verständnis dagegen an. Wie wohl zu erwarten, brachten ihre Bemühungen keine greifbaren Ergebnisse. Überall auf der Welt haben die Menschen ihre eigenen, kulturell verwurzelten Bräuche, und die berechtigte Entrüstung fremder Herrscher reicht, wie die Geschichte gezeigt hat, im allgemeinen nicht aus, um sie zu erschüttern, ganz gleich, wie menschenfreundlich deren Absicht auch sein mag. Im Falle des Sudan war das einzige nachweisbare Ergebnis der ehrlichen Bemühungen britischer Reformer ein Aufstand der breiten Massen.

1956 kämpfte sich der Sudan wie andere afrikanische Nationen in diesem folgenschweren Jahrzehnt von der Kolonialherrschaft frei und gewann die politische Souveränität zurück. Die neu gebildete Regierung formulierte eine Sammlung sudanesischer Gesetze, darunter auch ein Edikt, um diese zäh verteidigte, kulturell verwurzelte Praxis zu beenden, die die Briten so verstört hatte. Die Befolgung dieses Gesetzes jedoch war, wie sich herausstellte, ebensowenig zu erzwingen wie die des unter kolonialer Herrschaft erlassenen.

Wo, wann oder wie genau dieser Brauch entstand, ist nicht bekannt. Nur wenige Hinweise sind entdeckt worden, die uns einiges über die Geschichte des »Dunklen Kontinents« in Gegenden verraten, in denen keine alten Aufzeichnungen existieren. Schon im fünften Jahrhundert vor Christus wird die Praxis in den Schriften des griechischen Historikers Herodot erwähnt, und daher wissen wir, daß sie tatsächlich irgendwo in den Tiefen der Antike entstand. Über diesen Bericht hinaus ist über ihre frühesten Ursprünge nichts bekannt.

Es gibt einige Hinweise in den Schriften des Propheten Mohammed, dessen Lehren im siebten Jahrhundert nach Christus die Basis der

islamischen Religion bildeten, die darauf hindeuten, daß er möglicherweise versucht hat, die Durchführung der Barbarischen Praxis zu verbessern. Selbst eine so immense Macht wie das Wort des Propheten führte zu keiner Veränderung. Bräuche sind in Afrika stärker als Herrschaft, stärker als das Gesetz, sogar stärker als die Religion. Im Laufe der Jahre wurden solche Bräuche der Religion einverleibt, und schließlich glaubten die Anhänger der Religion, sie würden von ihren adoptierten Göttern gefordert, wer immer diese sein mochten. Das ist in verschiedenen Teilen Afrikas unter im wesentlichen animistischen Konvertiten zu Islam, Christentum und Judentum so geschehen.
Es gibt zahlreiche Theorien über die Ursprünge der Praxis, und einige davon haben einen gewissen Reiz. Eine beispielsweise hält die islamische Legende für wahr, Hagar, Abrahams Konkubine und Ismaels Mutter, sei ihr allererstes Opfer gewesen und habe die Barbarische Praxis begründet, indem sie sie später an ihren eigenen Töchtern und Enkelinnen durchführte.
Dieses Argument hat einiges für sich, wenn man das soziale Milieu im Nildelta in biblischer Zeit bedenkt, ein Milieu, das sich in Ländern wie dem Sudan oder sogar in Ägypten nicht wesentlich verändert hat, wo die Institution der patriarchalischen Familie so mächtig ist wie eh und je. Sie ist ein System, das Frauen in Klassen von »achtbaren«, das heißt konformen, von Männern beschützten, keuschen Frauen und »verrufenen« oder unbeschützten, versklavten Frauen niederer Stellung unterteilt.
In einem Zeitalter, in dem jungfräuliche Töchter ein wertvoller Familienbesitz waren, der nur in *unberührtem* Zustand ehrenhaft an die Familien möglicher Ehepartner zu verkaufen war, wurde der Beweis ihrer vorehelichen Jungfräulichkeit und fortgesetzten ehelichen Tugend für Frauen so wichtig, daß sie höchstwahrscheinlich zu allen Mitteln, wie drastisch auch immer, Zuflucht nahmen, mit denen sie diese demonstrieren konnten.
Im Laufe der Jahrhunderte haben Sklavenhändler, Plünderer und Banditen den dunklen Kontinent durchstreift. Nur der Schutz eines von Männern verteidigten Familiengrundstücks bot unbewaffneten Frauen und ihren Kindern irgendeine Art von Sicherheit vor diesen Beutemachern. »Achtbare« Frauen griffen bereitwillig nach deut-

lich sichtbaren Symbolen wie dem Schleier, um zu zeigen, daß sie dieses lebenserhaltenden Schutzes würdig waren. Diese Symbole unterschieden ihren ängstlich verteidigten Status von dem gefürchteten und wahrhaft schrecklichen Los von Sklavinnen, Prostituierten oder Ausgestoßenen, die Vergewaltigung, Entführung und Mord ausgesetzt waren.

Wäre es verwunderlich, wenn unter solchen Umständen eine Frau wie Hagar, aus der Sklaverei in den relativ weit sichereren Status einer Konkubine erhoben, sich bereitwillig der Opferung ihrer Sexualorgane unterzogen hätte, um ihre unterwürfige Achtbarkeit zu beweisen? Und wäre es verwunderlich, wenn sie dann ihre Töchter derselben Prozedur ausgesetzt hätte, um ihre Jungfräulichkeit zu bewahren und sie in die Lage zu versetzen, den lebenden Beweis für ihre Achtbarkeit zu bieten?

Aber all das ist Spekulation. Es spielt im Grunde keine Rolle, mit wem die Barbarische Praxis tatsächlich begann. Was zählt, ist, daß die sexuelle Verstümmelung der Frau bis zum heutigen Tag im größeren Teil Zentralafrikas und südlich der Sahara noch immer allgegenwärtig ist. Die Zahl der betroffenen Frauen ist auf dreißig, achtzig und über hundert Millionen geschätzt worden, und die relative Genauigkeit dieser Ziffern ist manchmal heiß umstritten. Mir kommt das immer ebenso sinnlos vor wie der Streit um die Genauigkeit von Statistiken über die Anzahl der Menschen, die beim Holocaust getötet wurden. Eine präzise statistische Zählung ist nicht das, worum es eigentlich geht. In beiden Fällen brauchen wir nur zu wissen, daß wir über die Vernichtung oder Folter von *vielen Millionen* menschlicher Wesen sprechen.

Die pharaonische Beschneidung hat sich im Laufe der Jahrhunderte nicht verändert und wird im Sudan im allgemeinen an kleinen Mädchen im Alter von fünf bis neun Jahren vorgenommen. Alle äußeren Genitalien außer der Haut der großen Schamlippen werden entfernt, und diese werden bis auf eine winzige Öffnung zugenäht, die kaum zum Urinieren und zur Menstruation ausreicht.

Zweck dieser Verstümmelung ist es, den Sexualtrieb des Mädchens zu dämpfen, indem man ihre sexuell empfindsamsten Organe entfernt. Man glaubt, dies werde sie veranlassen, keusch zu bleiben und so die Ehre und Integrität der Familie zu bewahren. Zweifellos wird ihrem kleinen, wehrlosen Körper durch den Schmerz dieser im allgemeinen ohne Betäubung durchgeführten Prozedur, der fast unsere Vorstellungskraft übersteigt, eine unauslöschliche Lektion aufgezwungen. Durch sie erlernt das kleine Mädchen gewaltsam und ausweglos ihre Rolle totaler Unterwerfung unter die Gesellschaft. Die zugenähten Reste ihrer Labia bilden in der Tat einen künstlich geschaffenen Keuschheitsgürtel, dessen Unberührtheit bei der Eheschließung ihrem Bräutigam und seiner Familie garantiert, daß ihre Tugend und die Ehre seiner Familie sicher sind.

Die unglaublich bittere Pille, die diese kleinen Mädchen zu schlukken gezwungen werden, wird im allgemeinen durch große Festivitäten versüßt, die den Tag der Beschneidung umgeben. Das Kind ist der Mittelpunkt aller Aufmerksamkeit und erhält viele begehrte und ungewohnte Geschenke. Man hat ihr gesagt, daß sie von einem gefährlichen und unreinen Ding gereinigt werde, das zwischen ihren Beinen schwärt, und wenn sie davon befreit sei, werde sie rein und süßduftend und angenehm für den Mann sein, der einmal ihr Gatte werden soll. Man sagt ihr, der Tag der Beschneidung sei der wichtigste Tag ihres Lebens, denn er werde sie auf die Heirat vorbereiten und sie dieser würdig machen.

Aus diesem Grunde sehen kleine Mädchen ihrer Beschneidung stets mit einer Mischung aus Bereitwilligkeit und Angst entgegen. Welches kleine Kind kann den Verlockungen von Geschenken widerstehen, mit denen man es überhäuft, und welches kleine Kind strebt nicht nach der Sicherheit allgemeiner Billigung? Welches kleine Mädchen ist nicht eingeschüchtert, wenn man ihr sagt, ihr Körper enthalte ein widerliches und überflüssiges Stück Fleisch, das gefährlich ist für jeden, den sie liebt, das sie stinken läßt und ihren zukünftigen Ehemann veranlassen wird, sie abzulehnen und anzuprangern? Und doch, welches kleine Mädchen hat nicht schreckliche Angst, wenn sie weiß, daß sie geschnitten werden wird, daß sie bluten wird, daß sie vor Schmerzen schreien wird, wie sie ihre Vorgängerinnen hat schreien hören?

Wenn es passiert, passiert es schnell. Sie wird von mehreren Frauen gepackt und niedergehalten, die ihre Arme und Beine auf den Boden drücken. Die Operation wird im allgemeinen von Hebammen unter der Anleitung von älteren Frauen vorgenommen, die, wenn sie ihren

Ehemännern Söhne geschenkt und ihre eigenen fortpflanzungsfähigen Jahre überlebt haben, enorme Macht über die jüngeren Frauen in der Familie besitzen. Männer sind an diesen Praktiken in keiner Weise beteiligt, aber die Frauen haben im Grunde keine andere Wahl, als sie durchzuführen. Ein unbeschnittenes Mädchen wird einfach keinen Mann finden, der bereit ist, sie zu heiraten, und eine Familie, die ihre Töchter in einem als skandalös und entehrend betrachteten Zustand beläßt, wird von der Gemeinschaft verachtet oder sogar ausgestoßen.

In einer Gesellschaft, in der alle Frauen in früher Kindheit so behandelt worden sind, betrachten diese ihren Zustand natürlich als völlig normal. Den qualvollen Schmerz, dem eine Frau sich aussetzen muß, wenn ihr Bräutigam in die Wand aus Fleisch eindringt, die geschaffen wurde, um ihre Tugend zu bewahren, betrachtet sie als ganz natürlich, wenn sie nichts anderes kennt.

Die schrecklichen Geburten, bei denen verhärtetes Narbengewebe jede Dehnung verhindert und die das Leben von Kind und Mutter gefährden – die Mutter muß aufgeschnitten und wieder zugenäht werden –, gelten als unausweichliches Lebensschicksal der Frau. Sogar bei gebildeten Frauen kommt es selten vor, daß sie ihre Beschneidung anzweifeln und nicht als natürliche Ordnung der Dinge betrachten, und das ist kaum verwunderlich. Man braucht nur die bedauerliche Tatsache zu bedenken, daß die Vereinigten Staaten von Amerika gegenwärtig das einzige Land auf der Welt sind, in dem an der großen Mehrheit aller männlichen Neugeborenen in den Krankenhäusern nichtreligiöse Beschneidungen durchgeführt werden. Zwar sind Umfang und potentieller Schaden dieser Operation nicht mit dem derjenigen zu vergleichen, die an kleinen Mädchen im Sudan und anderen afrikanischen Ländern vorgenommen wird, aber man muß sich doch über die Tatsache wundern, daß *kein anderes* technologisch fortgeschrittenes Land auf der Welt noch medizinische Gründe für die Durchführung dieser zweifellos schmerzhaften Operationen findet. Im Gegenteil, viele medizinische Autoritäten in anderen Ländern haben sich ziemlich energisch dagegen ausgesprochen, beispielsweise in Skandinavien.

In der übrigen von uns als zivilisiert betrachteten Welt stimmen Mediziner und populäre Meinung darin überein, daß diese Penisbeschneidungen ungerechtfertigt, überflüssig und sogar gefährlich sind. In anderen Ländern werden sie widerstrebend nur in seltenen Einzelfällen durchgeführt, in denen irgendeine Art von Pathologie sie begründet. Doch *wir* unterziehen unsere männlichen Säuglinge weiterhin routinemäßig dieser Prozedur, obwohl sogar einige unserer eigenen hochangesehenen medizinischen Autoritäten dagegen sind.

Dieser unser seltsamer Brauch wird von den meisten von uns in keiner Weise angezweifelt. Wir betrachten die Beschneidung unserer Neugeborenen als vollkommen akzeptabel, genau wie die weibliche Beschneidung in Afrika als normal angesehen wird.

Man könnte auch darauf hinweisen, daß wir als Gesellschaft eine Zeitlang das Diktum medizinischer Autoritäten akzeptiert haben, die weiblichen Fortpflanzungsorgane seien für das normale Funktionieren des menschlichen Körpers überflüssig, sobald sie einmal ihren Hauptzweck, nämlich Kinder zur Welt zu bringen, erfüllt haben. Infolgedessen kann sich unser Land der höchsten Rate von Hysterektomien auf der ganzen Welt rühmen. Bis in jüngste Zeit haben Chirurgen routinemäßig völlig gesunde Ovarien entfernt, wenn Probleme des Uterus einen operativen Eingriff erforderten. Verspätet wurde dann entdeckt, daß diese Operation bei den Frauen, die ihr unterzogen wurden, Osteoporose verursachte.

Ich muß gestehen, daß meine Entrüstung über diese spezielle Routinemaßnahme eine intensive persönliche Voreingenommenheit widerspiegelt. Nachdem sie an mir vorgenommen worden war, ohne daß man mich vorher gefragt hatte, erklärte mir mein eigener Chirurg völlig unbekümmert: »Wir haben das gemacht, um Ihnen eine möglicherweise notwendige weitere Operation zu ersparen.«

Ich glaube aufrichtig, daß dieser Mann mir nichts Böses wollte und daß er überzeugt war, was er tat, sei zu meinem Besten. Er war nur irregeleitet. Dennoch muß ich mit dem Wissen leben, daß auch ich ohne Notwendigkeit sexuell verstümmelt wurde. Meine intensive, vergebliche Wut darüber war einer der Dämonen, die mich immer wieder zurück nach Afrika trieben.

Ich muß hier eines hinzufügen: Wenn wir unsere nationale Leidenschaft für prophylaktische Sexualchirurgie bis auf die absurde Spitze treiben wollten, könnten wir auch allen heranwachsenden

Mädchen die Brüste entfernen, um ihnen die Gefahr eines Brustkrebses im späteren Leben zu ersparen. Schließlich sind Brüste nicht notwendig für das Überleben des Individuums. Und warum bei der Penisbeschneidung haltmachen? Warum nicht Samenproben von allen heranwachsenden Jungen nehmen, um sie zu späterem Gebrauch bei künstlicher Befruchtung einzufrieren? Dann können wir ihnen prophylaktisch den Penis entfernen und sie vor der Möglichkeit von Peniskrebs in späteren Jahren schützen.

Ehe wir über jene urteilen, die in Afrika die Tortur der Barbarischen Praxis ausüben, oder über jene, die sich ihr einfach ohne Rebellion unterwerfen, tun wir vielleicht gut daran, unsere eigenen kulturellen Praktiken und *unsere* Barbareien zu untersuchen.

Sexualerziehung

Als ich vierzehn Jahre alt war und sich in meinem jugendlichen Kopf Angst und Neugier wegen der Veränderungen stritten, die in meinem pubertierenden Körper stattfanden, stellte ich meinen Eltern ein paar zögernde Fragen über Sex. Wie üblich wurde ich an der Nase herumgeführt. Die Antworten meiner Mutter waren übelnehmerische, gemurmelte Ausflüchte, und die zutiefst zynischen oder fromm moralistischen Aussprüche meines Vaters gaben mir das Gefühl, verderbt zu sein, weil ich gefragt hatte. So lernte ich von meinen Erzeugern nur eines, und das war, ihnen zu diesem Thema keine Fragen mehr zu stellen.
Ich versuchte mein Glück beim Lexikon. Es wies sterile Diagramme der menschlichen Anatomie auf, keusch mit Worten etikettiert, die ich nicht verstehen konnte. Es gab mir höchstens eine Art rudimentäres Vokabular an die Hand, aber kein Mittel, es mit dem in Verbindung zu bringen, was mit meinem Körper oder meinen Gefühlen passierte.
Dann erforschte ich die medizinischen Bücher und Zeitschriften meines Vaters. Obwohl diese die meisten der brennenden Fragen, die mich beschäftigten, nicht beantworteten, fand ich die Bilder nackter Körper in ihnen sowohl faszinierend als auch beruhigend. Sie machten mich nicht nur wenigstens mit den Rudimenten des Aussehens eines männlichen Organs bekannt (da ich ein erwachsenes nie gesehen hatte), sondern ich entdeckte zu meiner großen Erleichterung auch, daß die seltsamen Veränderungen, die in meinen eigenen Organen stattfanden, nicht die Entstehung irgendeiner Abnormität oder eines Tumors anzeigten, sondern das zu erwartende Aussehen einer normalen erwachsenen Frau.
Darüber hinaus lernte ich wenig, da die Sprache, die in diesen hochspezialisierten Publikationen benutzt wurde, völlig außerhalb mei-

nes begrenzten Fassungsvermögens lag. Es gab unter ihnen jedoch ein kleines, etwas populärer geschriebenes Journal, das von einer pharmazeutischen Firma für Ärzte herausgegeben wurde; es enthielt Informationen, die ich manchmal verstehen konnte und die gelegentlich vage mit Dingen zu tun hatten, die mich interessierten. Ich fing an, begierig jeden Monat auf sein Erscheinen auf meines Vaters Schreibtisch zu warten, und durchforstete es immer von der ersten bis zur letzten Seite.

Unter den Artikeln, die ich in diesem Heft fand, war einer von Ashley Montagu, dem bekannten Anthropologen. Er handelte von der Geschichte männlicher Beschneidungspraktiken, die man noch unter primitiven Völkern in verschiedenen Teilen der Welt antraf.

Ich hatte das Wort »Beschneidung« oft gehört, und man hatte mir gesagt, diese mache jüdische Männer zu etwas Besonderem, aber ich hatte keine Ahnung, was sie tatsächlich bedeutete. Ich wußte auch vage, daß sie am männlichen Genitale vorgenommen wurde, und ich fühlte mich deutlich herabgesetzt, weil mein Bruder einer Sache unterzogen worden war, die ihn besonders machte, während ich, bloß ein Mädchen, einer solchen Ehre nicht für würdig befunden worden war.

Die Bilder unbeschnittener männlicher Genitalien in den medizinischen Büchern und eine vage Erinnerung, wie mein Bruder ausgesehen hatte, als wir noch sehr klein waren und zusammen gebadet wurden, rückten die Dinge für mich zurecht. Die detaillierten anatomischen Beschreibungen und Abbildungen der abscheulichen Schrecken, die dem Penis sich sträubender eingeborener Jungen angetan wurden, erfüllten mich mit Übelkeit und vertrieben für immer jedwedes Gefühl heimlichen Neides auf den besonderen Zustand meines Bruders. Zum ersten Mal in meinem Leben war ich erleichtert, als Mädchen geboren und dieser schrecklichen Sache nicht würdig zu sein, die Jungen besonders machte.

Dieser Artikel machte auf mich einen unauslöschlichen Eindruck. Viele Jahre lang blieb er mir unbewußt im Gedächtnis. Fünfundvierzig Jahre später erkannte ich sowohl ihn als auch die Zeitschrift, in der er erschienen war, sofort wieder, als ich in der Bibliothek des Kinsey Institute for Sexual Research die relativ spärliche Literatur über die Geschichte der Beschneidung durchblätterte.

Ein etwas seltsames und erschreckendes Ereignis aus meinem vierzehnten Lebensjahr war ebenfalls tief in mein Unterbewußtes verdrängt gewesen. Es sprang mir sofort wieder ins Bewußtsein, als ich von dem kunstsammelnden Afrikareisenden in der Herberge in Khartum zum ersten Mal von der weiblichen Beschneidung im Sudan hörte.
Mein Vater war eine Zeitlang Schiffsarzt gewesen und hatte die Mittelmeerküste bereist. Obwohl er nie tiefer nach Afrika hineingekommen war als bis in einen marokkanischen Hafen, hatte er von einigen dort üblichen afrikanischen Praktiken gehört und mir eines Tages davon erzählt. Das war während jener Periode meines Lebens, in der die Gefühle meines Vaters für mich eine Veränderung durchmachten, die ich damals überhaupt nicht begreifen konnte.
»Afrika!« schnaubte er mit einem hämischen Lachen, das mich frösteln machte. »Da schneiden sie den Frauen die Sexualorgane heraus!« Das Lachen hatte etwas so Wildes, Rachsüchtiges und Frauenhassendes an sich, daß es mich unsäglich erschreckte. Ich zog mich in mich selbst zurück, erinnerte mich nur daran, daß ich ihn blind anbetete, und löschte rasch aus meinem Gedächtnis, was soeben zum Vorschein gekommen war.
Viele Jahre später, als ich Englisch unterrichtete, erhielt ich eine Lektion darüber, wie verzweifelt alle Heranwachsenden nach irgendwelchen nützlichen Informationen über Sex gieren. Zwischen die routinemäßigen Unterrichtsstunden in Wortschatz und Rechtschreibung mischte ich eine, in der ich die korrekte anatomische Terminologie für die Sexualorgane, Mittel und Verfahren gegen unerwünschte Schwangerschaften und verwandte Themen behandelte. Ich beantwortete sämtliche Fragen, die meine Schüler stellen wollten, und da sie wußten, daß ich kein Blatt vor den Mund nahm, herrschte kein Mangel an direkten Fragen. Um die Aufnahme dieser Lektion in den Lehrplan des Englischen zu rechtfertigen, schrieb ich eine lange Liste von schwierigen diesbezüglichen Wörtern an die Tafel und ließ sie von meinen Schülern abschreiben. Das sollte der greifbare Beweis dafür sein, daß ich ihnen tatsächlich Wortschatz und Rechtschreibung beibrachte, falls ein Supervisor in meine Klasse kommen sollte, um meine Aktivitäten zu kontrollieren.
Ich kündigte diese Lektion am Vortag an, und als ich sie dann ab-

hielt, saßen zwischen den Schülern meiner eigenen Klasse alle möglichen Schüler, die ich gar nicht kannte. Sie waren durchweg Freunde oder Freundinnen meiner Schüler. Obwohl mir klar war, daß sie höchstwahrscheinlich den Unterricht eines anderen Lehrers schwänzten, war das im Laufe eines Schultages doch nichts Ungewöhnliches, und so stellte ich keine Fragen und ließ sie bleiben.
Gegen Ende des Schuljahres, als die Prüfungen stattfanden, stieß ich dann immer wieder auf die gleichen Resultate. Schüler, die vorher unfähig gewesen waren, die einfachsten zweisilbigen Wörter korrekt zu definieren oder richtig zu schreiben, buchstabierten und definierten liebevoll jedes einzelne Wort, das ich ihnen in dieser Stunde beigebracht hatte.
Das passierte ausnahmslos jedesmal. Tatsächlich haben sie wahrscheinlich bis auf den heutigen Tag nicht vergessen, wie man Gonorrhöe, Gynäkologie, Diaphragma oder Spermizid richtig schreibt. In einem Zeitalter, in dem das Bildungsniveau in Amerika immer tiefer zu sinken scheint, verrät das sicher etwas über die wahre Leistungsfähigkeit von Schülern, wenn man sie motiviert, fleißig zu sein.

* * *

Es war eine nie versiegende Quelle des Staunens, wie sich mir bei meinem bloßen Erscheinen im Sudan irgendwie unfehlbar die Türen öffneten. Vielleicht verdankte ich dieses Phänomen der winzigen Gruppe hingebungs- und liebevoller westlicher Mediziner, die ohne Fanfaren und Streben nach persönlichem Ruhm in den Hospitälern und Krankenstationen beharrlich für die Verbesserung der Volksgesundheit arbeiteten. Das war bestenfalls ein undankbarer Job mit endlosen Härten und Frustrationen, da auch die notwendigsten Materialien knapp oder überhaupt nicht verfügbar waren.
Vielleicht glaubte man automatisch, ich sei eine von ihnen, wenn ich am Tor eines Krankenhauses erschien. Vielleicht entwickelte ich auch eine eigene Präsenz. Vielleicht war es nur die automatische Reaktion eines einfachen Wachmannes auf eine Armbanduhr, ein Paar anständige Schuhe und eine Hautfarbe kaukasischen Ursprungs. Da er einen Empfehlungsbrief nicht lesen konnte, mußte er seine eigenen Methoden zur Beurteilung von Verdienst oder Cha-

rakter entwickelt haben. Ich weiß nur, daß, wann immer ich mich dem vergitterten Tor eines Krankenhauses näherte, wo vielleicht hundert Frauen lautstark um Einlaß baten, ein Weg für mich freigemacht wurde, als teile sich das Rote Meer, und ich durfte passieren.
So trat ich auch durch die Tür des kleinen gynäkologischen Krankenhauses von Dr. Aziz in Port Sudan. Ich trug einen Einführungsbrief bei mir, den ein gemeinsamer Freund für mich geschrieben hatte. Solche Einführungsbriefe waren immer in eleganter arabischer Schrift verfaßt, und obwohl ich im Laufe meiner Reisen eine ganze Anzahl davon gesammelt habe, ist ihr Inhalt mir rätselhaft geblieben, da ich sie nicht lesen kann. Zuerst schrieb ich ihnen fast magische Qualitäten zu, denn es sah so aus, daß mir alles, worum ich bat, gewährt wurde, weil ich diese Briefe vorweisen konnte.
Später merkte ich, daß es mir auch ohne die Briefe ebenso leicht gewährt wurde. Welcher Zauber da auch immer mitspielte, er fand zwischen mir und den von mir Angesprochenen statt und basierte zweifellos auf dem, was wir füreinander ausstrahlten.
Die Gynäkologie ist im besten Fall das am dringendsten benötigte und im schlimmsten Fall das grauenhaft frustrierendste medizinische Fachgebiet im Sudan. Ein Mann wie Dr. Aziz, der in England ausgebildet worden war, muß das doppelt stark erlebt haben. Die Jahre seiner medizinischen Praxis in der westlichen Welt hatten ihm die Möglichkeit zum Vergleich gegeben. Er hatte Gelegenheit gehabt, seinen erwählten Beruf unter normaleren Umständen auszuüben, und war bitter frustriert von den durch die Beschneidung hervorgerufenen Abnormitäten, mit denen er im Sudan täglich konfrontiert wurde.
Solche unüberwindlichen Hindernisse für eine effiziente medizinische Behandlung deprimierten und ärgerten ihn wie sein ganzes überlastetes Team. Nur zu oft konnten sie nicht einmal zu einer einfachen Diagnose kommen. Die fest zugenähten Genitalien einer Patientin waren häufig zu eng, um auch nur ein Spekulum einzuführen. Die Diagnose konnte allein aufgrund medizinischer Erfahrung vermutet werden, und oft war die zur Behandlung einer Patientin nötige Information nur mittels Operation zu gewinnen.
»Gerade im Augenblick habe ich eine Patientin, die für einen explo-

rativen Eingriff vorbereitet wird«, sagte Dr. Aziz mir, als ich ihn interviewte. Er vermutete, daß ein ziemlich großer Uterustumor auf ihre Blase drückte und er wahrscheinlich eine Hysterektomie würde vornehmen müssen. Er fragte mich, ob ich bei der Operation zusehen wolle.

Es war das erste Mal, daß mir eine solche Gelegenheit geboten wurde, und ich unterdrückte meine Beklommenheit und nahm sein Angebot dankbar an. Erst kürzlich waren mir meine eigenen Fortpflanzungsorgane herausgeschnitten worden, und ich war daher höchst interessiert, eine ähnliche Operation zu sehen. Das erklärte ich ihm.

»Sie bieten mir eine wunderbare Gelegenheit«, sagte ich. »Erst letztes Jahr wurden mir selbst Uterus und Ovarien entfernt, und ich bin natürlich extrem neugierig, eine solche Operation zu beobachten.«
Aus langer Gewohnheit fragte Dr. Aziz mich nach weiteren medizinischen Einzelheiten. Ich sagte ihm, daß sich eine große, faserige Masse im Uterus schnell vergrößert hatte, was eine sofortige Hysterektomie hatte angezeigt erscheinen lassen. »Aber Ihre Ovarien?« fragte er. »Waren die auch betroffen?« – »Nein«, antwortete ich. »Der Chirurg sagte mir hinterher, sie seien ganz gesund gewesen.«
Dr. Aziz runzelte die Stirn. »Warum haben Sie ihm dann erlaubt, sie zu entfernen? Das hätte unter keinen Umständen gemacht werden dürfen!« Er schien äußerst erregt.

»Ich bin nicht gefragt worden«, gestand ich. »Als ich aus der Narkose erwachte, war es schon passiert. Als ich protestierte, sagte man mir, das werde routinemäßig so gemacht.«

»Das ist barbarisch!« sagte Dr. Aziz streng. In heftiger Mißbilligung schüttelte er den Kopf. »Das ist absolut barbarisch.«
Es war ein Augenblick prachtvollster Ironie.
Während Dr. Aziz sich fertigmachte, um in den Operationssaal zu gehen, hatte ich eine unerklärliche Scheu, meine nächste Frage zu stellen. Diese plötzlichen Selbstzweifel kamen mir häufig. Wer war ich schließlich, um so plump die Nase in das privateste Leben von Menschen zu stecken? Doch als ich mich in dem bedrückenden Krankenhaus umsah, faßte ich mir ein Herz und zwang mich, weiterzumachen.

»Glauben Sie, Sie könnten uns die Erlaubnis geben«, fragte ich zögernd, fast von meiner eigenen Kühnheit überwältigt, »ich meine, wäre es möglich, daß wir Fotos davon machen, wie diese Verstümmelung aussieht?« Ich wies auf Dale, den jungen Mann, mit dem ich kurze Zeit reiste und der ruhig mit seiner Kamera in einer Ecke des Raumes gesessen und dem Interview zugehört hatte. »Mein Partner hier ist Medizinstudent und auch Fotograf.«

»Natürlich.« Dr. Aziz nickte, als sei das die sachlichste Bitte der Welt. »Die Patientin wird bereits unter Narkose stehen. Sie können eine Aufnahme machen, ehe ich mit der Operation beginne.«

Wir wurden in den Waschraum geleitet und mit Chirurgenkitteln, Masken und Gummischuhen versehen. Dale, der schon früher Operationen beobachtet hatte, murmelte mir aufgeregt den Kern seiner eigenen Erfahrung davon zu, während wir uns wuschen. »Am schwersten ist es, den ersten Schnitt anzusehen«, sagte er. »Danach bist du wahrscheinlich so fasziniert von den Vorgängen, daß dir das Zusehen nicht schwerfällt. Aber wenn es dir doch etwas ausmacht oder du dich schwach fühlst, dann schau einfach weg und sieh etwas anderes an. Sieh Dr. Aziz an, sieh die Schwester an, schau auf das Gesicht der Patientin oder ihre Füße oder Hände. Schau überall hin, nur nicht dorthin, wo der Chirurg arbeitet. Du wirst feststellen, daß du dich nach ein paar Augenblicken wieder in der Gewalt hast und es dir nichts mehr ausmacht, die Operation zu beobachten.«

Wir folgten Dr. Aziz in den kleinen Operationssaal. Ich hatte gedacht, ich sei auf den Anblick vorbereitet, der mich dort erwartete, aber ich hatte mich geirrt. Die junge, seidenhäutige Patientin lag bereits narkotisiert auf dem Tisch, das Gesicht von einer Anästhesiemaske bedeckt. Ihre Füße, nicht weiter als zwei Schritte von der Tür des Raumes entfernt, waren in Bügel gelegt worden, und der Bereich zwischen ihren Beinen lag vollkommen frei, schockierend nahe vor meinen verblüfften Augen.

Für einen Augenblick wurde ich heftig in jene andere Realität zurückgeworfen und sah nur die leblose, kahle Wüste, sauber von einer dünnen Linie aus Eisenbahngleisen durchschnitten. Dann veränderte sich das Bild, und ich schaute auf die anatomische Täuschung einer Barbie-Puppe, deren merkmalslose Scham die Antworten, die ein Kind dort zu finden erwartet, nicht gibt. Ich spürte, wie Tränen meinen Blick verschwimmen ließen, schüttelte den

Kopf, um wieder klar zu sehen, und stellte mich der Realität der bewußtlosen jungen Frau, die flach atmend vor mir auf dem Operationstisch lag.

»Es ist traurig, nicht?« hörte ich Dr. Aziz fragen. Ich nickte stumm.

Dale hatte inzwischen seine Kamera aufgebaut und machte rasch und fachkundig seine Aufnahmen. Wenn ich mich an diese Szene erinnere, habe ich keine Schuldgefühle, der namenlosen Frau diese Fotos gestohlen zu haben, denn in meinem Gedächtnis hat sie kein Gesicht. Hätten wir ihr Gesicht gesehen, wäre es vielleicht vollkommen anders gewesen.

Die Operation nahm ihren Lauf, und beim ersten Schnitt war ich froh über Dales Rat. Ich konzentrierte mich auf die zarten Proportionen der Gliedmaßen der jungen Frau, und als ich wieder auf das schauen konnte, was mit ihrem Unterleib gemacht wurde, war ich sowohl distanziert als auch gefesselt. Dr. Aziz gab laufend didaktische Kommentare zu dem, was er tat, als seien wir seine Schüler. In der nächsten halben Stunde lernte ich eine Menge über weibliche Anatomie, die Eigenschaften lebenden Gewebes und die unglaubliche Kunst der Chirurgie.

Als er mit der Operation fertig war, sagte Dr. Aziz, er werde mir noch etwas zeigen. Zwei Tage vorher war ein kleines Mädchen in sein Krankenhaus gebracht worden, mit hohem Fieber delirierend und heftig blutend nach einer schlimm verpatzten Dorfbeschneidung. Um sie zu retten, hatte man ihr zwei Tage hintereinander Transfusionen gegeben. Die Blutung war zum Stillstand gekommen, aber die Kleine delirierte noch immer.

Er erklärte, es komme im Sudan selten vor, daß so ein Kind überhaupt ins Krankenhaus gebracht werde. Weil die Gesetze die pharaonische Beschneidung verboten, ließ man die kleinen Mädchen im allgemeinen lieber sterben, als das Risiko einzugehen, daß die Hebamme, die den Eingriff vorgenommen hatte, von den Behörden bestraft wurde. Auch das war eine Frage der Familienehre. Wer gegen diesen strengen Kodex verstieß, riskierte die Ächtung. Der Tod des Kindes, wenn er eintrat, wurde von den Eltern als Folge des unergründlichen und allgnädigen Willens Allahs akzeptiert.

Ein zartes Kind mit wilden Augen, die Beine unnatürlich weit ge-

spreizt, wurde von einer sanften, mütterlichen Pflegerin hereingetragen. Sie legte das kleine Mädchen zärtlich und mit größter Behutsamkeit auf den Untersuchungstisch. Dr. Aziz hob das Tuch, das sie bedeckte, damit wir sehen konnten, was man ihr angetan hatte, während die zerbrechlichen kleinen Arme des Mädchens schwache Abwehrbewegungen vollführten. Ihr ganzer Bauch und ihre Schenkel waren stark geschwollen und aufgedunsen. Am Ort der Operation waren in dem verquollenen Fleisch undeutlich dunkle Nähte zu erkennen. Sonst war nichts Bemerkenswertes zu sehen.
Wie in einem unerbittlichen Alptraum gefangen, starrte ich benommen auf ihr Gesicht. Ihr gequälter Blick ließ mir das Blut gefrieren.
Ich gab Dale ein Zeichen, sie zu fotografieren. Dafür habe ich keine Entschuldigung anzubieten. Ich habe oft innerlich das potentiell Gute, das die Verwendung dieser Bilder für die Beendigung der grausamen Praxis bewirken könnte, gegen die mögliche zusätzliche Grausamkeit abgewogen, die wir dem Kind durch diese Handlung vielleicht zugefügt haben. Ich konnte das nie miteinander in Einklang bringen. Ich habe es eben getan, und mit dieser Tatsache muß ich leben.
Was mich etwas erleichtert, ist, daß ich nicht die einzige bin, die mit einer solchen Erinnerung fertig werden muß. In seinem Krankenhaus in Omdurman lud Dr. Salah mich ein, an Gesprächsrunden teilzunehmen, und im Verlauf dieser Sitzungen warnte er seine Studenten und Ärzte davor, vorschnell die Diagnose einer Schwangerschaft zu stellen, solange noch irgendwelche vernünftigen Zweifel daran bestehen konnten. Die im Sudan verfügbaren Schwangerschaftstests waren oft unzuverlässig und trügerisch, und dies konnte die tragischsten Folgen haben.
Er berichtete vom Fall eines Mädchens, das vor einigen Jahren zu ihm gebracht worden war, als er in einem entlegenen Krankenhaus arbeitete. Der Unterleib des Mädchens war gewölbt wie bei einer Schwangerschaft, und der Mann, der sie ins Krankenhaus brachte, verlangte, sie solle untersucht werden. Der Schwangerschaftstest erwies sich als positiv, und Dr. Salah gratulierte dem Mann zur Schwangerschaft seiner Frau, da er annahm, er sei der Ehemann des Mädchens.

Während er den Rest der Geschichte erzählte, verdüsterte sich Dr. Salahs Miene, und er starrte mit gequälten Augen ins Leere. »Der Mann, den ich für ihren Ehemann gehalten hatte, war in Wirklichkeit ihr Bruder«, erinnerte er sich mit tonloser Stimme. »Am nächsten Tag war er verschwunden. Seine Schwester hatte er zurückgelassen, erwürgt. Als wir eine Autopsie vornahmen, entdeckten wir, daß sie überhaupt nicht schwanger gewesen war. Eine tumorähnliche Masse aus Resten von Urin und Menstruationsblut hatte sich hinter ihrem fest zugenähten Damm aus Narbengewebe angesammelt und den Anschein einer Schwangerschaft erweckt.« Er sah sich unter seinen Studenten um und schaute mir dann direkt in die Augen. »Ich werde mir diesen schrecklichen Fehler niemals verzeihen können«, sagte er und schüttelte den Kopf, als wolle er sich von einem bedrückenden Geist befreien. »Damit muß ich mein restliches Leben zubringen.«

Als ich die sudanesischen Ärzte näher kennenlernte, wurde mein Respekt vor ihnen noch tiefer. Ich staunte unablässig darüber, wie sie mit bemerkenswerter Kompetenz irgendwie weiterarbeiteten, und zwar unter Umständen, die die meisten anderen Leute in den Wahnsinn getrieben hätten.

Ich hatte Gelegenheit, die Dienste eines Zahnarztes in Port Sudan in Anspruch zu nehmen, als eine große Füllung aus einem meiner Zähne fiel und nur eine schmerzpochende Hülle zurückblieb. Ich wurde von Dr. Sidahamed zu ihm geschickt, der seine Gastfreundschaft liebenswürdigerweise auf mich ausgedehnt hatte. Das Wartezimmer des Zahnarztes war mit Patienten überfüllt, doch wie gewöhnlich wurde ich bevorzugt behandelt und fast sofort in sein Sprechzimmer gebeten.

Nur das Pochen meines Zahns und Sidahameds aufrichtige Versicherung, er sei der beste Zahnarzt, den man in Port Sudan finden könne, hinderten mich daran, sofort aus dem Raum zu fliehen, als ich den Mann tatsächlich sah. Sein glattes, kindliches Gesicht ließ ihn nicht älter als sechzehn wirken, und es war nur die offensichtliche Zartheit und Sensibilität seiner Hände, was mich bewog, mich auf seinen Stuhl zu zwingen.

Mittel wie Novocain gab es natürlich nicht. Es gab weder fließendes Wasser noch keimfreie Watte. Seine Maschine, zweifellos die modernste in ganz Port Sudan verfügbare, war ein Relikt aus einem anderen Zeitalter. Ich erinnerte mich, als Kind mit einem solchen Folterinstrument behandelt worden zu sein.

Widerstrebend muß ich gestehen, daß ich in einem Land, in dem Frauen Schmerz mit unbegreiflichem Stoizismus ertragen, eine ziemlich schlechte Figur machte. Ich hatte kurz zuvor einen Schädelbruch erlitten, und die bloße Berührung meines Kopfes erfüllte mich mit unerträglicher Angst, ganz zu schweigen von dem mahlenden Schmerz, den das unglaublich träge Fräsen des Bohrers auslöste. Während der Zahnarzt arbeitete, schob ich alle paar Sekunden seine Hand weg, weil ich es nicht mehr aushalten konnte.

Es dauerte eine volle Stunde, die Füllung fertigzustellen, und ich muß zugeben, daß er mich ziemlich seltsam ansah, als es endlich geschafft war und ich mich entschuldigte und bei ihm bedankte. Ich konnte ihn nicht dazu bewegen, irgendeine Bezahlung anzunehmen. Da ich nichts weiter wollte als so schnell wie möglich fliehen, dankte ich ihm nochmals, eilte rasch durch das Wartezimmer voller unglaubig starrender Patienten und versuchte, mein schmerzendes Ego zu beruhigen.

Als ich nach Europa zurückkam, schrieb ich meinem Zahnarzt in New York eine Karte und berichtete ihm von dem Vorfall. Einige Monate später hatte er Gelegenheit, sich den Zahn anzusehen, als ich zu einer Routineuntersuchung kam. Wie er gestand, hatte er darauf gebrannt. Er suchte ein paar Augenblicke in völliger Stille in meinem Mund herum und seufzte dann in seliger Bewunderung. »Wundervoll«, staunte er, »absolut wundervoll. Ich wünschte, ich hätte diesen Zahn selbst behandelt.«

* * *

Manchmal frage ich mich, wie sudanesische Frauen sich fühlen müssen, wenn sie den Besonderheiten unseres eigenen medizinischen Systems ausgesetzt sind. Ich weiß, daß sie untereinander lachen und versuchen, das Entsetzen zu bagatellisieren, das ihr Zustand hier bei Medizinern auslöst. Für sie ist er schließlich vollkommen normal und kaum der Beachtung wert.

Auf eine unfehlbare Reaktion können sie sich anscheinend verlassen, wenn sie zum ersten Mal untersucht werden. »Was ist denn mit

Ihnen passiert?« werden sie unweigerlich von dem uneingeweihten Arzt oder der Krankenschwester gefragt. »Hatten Sie einen Autounfall?« Sie finden das natürlich wunderbar komisch und kichern untereinander darüber. Immer, wenn eine von ihnen sich anschickt, zum Gebären in ein Krankenhaus zu gehen, raten die anderen ihr verschmitzt: »Erzähle ihnen unbedingt von deinem Autounfall!« Und sie lachen.

Persönliche Dämonen

Sein Name war Natan, und aufgrund einer perversen Art von Logik nannten ihn die Gefährten seiner Jugend »Satan«. Als er mir das einmal anvertraute, gestand er auch, daß es ihn sehr gequält hatte, so gebrandmarkt zu sein. Die Namen, die man uns gibt, beeinflussen nur zu oft unser Schicksal. Hier also, wie in einer griechischen Tragödie, die Satanischen Verse *seines* Schicksals:
Er war derjenige, der mich zeugte und der mir half, zwischen den Beinen meiner Mutter hervor in die Welt zu springen. Sein Gesicht war das erste, das ich sah, als ich überstürzt aus ihrem Schoß gestoßen wurde, mit weit geöffneten Augen, unerwartet und zur Mittagsstunde, während ihr Essen auf dem Tisch erkaltete.
Ich habe wenig Zweifel, daß sie mehr als froh war, mich loszuwerden, denn ich war ein unwillkommener und unerwünschter Bewohner ihres Leibes gewesen. Sie überließ mich auf der Stelle und mit sichtbarer Erleichterung einer ständig wechselnden Reihe von unterbezahlten, ausgenutzten und mürrischen Dienstboten, deren lieblose Fürsorge meinen Säuglingskopf auf meinem verletzlichen Hals herumhüpfen ließ wie einen Pingpongball.
Es war mein Pech, daß ich nicht nur viel zu bald nach dem Eintritt meines Bruders in die Welt gezeugt wurde, sondern daß ich auch mit einer unverkennbaren Ähnlichkeit mit meinem dunkelhäutigen Vater geboren wurde. Sie hatte sich ein Kind gewünscht, das ihrem blonden, blauäugigen Vater glich. Ich kam stark behaart zur Welt und blieb das für den größten Teil meines Lebens, was mich ständig quälte. Es beeinträchtigte das, was viele als ansonsten bemerkenswerte körperliche Schönheit ansahen. Wie ich später begreifen sollte, war es die Folge einer mit zuviel adrenalen Hormonen gesättigten fötalen Umgebung – ein Symptom von starkem Streß und zweifellos auch Kummer meiner unzufriedenen jungen Mutter.

Was war die Quelle ihres Kummers? Als ich gezeugt wurde, ein Jahr nach dem Beginn einer hoffnungslos schlechten Ehe, zu der sie von ihrer eigenen Mutter überredet worden war, und drei Monate nach der Geburt meines Bruders, haßten sie und Natan/Satan einander mit einer Heftigkeit, die an Wahnsinn grenzte. Im Laufe der Jahre versuchten sie mehrmals, sich zu trennen, doch wirtschaftliche Zwänge, ausgelöst dadurch, daß wir schließlich vor dem politischen Horror Nazi-Deutschlands geflohen waren, ließen es nicht zu.

Sie gewährte mir widerwillig die Gunst ihrer Brust, aus der ich protestierend das Gift ihrer Wut und ihres Abscheus sog. Gnädigerweise versiegte die Milch recht bald, während die Hauptquellen ihres Zorns und ihres Widerwillens weiter reichlich sprudelten.

Ich kann mir nur vorstellen, was mein Vater in jenen frühen Jahren mir gegenüber empfunden haben muß. Mit ziemlicher Sicherheit waren Liebe und Zärtlichkeit während meiner Säuglingszeit ein wesentlicher Bestandteil seiner Gefühle. Er bemitleidete mich wegen meiner Verlassenheit. Dazu kam die beklagenswerte Komponente seines eigenen nagenden Bedürfnisses nach einer gewissen Linderung der Wunden, die sein Ego in seiner eigenen Kindheit erlitten hatte.

Ich erinnere mich an den flauschigen Trost, mich in den Haaren auf seiner breiten, faßförmigen Brust festzuhalten, und an die Wärme seiner Hände, wenn er mich, seine untröstliche, verlassene kleine Tochter, dicht an seinem Körper hielt.

Über die Kindheit meiner Mutter weiß ich wenig. An ihren fröhlichen und etwas simplen Vater erinnert sie sich mit großer Zuneigung. Ihre Mutter war das letzte und sechzehnte Kind einer dreiundfünfzigjährigen, physisch ausgelaugten Frau. Sie war begabt, neurotisch und emotional verkrüppelt durch periodisch wiederkehrende Episoden von wahnhafter Depression, die zu wiederholten Anstaltsaufenthalten und Elektroschocktherapie führten. Die Gefühle von Verachtung und Verlegenheit wegen der »Schwäche« ihrer Mutter haben meine Mutter anscheinend nie verlassen.

Ich kann mich nicht erinnern, daß meine Mutter mich je geschlagen hätte, während mein Vater, ständig von ihr aufgestachelt, das häufig tat. Verbal jedoch erniedrigte sie mich endlos und machte mich klein. Ich wurde zu ihrem Sündenbock. Ich weiß noch, wie ich in meiner frühesten Kindheit vergeblich versuchte, ihren unablässigen Neckereien zu entgehen. Mit der Zeit wurde aus diesen Neckereien eine chronisch zornige, grausam erniedrigende Form des Lächerlichmachens. Sie selbst dagegen wurde von meinem Vater unablässig mit bitteren Sarkasmen überschüttet. Die allumfassende Atmosphäre von Haß, die jeden Aspekt meiner Kindheit tränkte, hatte verheerende Auswirkungen auf meine knospende Psyche.

Aus irgendeinem Grund erregte mein unschuldiger und kränklicher junger Bruder nur tiefste Wut und Verachtung in meinem Vater. Er hatte sich einen Sohn gewünscht, der seinem Idealbild von einem aggressiven, in höchstem Maße männlichen Jungen entsprach, und den hatte er nicht bekommen.

Diese ganze Bitterkeit bestand schon, ehe ich Sprache verstehen konnte, zu einer Zeit, als ich mich nur an Gesichtsausdruck und Tonfall zu orientieren vermochte. Das war mein Familienleben. Während meiner ganzen Kindheit war ich in dieser tragischen Saga von Enttäuschung und ungelöster Wut gefangen.

Ich kann nur darüber spekulieren, wie das Skript entstanden ist, nach dem mein Vater sein Leben lebte. Ich weiß zum Beispiel, daß er der vierte und letztgeborene Sohn eines bekannten und hochangesehenen Rabbiners und Zeitungsredakteurs war und daß er kurz vor der Jahrhundertwende in einer mittelgroßen Stadt in Süddeutschland zur Welt kam.

Von seiner Mutter oder seinem Elternhaus sprach er nie anders als mit größter Ehrfurcht. Mir fiel allerdings immer auf, selbst als ich noch klein war, daß er, als seine Mutter verwitwet und durch einen Schlaganfall verkrüppelt war, kaum je die Tagesreise unternahm, um sie zu besuchen, während er stets Zeit fand, allein in Italien Urlaub zu machen.

Seine Mutter war erheblich jünger als der Rabbiner, eine intelligente, schöne und persönlich ehrgeizige Frau, die in ihrer eigenen Selbstverwirklichung bitter eingeschränkt worden war. Als Produkt ihrer Zeit und ihrer Gesellschaft mußte sie sich mit der wichtigsten Leistung zufriedengeben, die ihr damals offenstand, nämlich damit, die Frau eines Rabbiners zu werden und seine Kinder zur Welt zu bringen. Es war eine Rolle, die zu spielen sie mit der Zeit offenbar recht gut gelernt hatte, unter deren einschränkendem Joch sie jedoch immer litt.

Nachdem sie drei Söhne geboren hatte, sehnte sie sich verzweifelt nach einer Tochter. Als sie zum vierten- und letztenmal schwanger wurde, stellte sie eine Babyausstattung für das Mädchen zusammen, das sie sich so sehr wünschte. Doch ach, auch das sollte ihr nicht gewährt werden. Ihr letztes Kind erwies sich wieder als Junge. Weinend vor Enttäuschung hüllte sie ihn in die Rüschen und Spitzen, die sie für eine Tochter vorbereitet hatte.

Am achten Lebenstag seines jüngsten Sohnes nahm der Rabbi den Jungen und beschnitt ihn. Er gab ihm den Namen Natan. Natan sollte sein ganzes erstes Jahr in Mädchenkleidung zubringen, während seine Mutter fortfuhr zu weinen. Endlich, als er aus seinen Kleidchen, Häubchen und Schürzchen herausgewachsen war, trocknete seine Mutter ihre Tränen und fügte sich in das Unvermeidliche. Sie nahm seine unerwünschte Männlichkeit zur Kenntnis, indem sie ihm erlaubte, die abgelegten Hosen seiner älteren Brüder zu tragen.

In seinem Lebensentwurf gab es zwei bedeutsame Rollen, die er während der ganzen ihm zugemessenen Lebenszeit ständig jemandem zuteilte. Eine davon war der Feind. Wem immer er diese Rolle übertrug, der wurde zum Gegenstand seines giftigsten und rachsüchtigsten Hasses. Die andere war die Geliebte, die um jeden Preis vor dem Feind beschützt werden mußte. Mein Schicksal war es, von ihm im Laufe seines Lebens mit beiden Rollen betraut zu werden.

Als ich geboren wurde, war meiner Mutter bereits die Rolle des Feindes zugefallen, und ich wurde rasch die Geliebte. Diese Rolle war weder leicht noch angenehm zu erfüllen. Sie verlangte bedingungslose Unterwerfung und sklavische Loyalität. Dies war der stets neu zu entrichtende Preis für die Zulassung zu einer Welt, in der man einer menschlichen Berührung würdig war. Selbst die geringste Abweichung davon wurde sofort als »Beweis« dafür interpretiert, daß man »auf die andere Seite übergelaufen« war und sich mit dem Feind verbündet hatte.

Meine größte Freude als kleines Kind (und davon gab es nur wenige) war, wenn mir erlaubt wurde, sonntags morgens in sein Bett zu krabbeln, wo er meinem kindlichen Geplapper zu lauschen pflegte, mich zum Kichern brachte und unschuldige Spiele mit mir spielte. Sonntags morgens gehörte er mir allein. Wie der Zufall es wollte, lag Pädophilie nicht in seiner Natur, also wurden unsere unschuldigen Spiele nicht offen sexuell, obwohl sie innerhalb des ungesunden Charakters dieser verzerrten Triade die Grundlage für das gewesen sein müssen, was später meine eigene tyrannisch sinnliche und erotische Natur werden sollte.

In meinem unschuldigen kindlichen Verstand förderten sie die verbotene Phantasie, ich würde eines Tages, wenn ich zur Frau herangewachsen war, seine Frau sein und ihn dann ganz für mich haben und lieben dürfen. Solche Phantasien sind im psychischen Leben von Kindern, auch solcher, die sich völlig normal entwickeln, nicht ungewöhnlich. Im allgemeinen nehmen sie ihren Lauf und finden Kanäle, die sozial annehmbarer sind, aber meine Umgebung eignete sich wohl kaum für eine gesunde Entwicklung.

Ich erinnere mich nur an eine offene Episode kindlicher Sexualität. Sie fand statt, als ich sechs Jahre alt war, während eines meiner zahlreichen Anfälle von Atemwegserkrankungen. Man ließ mich für lange Zeitspannen allein in meinem Bett liegen. Unser kleiner Drahthaarterrier ging in meinem Zimmer ein und aus und leistete mir Gesellschaft.

Eines Morgens erwachte ich mit einem warmen und herrlich angenehmen Gefühl. Ich brauchte einen Augenblick, um zu verstehen, was vor sich ging. Der kleine Hund war unter die Decken geschlüpft und leckte mich an einer intimen und geheimen Stelle. Entzückt gestattete ich mir, etwas zu genießen, wovon ich instinktiv wußte, daß es ein verbotenes Vergnügen war.

Am nächsten Tag brachte mein Vater einen fremden Arzt mit, der mich untersuchen sollte, und eine Woche später stieg meine Mutter ohne jede Erklärung mit mir in den Zug zu einem mehrere hundert Kilometer entfernten Sanatorium und ließ mich dort allein zurück.

Ich war überwältigt von Schuld- und Reuegefühlen, sicher, mein Geheimnis sei bekannt und ich für immer verbannt. Während meines mehrmonatigen Aufenthalts in dem Sanatorium hatte ich nur einen einzigen Besucher. Es war mein gesegneter einarmiger Onkel Leo. Er hatte genug Mitleid mit mir gehabt, um die ganze weite

Strecke allein zu fahren. Von meinen Eltern bekam ich nicht einmal einen Brief.

Am Ende meines langen und angstvollen Exils kam mein Vater, um mich abzuholen. Er sagte nichts von der Episode mit dem kleinen Hund und benahm sich tatsächlich so, als kenne er sie nicht. Aber ich wußte es besser. Ich hatte die unvergeßliche Lektion erhalten, daß er mich unwiderruflich besaß und daß meine Bestrafung für den geringsten Verstoß das völlige Verlassenwerden sein würde. Ich war gewarnt.

Auch der kleine Hund war bestraft worden. Er lahmte und trug eines seiner Hinterbeine in Gips. Man sagte mir, er sei vom Balkon im ersten Stock in den Garten gefallen, aber ich war sicher, daß sein Bein gebrochen war, als mein Vater ihn geschlagen hatte, wie er es manchmal tat.

Als ich heranwuchs, bekam ich immer mehr Verlangen nach der Welt, doch ich wußte, das einzige Verlangen, das ich empfinden durfte, ohne meine Rolle als die Geliebte zu gefährden, war das nach meinem Vater.

Ich kann hier nur für mich sprechen, nicht für ihn, und ich kann auch nicht sagen, welche verbotenen Phantasien er vielleicht selbst hegte. Als ich vierzehn Jahre alt wurde, hatte er begonnen, in meine erotischen Träume einzudringen, aus denen ich entsetzt und abgestoßen von ihrem unverhüllten, offenen Charakter erwachte.

In meiner jugendlichen Unerfahrenheit konnte ich nicht erkennen, daß sein Verhalten, als mein Körper reifte, in nackte Verführung überging und stark an sexuelle Vorschläge und Andeutungen gemahnte. Weil dies eine schmeichelhafte Intimität mit der Illusion von Sicherheit schuf und weil ich das Gefühl hatte, es trage mir den höchst erwünschten Status einer Erwachsenen ein, reagierte ich bereitwillig. Gleichzeitig litt ich unter intensiven Schuldgefühlen und Selbsthaß wegen der verbotenen Sehnsüchte, die ich allein von mir selbst hervorgebracht glaubte. Normales sexuelles Experimentieren mit Jungen meines eigenen Alters war mir als Produkt meiner Zeit und Erziehung natürlich streng verboten.

Er hatte wenig Interesse an meiner Erziehung, obwohl ich mit weit geöffneten Augen geboren worden war und früh eine rasende Neugier an den Tag legte. Als ich klein war, gefiel ihm das, aber als ich heranreifte und eine Fähigkeit zu analytischem und logischem Denken zu entwickeln begann, paßte ihm das überhaupt nicht. Seine Einstellung zur Ausbildung von Frauen besagte, diese sei an sie vollkommen vergeudet. Die einzige Ausnahme war die Art von Ausbildung, die Frauen an Schulen für Krankenschwestern oder Sekretärinnen erhielten, wo man ihnen nützliche, soll heißen dienende und damit ungefährliche Fertigkeiten beibrachte. Frauen mit intellektuellen Fähigkeiten, die für seine Sexualität so bedrohlich gewesen sein müssen wie in seiner Säuglingszeit seine Mutter, machten ihn wütend und ängstlich.

Das Leben, das er offensichtlich für mich vorgesehen hatte, war Lichtjahre von allem entfernt, wonach ich mich insgeheim und leidenschaftlich sehnte. Das letzte auf der Welt, was ich wollte, war, eine Frau wie meine Mutter zu sein, wütend über ihre Gefangenschaft und ohnmächtig geifernd.

Ich dürstete nach der Freiheit meines Vaters. Mehr noch, ich verlangte zunehmend nach seiner Macht, denn während meine Mutter wütend auf *meinen* Verletzlichkeiten herumtrampeln konnte, blieb er unerreichbar für sie. Er war ein Mann und konnte tun, was er wollte. Er herrschte über den Haushalt und alles, was sich darin befand. Ich war sein Eigentum und sonst fast gar nichts.

Seine Macht über mich war so groß, daß ich sicher war, er könne meine Gedanken lesen. Wenn ich meiner Vorstellung erlaubt hätte, in *ihr* auch nur für einen einzigen Augenblick mehr zu sehen als einen Gegenstand der Verachtung, hätte ich riskiert, unwiderruflich meine einzige Quelle von Zuneigung und Unterstützung zu verlieren.

Und doch, mit vierzehn, als ich spürte, wie eine neue und andere Art von Bedrohung mich zu verschlingen begann, überwältigte mich irgendwie unerwartet der Mut der Verzweiflung. Zufällig traf mein Vater mich weinend an und fragte, was los sei, und plötzlich strömte alles aus mir hervor. Ich hatte das Gefühl, verrückt zu werden, ich konnte es nicht mehr ertragen, in einem Haus zu leben, in dem ständig ein Krieg tobte; es mußte sich etwas ändern. Ich konnte ihre bösartigen Herabsetzungen nicht mehr aushalten – und dann, mit auf einmal großer Klarheit und Zielstrebigkeit, während mein ganzer Körper zu zittern und beben begann: »Aber du mußt dich

auch ändern, du mußt aufhören, dich ständig gegen sie zu stellen und sie klein zu machen, sonst wird für keinen von uns in diesem Haus jemals irgend etwas besser.«
Ich konnte fast hören, wie etwas zerbrach. Ich weiß nicht, ob es in mir oder in ihm zerbrach oder zwischen uns. Ich erinnere mich vage, daß er den Arm hob, um mich zu schlagen, daß aber seine Hand niemals mein Gesicht berührte. Als ich sah, wie er sie wieder sinken ließ, suchte ich in seinem Gesicht hektisch nach einer Spur von Wärme oder Mitleid. Sein Ausdruck verriet nur stählerne Verachtung. Seine Hände schmutzig zu machen, indem er mich berührte, sagte dieses Gesicht deutlich, und sei es auch mit einem Schlag, war unwiderruflich und für alle Zeit unter seiner Würde. Er schaute mich noch immer an, aber es war, als sehe er niemanden. Ich hatte aufgehört zu existieren. Er machte auf dem Absatz kehrt, verließ das für ihn leere Zimmer und zog die Tür hinter sich zu.
Ich blieb in einem akuten Schockzustand dort stehen und bemühte mich verzweifelt, mit dem Unerbittlichen zu Rande zu kommen: Ich hatte unwiderruflich das einzige in meinem Leben zerstört, das ihm Sinn gab.
Viele Tage lang schlich ich voller Selbstverachtung herum, während er meine nichtswürdige Existenz weiterhin ignorierte. Ich war fest überzeugt, nichts außer dem tatsächlichen Verschwinden meines verfluchten Daseins von der Erde werde mich je von der entsetzlichen Sünde läutern, die ich begangen hatte. Während er sich auf dem Dach unseres Wohnhauses sonnte, stand ich am Rand und erwog, hinunterzuspringen. Ich entdeckte, daß ich noch nicht einmal den Mut fand, mich wie ein angeschossener Vogel in das endgültige Nichts zu stürzen, und das vergrößerte nur meinen Abscheu vor mir selbst.
Ich war bereit, zu kapitulieren, um Verzeihung zu bitten, um Gnade zu flehen. Verzweifelt versuchte ich mich an eine letzte Hoffnung zu klammern, er werde es über sich bringen, mir zu gestatten, reuig irgendwo an den äußeren Grenzen seines Wohlwollens zu verweilen. In einem letzten Versuch, mein ruiniertes Leben wieder aufzubauen, begann ich eine kleine, steife Rede zu proben, die er sich hoffentlich anzuhören geruhen würde.
»Vati«, begann sie, »ich weiß, daß zwischen uns nichts mehr wie

früher sein wird, aber mir ist klar, daß ich mich entschuldigen muß.« Über diesen Eröffnungssatz hinaus verläßt mich gnädig die genaue Erinnerung. Im stillen übte ich meinen Widerruf unablässig, bis ich die Hoffnung hatte, ihn aufsagen zu können, ohne zusammenzubrechen.
Nachdem ich zwei Wochen lang seine stählerne, allumfassende Gleichgültigkeit ertragen hatte, während meine Mutter sich weiter über mich lustig machte, fühlte ich mich, als existierte ich gar nicht mehr. Zitternd vor Angst schlich ich in sein Büro, wartete, bis keine Patienten mehr im Wartezimmer waren, und flüsterte seiner Krankenschwester stockend meine Bitte um ein Gespräch zu.
Als ich sein Sprechzimmer betrat, sah ich, daß er an seinem Schreibtisch stand und kühl in meine Richtung und vollkommen durch mich hindurch sah. Ich schloß die Tür und trat zögernd näher. Auf halbem Weg blieb ich stehen und schaute zu Boden.
»Vati«, fing ich an, und dann, in einem Schrei der Verzweiflung, während eine Welle von Schmerz mich verschlang: »Es tut mir *leid*! Es tut mir so *leid*! Ich werde es *nie, nie* wieder tun! Bitte! Bitte! *Verzeih* mir!«
Er eilte auf mich zu und nahm mich in die Arme. Ich hörte ihn mit leiser, zitternder Stimme fragen: »Kindchen, warum hast du so lange gewartet?« Ich erinnere mich, daß ich wohl lange in seiner Umarmung geweint habe, bis mir endlich klar wurde, daß er mir tatsächlich einen Aufschub gewährt hatte, daß schließlich doch nicht alles verloren war, daß irgendwie irgend etwas gerettet werden konnte.
Doch später begann ich nach und nach zu erkennen, daß noch etwas anderes geschehen war. Sicher, wie Galileo hatte ich widerrufen, als drohe mir die Todesstrafe. Doch irgendwo in meinem innersten Herzen wußte ich genau, daß die Erde weder flach noch der Mittelpunkt des Universums war. Ich wußte, daß sie sich um ihre eigene Achse und um die Sonne drehte, und ich wußte, daß ich nie wieder die Aussage akzeptieren würde, sie täte etwas anderes.
Meine emotionale Versklavung durch meinen Vater sollte noch viele ermüdende Jahre andauern, aber sein absolutes Recht auf Dominanz mittels seines Wohlwollens war irgendwie nicht mehr intakt. Die Episode hatte meine Angst vor ihm der Oberfläche meines

Bewußtseins viel näher gebracht, und auf irgendeiner Ebene erkannte ich, daß seine blanke Ablehnung mich zwar fast auf den Zustand einer wandelnden Toten reduziert, ich aber immerhin doch überlebt hatte.

* * *

Die Choreographie unseres Balletts sexueller Verführungs- und Gegenverführungsspiele wurde in den nächsten paar Jahren komplizierter. Er hatte mindestens zwei Geliebte und mehrere vorübergehende Beziehungen, von denen ich wußte, während mir selbst die Gelegenheit zu sexuellem Experimentieren mit jungen Männern meines Alters durch ein Tabu versperrt war. Seine eigenen sexuellen Beziehungen milderten zweifellos seine Herrschsucht mir gegenüber, aber jetzt begann er mich mehr und mehr in die Rolle einer Vertrauten zu drängen. Er erzählte Geschichten über seine sexuellen Eskapaden in seiner Jugend. Er sprach hämisch von Frauen, die er gekannt hatte und die sexuell freizügig gewesen waren. Er tat sie verächtlich ab, sie seien nicht besser als Schweine gewesen. Er prahlte mit trickreichen Eroberungen. Er prahlte sogar mit Vergewaltigung.

Seine kleinen Spiele, nur einen Schritt von offener Sexualität entfernt, wurden seltsamer und seltsamer. Durch seine Geliebte, die mich ebenfalls als Vertraute benutzte, erfuhr ich von einigen seiner Phantasien, in denen er mir »gestattete«, dienende sexuelle Akte an ihm zu vollziehen, vorgeblich, um meine eigene Qual zu lindern. Er war zunehmend von meiner Jungfräulichkeit besessen und lag mir ständig mit religiösen Sprüchen und Regeln in den Ohren, die dazu bestimmt waren, Frauen den Status von Bürgern vierter Klasse aufzuzwingen.

Als ich achtzehn wurde, sagte ich ihm, ich könne unter unseren häuslichen Verhältnissen nicht länger leben und wolle ausziehen. Er flehte mich an wie ein Liebhaber. Er brauche mich. Er werde sich von meiner Mutter scheiden lassen, wenn ich einwilligte, bei ihm zu bleiben und ihm den Haushalt zu führen.

So stellte ich mir meine Zukunft nicht vor. Ich wollte Liebe finden. Ich plante, auf ein College zu gehen. Ich sagte ihm, ich müsse nicht nur fort von meiner Mutter, sondern auch von ihm, wenn ich bei

Verstand bleiben wolle. Er flehte und drohte abwechselnd. Ich fühlte mich zunehmend abgestoßen.

Er schickte mich zu einem Kollegen in einer der psychiatrischen Kliniken in der Stadt, keinem großen Licht, der mir sagte, was ich vorhätte, sei höchst abnorm für eine Frau, und falls ich meinen Entschluß in die Tat umsetzte, würde ich es bereuen. Dann zeigte er mir die Glanzlichter seiner Station, den Hydrotherapieraum mit seinen Fesselungsgurten und die Kammer, in der Elektroschocks verabreicht wurden. Der Dunst seiner beiden verfaulenden Zahnreihen wehte übelkeiterregend in meine Richtung, als er obszön grinste. »So bringe ich meine aufsässigeren Patienten unter Kontrolle«, prahlte er.

In diesem Augenblick erkannte ich, daß ich wirklich fliehen mußte, und zwar schnell. Ich wußte, wenn die Kontrollen erschlafften und die Phantasie für meinen Vater irgendwie zur Realität würde, säße ich hoffnungslos in der Falle. Niemand würde mir jemals glauben, wenn ich ihn dann verriete und die Wahrheit über das ausspräche, was sich zwischen uns abspielte.

Meine liebe kleine Großmutter lag bereits sterbend in der Obszönität der psychiatrischen Abteilung eines Staatskrankenhauses. Ich fürchtete, meine Proteste würden einfach als Erfindungen eines von Geburt an gestörten Geistes abgetan werden. Es wäre ein leichtes für ihn, mich in eine Anstalt einzuweisen, wenn ihm das notwendig erscheinen sollte. Wenn ich ihm nicht entkam, lief ich Gefahr, den Rest meiner Tage auf der unaussprechlichen, entsetzlichen Station irgendeiner Staatsklinik zuzubringen.

Ich floh also und zog in eine andere Stadt. Einige Jahre lang wandte er jeden möglichen Trick an, der ihm einfiel, um mich zur Rückkehr zu bewegen. Ich litt schrecklich unter Schuldgefühlen und Angst, schaffte es aber, mich ihm zu entziehen.

So sehr ich mich auch bemühte, ich war noch immer nicht fähig, mich von seiner Macht zu befreien, die mich weiter kontrollierte, selbst aus der Entfernung. Die mächtige Drohung religiöser Rache blieb bestehen. Wenn ich außerhalb seiner Religion heiratete, würde ich meinen Platz unter den Lebenden verlieren. An meine verächtliche Existenz würde dann nur noch im Gebet für die Toten erinnert. Von frühester Kindheit an war mir eingeprägt worden, wenn ich je außerhalb seiner Religion, seines Willens, seiner Vorschriften heiraten sollte, würde ich für immer in das Reich der Toten verbannt. So sehr ich auch kämpfte, ich konnte meine Kinderangst nicht überwinden.

Schließlich ließ er sich von meiner Mutter scheiden. Sie blieben für den Rest seines Lebens erbitterte Feinde. Ein Jahr später heiratete er seine neue Haushälterin, eine verstörte, mitleiderregende Überlebende der Nazi-Konzentrationslager. Sie war erst Ende Dreißig und noch im gebärfähigen Alter. Sie war vorher schon einmal verheiratet gewesen. Ihr Mann war nach einigen Jahren Ehe ein Opfer der Nazis geworden.

Zu seinem großen Entzücken entdeckte mein Vater, als er seine neue Frau heiratete, daß sie noch Jungfrau war. Als er mir strahlend diese Tatsache mitteilte, fragte ich ihn weder, wodurch dieser ungewöhnliche Umstand verursacht sei, noch, warum diese traurige Tatsache ihm solche Freude mache. Ich war nur erleichtert, daß er glücklich war.

Sie war eine einfältige und einmalig hinterhältige Frau, die ihre meisten Mußestunden damit zubrachte, mit Puppen zu spielen. Sie wünschte sich verzweifelt ein Baby, ein kleines Mädchen, doch mein Vater, damals schon in den Fünfzigern, weigerte sich zu ihrem großen Kummer kategorisch, weitere Nachkommen zu zeugen. Danach füllte sie die Rolle der Geliebten aus, die ich einige Jahre zuvor so bereitwillig aufgegeben hatte. Mein Bruder, der aus dem Krieg zurückgekehrt war und eine Zeitlang bei ihnen lebte, während er seine Ausbildung beendete, wurde rasch in die Rolle des Feindes gedrängt.

Meines Wissens hatte er nichts getan, um das zu verdienen. Ganz im Gegenteil, während der restlichen Lebensjahre meines Vaters mühte mein Bruder sich sklavisch ab, seine Billigung zu gewinnen. Der Grund war ganz einfach, daß er nun an der Reihe war, die Lücke zu füllen, die durch das Fortgehen meiner Mutter entstanden war. Nichts, was mein gequälter Bruder tat, konnte an diesem Zustand etwas ändern. Schließlich heiratete er und zeugte Kinder, doch auch das veränderte seinen Status nicht. Er blieb in der völlig unverdienten Rolle des Feindes, bis ihn viele Jahre später ein noch schlimmeres Schicksal erlöste.

Auch ich heiratete schließlich. Meine Ehe war eine quälende, strafende Verbindung, und weil sie mir Berührung und Güte noch immer vorenthielt, geriet ich allmählich wieder unter die Kontrolle meines Vaters. Wieder lebte ich für die Brosamen von Zuneigung, die er mir hinwarf, und akzeptierte seine Anweisungen bezüglich der religiösen Erziehung meiner Kinder, obwohl das gegen alles verstieß, woran ich persönlich glaubte.

Periodische Besuche mit den Kindern waren obligatorisch. Die ganz unverblümte Forderung bei diesen Besuchen war Gehorsam, und sie fanden unter den stets wachsamen und nur wenig toleranten Augen seiner Frau statt.

Er vertraute mir an, er liebe sie und sei zum erstenmal in seinem Leben vollkommen treu. Er konnte nicht verstehen, wieso er bei ihr impotent zu werden begann. Es schien keine gesundheitlichen Probleme zu geben, die dafür hätten verantwortlich sein können.

Als sie älter wurden und seine Frau ihre fruchtbaren Jahre hinter sich hatte, fühlte sie sich in ihrem kinderlosen Zustand immer benachteiligter. Die Machtverhältnisse in der Beziehung begannen sich zu ihren Gunsten zu verschieben, als sie eine große Erbschaft machte. Ihre Wut und ihre wachsende Rachsucht richteten sich gegen seine Kinder und sprengten schließlich alle Fesseln. Sie konnte den Gedanken nicht ertragen, daß er ihr ihre Chance verwehrt hatte, Mutter zu werden, während er selbst Enkelkinder hatte. Sie verlangte geifernd, er solle sie aufgeben.

Mein unglücklicher Bruder war inzwischen Opfer eines schrecklichen Leidens geworden, das ihn für den Rest seines Lebens verkrüppelte. Es war ihm unmöglich, weiter die Rolle des verwirrten und flehenden Feindes zu spielen, und so wurde sie wieder frei. Was als nächstes passierte, war unvermeidlich.

Um diese Zeit war meine Ehe so gestört, und ich litt so stark unter Depressionen, daß ich angefangen hatte, bei anderen Männern nach Liebe zu suchen. Verwirrt und voller Schuldgefühle wandte ich mich an meinen Vater, weil ich irgendwie seine Vergebung und Zustimmung wollte. Ich empfand ein starkes Bedürfnis, mit ihm zu reden, und sei es nur, um ihm begreiflich zu machen, was mit meinem Leben geschah.

Meine Stiefmutter hatte die Angewohnheit, an einem anderen Apparat all seine Telefongespräche mitzuhören. Das war unter seinen Patienten bekannt, und viele hatten ihn einige Jahre vor seiner Pensionierung verlassen, um anderswo eine weniger kompromittierende Arzt-Patient-Beziehung zu suchen.

Ich besuchte sie mit meinen Kindern in ihrem Haus und bat im Laufe des Besuches darum, ihn fünf Minuten allein sprechen zu können. Während ich sprach, sah ich den wohlbekannten stählernen Ausdruck von vor vielen, vielen Jahren wieder in seine Augen treten. Seine Frau verließ wütend das Zimmer, um, wie ich genau wußte, an der Tür zu lauschen. Ich sagte ihm, meine Ehe sei zu Ende und ich hätte mir einen Liebhaber genommen.

Ohne jeden Zusammenhang antwortete er: »Tja, jetzt weißt du, wie das ist. Erwarte nicht, daß ich dir helfe. Bei mir hast du deine Chance *gehabt*. Für dich ist es jetzt zu spät.«

Das hatte ich nicht erwartet. Es war zu lange her. Mehr als dreißig Jahre waren vergangen. »Ich erwarte nicht, daß du mir hilfst«, sagte ich. »Es ist nur so, daß ich verzweifelt jemanden brauche, mit dem ich reden kann.«

»Jetzt hast du ja mit mir geredet«, versetzte er barsch. Dann fügte er hinzu: »Ich weiß, daß du versuchst, Leah und mich auseinanderzubringen. Aber das wird dir nicht gelingen. Leah und ich sind eins.«

»Warum sollte ich euch auseinanderbringen wollen?« fragte ich betroffen. »Was hätte ich dadurch zu gewinnen?«

»Dann hättest du mich ganz für dich allein«, schleuderte er mir verächtlich ins Gesicht.

»*Wozu?*« fragte ich wieder. »Wozu sollte ich dich haben wollen? Ich bin froh, daß ihr einander habt, euch liebt und füreinander sorgt. Ich habe schon genug Verantwortung zu tragen. Ich bin erleichtert, nicht auch noch dich versorgen zu müssen!«

»Oh«, sagte er, einen Augenblick verwirrt, »ich habe gedacht, du wolltest mich für dich haben.«

»Nein, Papa«, sagte ich. »Da hast du falsch gedacht.«

Scheinbar beschwichtigt, rief er seine Frau wieder ins Zimmer. Der Rest des Besuchs verlief vergleichsweise fast normal, bis auf die Tatsache, daß seine Frau demonstrativ tat, als sei ihr großes Unrecht widerfahren.

Als ich jedoch ein paar Tage später anrief, merkte ich, daß ich unwiderruflich in die bequemerweise gerade freie Rolle des Feindes geschoben worden war. Ich nahm an, sie werde mir für den Rest meines Lebens erhalten bleiben, denn mir fiel niemand mehr ein, der sie hätte spielen können. Ich weigerte mich jedoch, die Rolle des ängstlichen, von Schuldgefühlen geplagten Bittstellers zu übernehmen, die mein Bruder so entsetzlich lange und gut gespielt hatte. Nach zwei oder drei weiteren Anrufen, von seiner Frau genau überwacht, gab ich einfach auf.

Danach hörte ich nur episodisch durch entfernte Verwandte von ihm. Ich wurde schlechtgemacht, weil ich undankbar sei und grausam meine Kinder von ihm fernhielte. Vergebens suchte ich in meiner Erinnerung nach etwas, wofür ich dankbar sein könnte. Meine fast erwachsenen Kinder äußerten zu keiner Zeit auch nur den leisesten Wunsch, Zeit mit ihren Großeltern zu verbringen, da sie von ihnen nie Liebe bekommen hatten und zweifellos erkannten, daß sie nur als Schachfiguren erwünscht waren. Keiner von uns wollte Natans Spiel mitspielen, und das wurde zur größten Quelle seines Zorns.

In den folgenden drei Jahren hörte ich Berichte über heftige Zerwürfnisse zwischen ihm und Leuten, die lange seine treuesten und zuverlässigsten Freunde gewesen waren. Die so entstandenen Risse erwiesen sich immer als irreparabel. Sie waren die Folge seiner verbitterten Abwehr der vollkommen eingebildeten Attacken seiner früheren Verbündeten auf seine Einheit mit Der Geliebten.

Zuletzt sah ich ihn auf einer Familienhochzeit ein Jahr vor dem Beginn meiner afrikanischen Odyssee. Eine Freundin der Brautmutter, die offenbar nicht wußte, was zwischen uns passiert war, nahm meine Hand, als ich den Raum betrat, und rief: »Dein Vater ist schon da!« Sie zog mich dahin, wo er und Leah standen, und ließ uns allein.

Er war gealtert, seit ich ihn zuletzt gesehen hatte. Sein kräftiger, stämmiger Körper war geschrumpft, und ich, schon lange die größere von uns beiden, überragte ihn mindestens um einen halben Kopf. Von plötzlicher Zärtlichkeit überflutet, streckte ich die Hand aus. Er faßte sie mit beiden Händen, und einen irrationalen Augenblick lang glaubte ich, er werde mich an sich ziehen, um mich zu umarmen.

Dann verzerrte sich sein Gesicht vor Haß, und er quetschte boshaft meine Finger mit aller ihm noch verbliebenen Kraft. Er drückte meine Hand nach unten und versuchte, mich auf die Knie zu zwingen. Meine lange beherrschte Empörung verlieh mir Kraft. Ich gab keinen Zentimeter nach. Unbeteiligt beobachtete ich seinen vergeblichen Kampf und lächelte spöttisch. Er konnte meinen Gesichtsausdruck nicht übersehen, der nur zu deutlich sagte: »*Das* also willst du noch immer. Nach all diesen Jahren!« Er keuchte vor Anstrengung, und sein Gesicht wurde rot. Endlich, als er mich nicht zum Nachgeben zwingen konnte, gab er frustriert auf. Seine Hände fielen nutzlos herunter.
»Leb wohl, Vati«, sagte ich leise und wandte mich ab. Ich war wie von allen Gefühlen entleert. Es gab keinen Schmerz mehr zu besiegen.
Einige Monate später läutete das Telefon. Es war seine Schwägerin, die uns mitteilte, daß er an einem Herzanfall gestorben war. Meine Anwesenheit bei der Beerdigung, sagte sie, sei unerwünscht. Ich antwortete wahrheitsgemäß, daß ich absolut nicht den Wunsch hätte, dabeizusein, und legte auf.
Lange saß ich da und dachte nach. So hatte sich also schließlich der Kreis geschlossen. Eine riesige Welle von Wut baute sich auf und drohte einen Augenblick, mich zu überwältigen. Dann wurde mein Atem wieder ruhig, und ich stand auf.
»Es ist zu Ende«, sagte ich laut. »Der Rest meines Lebens gehört mir, alter Mann. Der Rest ist *mein*!«
Dann ging ich hinaus, um zu laufen. Obwohl ich es noch nicht wußte, war ich auf dem Weg nach Afrika.

Scharade in Wad Cherrifay

Als die britischen Kolonialherren noch auf entlegenen Außenposten Afrikas herrschten, zogen sie sich trotz der brutalen Hitze jeden Abend zum Dinner um. Manchmal half ihnen diese Übung in Förmlichkeit, ihren bedrohten Verstand nicht zu verlieren. Sie war ein Mittel, an einer strukturierten Lebensweise festzuhalten, die für sie etwas bedeutete, und ein verzweifelter Versuch, ihre Entfremdungsgefühle in einer Umgebung abzuwehren, der sie sich nicht zugehörig empfanden.
Einige »went native«, verhielten sich also wie Eingeborene, und damit verwirkten sie für immer das Privileg, der Kultur anzugehören, der sie entstammten. Sie wurden verachtet oder bemitleidet, doch man stimmte allgemein darin überein, daß sie dem Wahnsinn anheimgefallen waren.
Wahnsinn und Tod sind oft die einzigen zuverlässigen Gefährten, wenn man durch Afrika reist, und sie sind einem nie fern. Die Welt besteht aus einem ständigen Panorama von Gesichtern und Szenen, die man staunend und mit Entdeckerfreude betrachtet, aber so erregend das Erforschen auch sein mag, man bleibt irgendwie leer und verlangend zurück. Die größte Freude einsamen Abenteurertums ist die berauschende Freiheit, sich nur nach dem Rhythmus der eigenen Trommel zu bewegen. Die größte Geißel sind nagende Einsamkeit und ein ständiger, schmerzhafter Hunger des Fleisches.
Vorübergehende, im allgemeinen schlecht passende Verbindungen mögen gelegentlich eine Zeitlang davon ablenken, aber die Wunde schwärt weiter. Nur allzu selten entwickelt sich eine kurze Freundschaft, gibt es einen Augenblick emotionaler Unterstützung, und dann erfaßt der Wind dich wieder wie ein treibendes Blatt und tut mit dir, was er will.

* * *

Kassala liegt an der äthiopischen Grenze, und nachts hörte man den Artilleriedonner aus den Bergen, wo weiterhin der Bürgerkrieg mit Eritrea wütete. Verzweifelte junge eritreische Flüchtlinge durchstreiften auf der Suche nach Arbeit die Stadt, argwöhnisch beobachtet von auffallend nervösen Beamten in Uniform.

Als ich am Geschäft eines Fotografen vorbeikam und diesen, einem plötzlichen Impuls folgend, mit der Bitte belästigte, seine sperrige Donnerbüchse von einer Kamera nach draußen zu tragen und ein Bild von mir aufzunehmen, erschien, scheinbar aus dem Nichts, ein wütender Mann in Uniform und verlangte erregt, meine Papiere zu sehen. Fotografieren sei überall in der Stadt verboten, schrie er mich an, und alle Befehle seien strikt zu befolgen. Erschrocken beeilte ich mich, mich zu entschuldigen, und war erleichtert, daß er mich gehen ließ, als er damit fertig war, mich anzuschreien.

Auf dem Marktplatz traf ich eine ruhige, schlichte und unauffällige Amerikanerin, die schon auf den ersten Blick als erfahrene Afrikareisende zu erkennen war. Sie kaufte Spinat, und mein geübtes Auge bemerkte schnell, daß ihr zerbrechlicher, dünner Körper eine kleine, aber fortgeschrittene Schwangerschaft trug. Ihr Name war Ros, und sie reiste tatsächlich seit fünf Jahren durch Afrika. In Kenia hatte sie einen Kenianer kennengelernt und geheiratet, Architekt von Beruf, und hatte als seine afrikanische Frau mit ihm in einer Dorfhütte gelebt. Sie hatte sich der Aufgabe gewidmet, den Frauen des Dorfes das Nähen beizubringen, damit sie sich selbst erhalten konnten. Doch ihre Bemühungen hatten zu nichts geführt. Die Hände der Frauen waren viel zu oft so geschwollen von den regelmäßigen Prügeln, die ihre Ehemänner ihnen verabreichten, daß sie keine Nadel halten konnten.

Obwohl sie offensichtlich übermäßig bescheiden war und sich selbst bis zum äußersten verleugnete, wurde sogar ihr ihre Rolle als Ehefrau schließlich unerträglich, und vor etwa sechs Monaten war sie aus dem Dorf geflohen. Ich fragte sie, wie weit ihre Schwangerschaft sei, und sie äußerte Überraschung über meine Frage. Es war ihr nicht in den Sinn gekommen, daß sie schwanger sein könnte, sagte sie. Sie hatte seit über sieben Monaten nicht mehr menstruiert, dies aber dem erlittenen Trauma und ihrem dadurch geschwächten Zustand zugeschrieben.

Ich legte eine Hand auf ihren Bauch und spürte, wie der Fötus sich in ihrem Leib bewegte. Ich führte ihre Hand zu der Bewegung, die ich fühlte. Sie seufzte. Ja, das habe sie schon gespürt, sagte sie, aber sie habe es nur für eine Verdauungsstörung gehalten. Ich schaute in ihre erschrockenen, zaghaften Augen. »Ros«, sagte ich, »du *mußt* ein bißchen Schwangerschaftsfürsorge betreiben. Du kannst diese Realität nicht länger leugnen. Du mußt Pläne machen. Dein Baby wird bald auf die Welt kommen.«
Sie schwieg einen langen Moment und schaute auf ihre Füße. Dann seufzte sie wieder. »Ich werde viel Gemüse essen«, sagte sie. Sie kaufte etwas Spinat und zeigte mir dann, wo es eine Teeküche gab, in der Joghurt verkauft wurde.
Wir kamen überein, daß es zu unser beider Nutzen sein würde, für eine Weile zusammen zu reisen. Die Anwesenheit einer anderen Frau war für sie sichtlich stabilisierend und tröstend, und ich merkte, daß es viele Dinge gab, die sie mir beibringen konnte. Unter den Fertigkeiten, die ich von ihr lernen sollte, war auch, wie man kostenlose und sichere Unterkunft in Polizeistationen findet. Sie sagte, auch gastfreundliche Internate seien nicht schwer zu finden, und wenn es an diesen beiden Alternativen mangelte, seien im Notfall Friedhöfe immer sicher. Kein Afrikaner würde es wagen, nach Einbruch der Dunkelheit einen Friedhof zu betreten. Von Krankenhäusern solle man sich besser fernhalten, fügte sie hinzu, sogar als letzter Zuflucht.
Obwohl mir im allgemeinen die relative Ruhe einer Polizeistation lieber war als der Tumult und der Angriff auf meine Trommelfelle durch das ständig aus nächster Nähe gekreischte »Wie heißt du?« übermäßig begeisterter Schüler auf einem Schulhof, geriet ich doch nie in eine Situation, in der ich auf einem Friedhof Zuflucht suchen mußte.
Später auf meiner Reise sollte ich noch eine weitere Amerikanerin kennenlernen, die allein durch den Sudan reiste. Sie fühlte sich nur auf Friedhöfen sicher, und das aus gutem Grund. In einer dörflichen Polizeistation in der Nähe von Wau im Süden war sie von dem betrunkenen Polizeichef persönlich brutal überfallen und vergewaltigt worden.
Kassala liegt am Fuß eines Berges, der aus einem einzigen, vollkom-

men glatten Granitblock besteht. Unerklärlicherweise erhebt er sich aus der vollkommen flachen Wüste ringsum zu einer Höhe von etwa eintausendsechshundert Metern, hervorgeschleudert durch irgendeinen kataklysmischen Akt der Natur. Von diesem Berg rann Wasser durch ein unglaubliches Rohrsystem, verlegt von italienischen Ingenieuren, in tiefe Brunnen. Diese schufen in der sonnengedörrten, windgepeitschten Wüste eine üppige Oase. Die tödliche Monotonie dieser Wüste wurde nur selten durch das donnernde Vorbeiziehen großer Kamelherden unterbrochen, deren Farben von reinem Weiß über Sand bis ins fast Schwarze reichten und die von Beduinentreibern auf Araberpferden geführt wurden. Etwas weiter entfernt, sagte man uns, lägen Dörfer und fruchtbare, bewässerte Felder.

Wir ließen unsere schweren Rucksäcke sicher im Waffenarsenal der Polizei eingeschlossen zurück und gingen am Fuß des Berges entlang. Das Gelände war kahl und von Felsbrocken gesprenkelt. Wir trotteten durch die Wüstenhitze, bis wir ein Dorf erreichten. Auf dem Platz schien gerade ein Lastwagen losfahren zu wollen. Wir fragten den Chauffeur, wohin er fahre, und er sagte, sein Ziel sei Wad Cherrifay, nur fünfundvierzig Minuten entfernt. Für ein paar Piaster erkauften wir uns das Mitfahren auf seiner in Kisten verpackten Ladung, und binnen einer Stunde waren wir unterwegs.

Kurze Zeit später wich die Wüste mit abrupter Plötzlichkeit saftig grünen Feldern, die die ungepflasterte Straße säumten. Wir wurden uns des Summens von Insekten und lyrischen Vogelgezwitschers bewußt. In der Luft lag Feuchtigkeit, und der moschusartige Duft üppiger schwarzer Erde füllte unsere Nasen wie erlesenes Parfum. Tief atmeten wir die reiche Luft ein und befreiten uns bei jedem Ausatmen von tagelang angesammeltem Wüstenstaub.

Als wir Wad Cherrifay erreichten, erforschten wir einige Minuten lang den Marktplatz und machten uns dann zur Polizeistation auf, um unsere Anwesenheit im Dorf zu melden, wie es das offizielle Vorgehen verlangte. Unsere Ankunft war bereits angekündigt worden. Auf der Veranda hatte man zwei Pritschen, jede mit einem königspurpurfarbenen Laken bedeckt, für uns aufgestellt.

Als wir den Hof der Station betraten, schritt der Polizeichef, ein gutaussehender Mann mit fesselndem Lächeln, zielstrebig auf uns zu und stimmte kraftvoll eine formelle Begrüßung an, bestehend aus der dröhnenden Rezitation eines endlosen Stroms von Sätzen, die alle Segnungen Allahs auf uns herabriefen. Ros, die recht gut Arabisch sprach, murmelte anmutig die angemessenen Antworten, während ich nur erfreut lächeln, ihm wiederholt danken und über die zauberhafte Wunderlichkeit des Ganzen den Kopf schütteln konnte. Er war ein so prachtvolles Exemplar, daß ich fast in ihn verliebt war, als er fertig war. Es entging mir jedoch nicht, daß alle seine Untergebenen während seiner ganzen prächtigen Vorstellung ziemlich stramm in Habachtstellung standen, und ich entschied auf der Stelle, in meinem Verhalten jede nur mögliche Schicklichkeit an den Tag zu legen, um ihn nicht von der offensichtlichen Annahme abzubringen, wir seien Persönlichkeiten von einer gewissen Bedeutung.

Nachdem man uns mit Tee gelabt hatte, der in zu der unvergleichlichen Pracht der purpurnen Laken passenden Porzellantassen serviert wurde, machte man mit uns einen Rundgang durch die Gegend. Der Chef schritt an der Spitze unserer kleinen Prozession, während Ros und ich, umgeben vom größten Teil seiner Mannschaft und verschiedenen anderen Beamten, ihm folgten. Einer von ihnen, ein junger Mann mit einem groben, unattraktiven Gesicht, der eifrig seine rudimentären Englischkenntnisse zur Schau stellen wollte, hatte es anscheinend auf sich genommen, als mein persönlicher Führer zu wirken und meine Aufmerksamkeit auf eine Reihe von Einzelheiten zu lenken, von denen er offenbar das Gefühl hatte, ich dürfe sie nicht versäumen. Er sagte mir, nachts kämen die Affen aus den Bergen und nähmen Früchte aus dem Obstgarten. Er zeigte mir, wo der Blitz einen Baum gespalten hatte.

Dann, während wir weitergingen, pflückte er eine große, ovale Samenschote von einem Strauch am Wegrand, öffnete sie und zeigte sie mir stolz. Gerade wollte ich das zart geformte Innere bewundern, als er mit einer plötzlichen, gewalttätigen Bewegung den Inhalt herausschabte, auf die Erde warf und mit der Schuhsohle zerquetschte. Dann klopfte er mit zufriedenem Ausdruck mit den Knöcheln gegen die harten, nackten Innenwände der Schote.

Ich erbleichte. Was hatte ich gerade miterlebt? Spielte mein Verstand mir Streiche? Gab es irgendeinen Sinn in dem, was er soeben getan hatte, oder war mein plötzliches Schreckgefühl nur ein Produkt meiner eigenen fruchtbaren Phantasie?

»Was ist das für eine Pflanze?« fragte ich stirnrunzelnd und versuchte, meine Beunruhigung zu unterdrücken. »Es ist eine sudanesische Pflanze«, antwortete er stolz. Dann schleuderte er die Schote weg und spuckte aus. Diese Geste steigerte meine Unruhe nur. Aber sicher hatte sie nichts zu bedeuten, versuchte ich mich zu beruhigen. Sudanesische Männer spuckten aus, wann immer sie den Drang dazu verspürten, und das geschah oft, auf ihren Höfen, auf der Straße, aus Zugfenstern, selbst auf die Lehmböden ihrer Hütten. Doch welche Bedeutung hatte diese kleine Scharade gehabt? Oder gab es gar keine Bedeutung? Ich wußte nur, daß *ich* etwas Bemerkenswertes wahrgenommen hatte, aber was hatte diese Szene für ihn bedeutet, oder was hatte er damit mitteilen wollen? Ich konnte mein Gefühl des Unbehagens nicht abschütteln, hatte aber auch nicht den Mut, ihn weiter darüber zu befragen.

Später, als Ros und ich allein weitergingen, pflückte ich noch eine Samenschote, öffnete sie und zeigte sie ihr. »Woran erinnert dich das?« fragte ich. Sie sah mich an und lächelte etwas verlegen. »Es ist wirklich erstaunlich, nicht«, sagte sie, »wie die Organe von Pflanzen manchmal denen von Menschen gleichen. Es sieht genauso aus wie die Vulva einer Frau, nicht?«

Zumindest wußte ich nun, daß ich mir diesen Teil der Sache nicht eingebildet hatte. Aber was hatte der grüne Bengel damit sagen wollen? Ich stellte fest, daß ich es nicht ertragen konnte, darüber nachzudenken, und versuchte vergebens, solche verstörenden Gedanken aus meinem Kopf zu verdrängen.

Nach einer ruhelosen Nacht machte ich mich am nächsten Morgen allein auf, um die Gegend zu erforschen. Die gehäuften Unbilden des Reisens machten Ros zu schaffen, und sie entschied sich dafür, sich mir nicht anzuschließen, sondern im schützenden Schatten der Polizeistation zu bleiben. Ich wanderte in Richtung Berg und verspürte den Drang, ihn zu ersteigen. Aus der Entfernung von einigen Kilometern konnte ich sehen, daß es einen schmalen, begehbaren Paß durch den nackten Fels gab. Also ließ ich die Felder hinter mir und ging stetig in diese Richtung. Am späten Vormittag hatte ich den Paß erreicht und begann zu klettern.

Glatte Felsbrocken am steilen Grat bildeten einen überraschend gut begehbaren Weg. Gelegentlich wurde mein Aufstieg von fest verwurzelten Büschen noch weiter unterstützt, an denen ich mich mit den Händen festhalten konnte. Eine Zeitlang arbeitete ich mich in der heißen Sonne langsam, aber stetig aufwärts, bis ich über mir eine Höhle sah, bestehend aus einem flachen Sims, der von einem etwas über einen Meter höher liegenden Überhang beschattet wurde. Schwach vor Hitze und Durst kletterte ich hinauf und drückte mich in den besänftigenden Schatten.
Ich trank das restliche Wasser aus meinem kleinen Kanister und legte mich hin, um die Szene unter mir zu betrachten. Ein enger Kreis von Grün, gelegentlich von einer Gruppe Dorfhütten unterbrochen, zog sich um den Fuß des Berges und endete mit eindeutiger Abruptheit. Dahinter erstreckte sich unendlich weit die leere, kahle Wüste bis zum Horizont.
Eine sanfte Brise war aufgekommen. Ich fühlte mich köstlich allein und frei. Ein unwiderstehlicher Drang, die bedrückende Enge meiner schicklich verhüllenden Kleidung abzuschütteln, die der Islam selbst von Westlern forderte, erfaßte mich plötzlich. Hastig zog ich sie aus und lag verborgen und nackt auf dem kühlen, schützenden Sims. Zum ersten Mal erlebte ich die afrikanische Wildnis als natürliches Wesen. Es war, als hätte ich den Himmel betreten. Zufrieden seufzend ließ ich den sanften Wind auf meiner Haut spielen. Meine Augenlider wurden immer schwerer, und ich schlief ein.
Als ich erwachte, war die Sonne tiefer zum Horizont gesunken. Ich schätzte die unter mir liegende Entfernung ab, zog hastig meine Kleider wieder an und begann eilig den Abstieg, von der brennenden Nachmittagssonne bestraft. Der Wind hatte sich vollkommen gelegt. In der drückenden Hitze klebten mir die schweißgetränkten Kleidungsstücke auf der Haut. Meine Kehle und meine Lippen waren ausgedörrt vor Hitze, und ich mußte mich darauf konzentrieren, mir vorsichtig einen Weg durch die Felsbrocken zu bahnen, während ich immer benommener wurde.
Irgendwie verirrte ich mich und hatte plötzlich nichts mehr unter mir als einen nackten Abhang, über den ich unmöglich absteigen konnte. In panischer Angst kletterte ich rasch wieder zurück und fürchtete, vor Einbruch der Dunkelheit die Ebene nicht mehr zu

erreichen. Es hieß, nachts streiften aggressive Paviane durch die Berge, und aus der Wüste wehten kalte Winde durch die ungastlichen Felsen.

Ich erreichte die Ebene, als es gerade dunkel zu werden begann. Eine Mondsichel erhob sich am Horizont, und in ihrem bleichen, silbrigen Licht suchte ich meinen Weg über die Ebene, zurück zur Üppigkeit der bewässerten Felder und dahinterliegenden Dörfer. Als ich näherkam, hörte ich einen lauten, dröhnenden Herzschlag, dessen beharrliche Kraft immer stärker wurde. Plötzlich befand ich mich neben einem wassergefüllten Graben und einer pulsierenden Pumpe, die Wasser spie. Ich sank auf die Knie und trank lange, tiefe Schlucke von dem kristallklaren Wasser, der süßen Gabe des Lebens, die aus dem Berg strömte.

Nachdem ich mich sattgetrunken hatte, folgte ich wieder dem Pfad, als wandelte ich in einem Traum, zu einer zweiten und dann einer dritten Pumpe. An jeder kniete ich mit erneutem Durst nieder und trank gierig. Jedesmal ruhte ich mich einen langen Augenblick aus, wobei mein ganzer Körper sich auf den großen Herzschlag einstellte. Allmählich spürte ich, wie mein Geist wieder klar wurde und die Kraft in meine Glieder zurückkehrte.

Als ich die dritte Pumpe verließ, begann ich eine gemessenere, beharrlichere Art von Trommel zu hören und folgte ihrem behäbigen Rhythmus, bis ich eine Dorflichtung erreichte, wo eine Hochzeitsfeier im Gange war. In der Mitte eines von Zuschauern umringten Platzes tanzten mehrere Männer kraftvoll mit riesigen, schweren Schwertern und kämpften in einer gespielten Schlacht. Ein junger Mann, offensichtlich der Bräutigam, saß inmitten der Dorfältesten auf einer niedrigen Plattform und beobachtete sie aufmerksam. In einem etwas von dieser Szene entfernten Kreis schlurften Frauen in langsamem Tanz hintereinander her, die Hände auf die Schultern der anderen gelegt.

Ich erblickte Ros, die still auf der Seite saß. Als ich zu ihr ging, äußerte sie Erleichterung, mich zu sehen. »Sie sind mehrmals gekommen und haben mich gefragt, wo du bist«, berichtete sie. »Ich habe ihnen gesagt, du gingest spazieren. Sie schienen ziemlich aufgebracht, daß du allein losgegangen bist.«

Ich nickte, denn das war etwas, woran ich inzwischen schon lange gewöhnt war. Dennoch beachtete ich es nicht und floh lieber früher als später, wohin immer ich ging. Die abgeschirmte Rolle der wohlbeschützten Frau im Islam war eine Zwangsjacke, die ich bei erster Gelegenheit hastig abwarf, und irgendwie war meinen selbsternannten Aufpassern das immer unerklärlich. Warum konnte ich nicht einfach dasitzen und mich ausruhen, wie sie mir so wohlmeinend vorschlugen? Warum wagte ich mich allein auf den Markt oder den Berg hinauf oder an die Flüsse, wo sie mich nicht beschützen konnten? Das überstieg ihr Verständnis ebenso, wie es meine Fähigkeit überstieg, mich zu unterwerfen.

Während wir den Tänzen zusahen, fragte ich Ros, ob sie deren Bedeutung verstehe. Sie war sich in bezug auf den Tanz der Frauen nicht sicher, vermutete aber, er biete den Mädchen einfach die seltene Gelegenheit, sich vor potentiellen Ehemännern zur Schau zu stellen, die dann vielleicht ihre Familien auffordern würden, eine Heirat zu arrangieren. Unverheiratete Mädchen mußten im allgemeinen innerhalb ihrer Höfe bleiben und waren nur selten draußen zu sehen.

Was den Tanz der Männer betraf, so kannte sie den Zweck der gespielten Schwertkämpfe. Sie sollten dem Bräutigam Energie und Mut einflößen, die er brauchen würde, um seine zugenähte Braut zu penetrieren. Die Hochzeit dauerte gewöhnlich eine Woche lang, während er diese schwierige Aufgabe erfüllte.

Die Braut war nirgends zu sehen, und ich fragte Ros, ob sie das nicht seltsam fände. »Überhaupt nicht«, seufzte Ros kopfschüttelnd. »Zweifellos kauert sie in ihrer Hütte und wartet ängstlich auf die nächste Attacke ihres Ehemannes. Es ist unwahrscheinlich, daß ihr sehr nach Feiern zumute ist.«

Nach einigen Stunden verließen wir die Hochzeit und gingen zurück zu unseren königlichen Betten. Am nächsten Morgen bedankten wir uns überschwenglich bei unseren Gastgebern, akzeptierten ihre Hilfe bei der Suche nach einem Lastwagen, der uns nach Kassala zurückbringen würde, und fuhren ab.

In Kassala trennten sich Ros' und meine Wege wieder. Sie hatte Freunde unter den Eritreern und versicherte mir, diese würden sich bis zu ihrer Rückkehr nach Khartum um sie kümmern. Ich fand einen Lastwagen und setzte meine Reise fort.

Tatsächlich kam ihr Baby nur sechs Wochen später zur Welt. Ihr Brief an mich, der diese Information enthielt und mir von der Post in Khartum aus geschickt wurde, erreichte mich sechs Monate nach der Aufgabe in New York.

Kleine Sünden

Ich habe mehr als hundert Fotos gesehen, die während meiner Kindheit von unserer Familie gemacht wurden, und auf vielen davon liegen die Hände meiner Mutter auf meinem Bruder, aber niemals auf mir. Das Berührungsähnlichste, was man sehen kann, zeigt ein Familienporträt, das kurz vor unserer Abreise aus Deutschland aufgenommen wurde. Der Fotograf hatte versucht, sie mit einer Hand auf meiner Schulter aufzustellen, doch die Hand hatte die ihr zugewiesene Aufgabe verweigert, sich weggekrümmt und entzogen. Der Gesichtsausdruck meiner Mutter auf diesem Bild ist mürrisch und ärgerlich.
Mein Vater hatte Mitleid mit mir und verteidigte mich gegen ihren bitteren Zorn, als ich klein und formbar war und ihn sklavisch anbetete. Er begann mich erst zu hassen, als ich einen eigenen Willen entwickelte, zuletzt so sehr, daß er mich aus seinem Testament strich, bevor er starb. Willensstarke und sich selbst behauptende Frauen waren ihm ein Greuel, was, wie ich annehme, der Grund ist, warum er in seinen Beziehungen zu ihnen oft so bösartig und rachsüchtig war. Er pflegte sich mir gegenüber seiner eher häßlichen Eroberungen zu rühmen, und ich nehme an, das sollte mich erschrecken und daran hindern, aus der Reihe zu tanzen.
Wenn ich versuche, ihm zu verzeihen, stelle ich mir vor, wie es gewesen sein muß, mit den vier mächtigeren männlichen Wesen in seiner Kernfamilie um die Liebe seiner enttäuschten Mutter zu wetteifern, und wie verzweifelt er um seine Männlichkeit hat kämpfen müssen, als er im Ersten Weltkrieg in der kaiserlichen Armee diente.
Es ist nicht ohne Ironie, aber von perverser Logik, daß er von seiner Mutter nie ohne größte Verehrung sprach und daß die restliche Frauenwelt nur tiefste Verachtung, Abscheu und Wollust in ihm auslöste.

Wenn ich mich zu erinnern versuche, warum ich ihn viel zu viele Jahre meines Lebens so sklavisch liebte, kann ich zu meiner Verteidigung nur sagen, daß er mich berührte, als es niemanden sonst gab, der mich berührte. Wenn ich mich an andere gute Dinge an ihm zu erinnern versuche, fällt mir nur ein, daß er eine großartige Singstimme hatte, die Glas zum Splittern bringen konnte, daß er ein begabter Redner war, daß er weinen konnte und daß er, körperlich klein gewachsen, den unbedachten, spontanen Mut eines heißspornigen Zwerghahns besaß.

Ich fand es nicht leicht, ein Selbstbild zu entwickeln, mit dem ich leben konnte. Mein Vater hielt eine Ausbildung für ein Mädchen für unnötig, und ich war ganz anderer Meinung. Ich zog in eine andere Stadt, fand einen Job und schaffte es irgendwie, mich mit Ach und Krach durch das College zu schleppen. Ich wurde zur Einzelgängerin und Rebellin, und ich glaube nicht, daß die Schule mir jemals etwas beigebracht hat, was ich nicht lernen wollte.

Mit zwanzig begann ich mein erotisches Potential zu erforschen, aber meine Erfahrungen waren durch Schuldgefühle und Angst beeinträchtigt. Ich konnte Männer lieben, aber mich selbst konnte ich nicht lieben. Schließlich heiratete ich einen Mann, der meinem Vater so unähnlich zu sein schien wie nur möglich. Zumindest am Anfang bewunderte und genoß er meinen Intellekt. Es dauerte nicht lange, bis ich merkte, daß meine Fähigkeit zur Initiative, die er bewunderte, mir aber auch neidete, eine starke Bedrohung für ihn war, und, noch verheerender, das galt auch für meine Sinnlichkeit. Bald konnte er mich nicht mehr berühren und es nicht ertragen, von mir berührt zu werden. Indem ich ihn geheiratet hatte, war ich in meine eigene Falle gegangen. Ich war endlich meinem Vater entkommen, aber nur, um in allem meine Mutter wiederzufinden.

Es war eine Falle, aus der ich mich viele Jahre lang nicht befreien konnte. Ich akzeptierte sie allmählich, ebenso wie den inoperablen Zustand meines Knies, als mein unausweichliches Schicksal. Erst viele Jahre später, als ich anfing, meine kleinen Sünden zu begehen, begann ich die Möglichkeit einer gewissen Hoffnung auf eine andere Art von Leben zu sehen.

Ich habe mich immer an Autorität gerieben. Vielleicht deshalb, weil ich die selbstgerechte Aufgeblasenheit und Heuchelei, die sich oft dahinter verbergen, so deutlich sehe. Ich habe meine kleinen Sünden gegen die Autorität mit Genuß und Elan begangen, und im allgemeinen ist es mir gelungen, damit davonzukommen. In mir lebt eine kleine Teufelin, meistens eine ruhige und artige Bewohnerin, aber gelegentlich wird sie wild und übernimmt das ganze Gebäude. Ihre bevorzugten Zielscheiben sind kleinliche Bürokraten und tyrannische Lehrer.

In Afrika, wo niemand sehr viel darüber weiß, was auf der restlichen Welt vor sich geht, sind kleinliche Beamte leicht durch wichtig klingende Namen und offiziell aussehende Dokumente zu beeindrucken, wie wertlos die auch sein mögen. Manchmal muß man solch ein Dokument vielleicht ganz spontan anfertigen, um sich aus einer Klemme zu befreien oder Zugang zu einem schwer erreichbaren Ort zu erlangen.

Auf meinen Reisen habe ich ein ziemlich eindrucksvolles Sortiment von potentiell nutzbarem Briefpapier zusammengetragen, darunter Bögen der British Broadcasting Corporation, der Universität Frankfurt, der Medizinischen Fakultät der Universität von Khartum, von Gutenberghus Bladene (ein skandinavischer Verlag), der Lockheed Company in Georgia und des Sudanesischen Informationsministeriums. Immer gelang es mir, mich so ziemlich überall heraus- oder hereinzureden, und so ergab sich nie die Notwendigkeit, Referenzen zu fälschen. Dennoch fühlte ich mich erheblich wohler mit dem Wissen, daß die Rückversicherung dieser leeren Seiten mir zur Verfügung stand.

Als ich in Khartum Dokumente brauchte, die mir Zugang zu medizinischen Einrichtungen und die Genehmigung verschaffen sollten, Fotos zu machen, erfuhr ich von meinem Gynäkologenfreund, daß ich bei einem hohen Beamten im Gesundheitsministerium darum würde ersuchen müssen. Er sagte mir auch, dieser Mann sei eine absolute Null; von der High School an sei jede akademische Prüfung von jemand anderem für ihn abgelegt worden, und auch jedes von der Universität geforderte akademische Zeugnis sei aus Gefälligkeit für ihn ausgestellt worden. Er könne kaum lesen und schreiben, und sein hoher akademischer Grad habe nichts zu bedeuten. Seine Machtposition habe er nur durch seine Zugehörigkeit zu einer sehr einflußreichen Familie erhalten.

Wie sich herausstellte, entsprach der Beamte dieser Beschreibung genau. Er starrte mich arrogant an und wollte wissen, welchen Vorteil es für ihn hätte, mir den Zugang zu medizinischen Einrichtungen zu gewähren. Ich antwortete ganz aufrichtig, die von mir vorgeschlagenen Recherchen könnten zu materiellen Beiträgen westlicher Länder für die bessere Gesundheit von Frauen und Kindern im Sudan führen, und das würde ein sehr positives Licht auf sein Ministerium werfen.

»Woher wissen Sie, daß ich nicht das Geld nehmen und mir davon ein großes Haus bauen werde?« fragte er spöttisch.

»Das weiß ich überhaupt nicht«, antwortete ich, »aber ich würde annehmen, daß die Hilfe in Form von Unterrichtsmaterial und ähnlichen Dingen geleistet werden wird. Außerdem«, fügte ich hinzu, während mein Teufelchen auf und ab zu hüpfen begann, »sehe ich, daß Sie ein ehrlicher Mann sind.«

»Wir bekommen eine Menge Hilfsmaterial zugeschickt«, gestand er. »Wir haben Lagerhäuser, zum Bersten voll mit oralen Empfängnisverhütungsmitteln, die wöchentlich ankommen. Tatsächlich haben wir schon keinen Platz mehr, um sie unterzubringen, und jetzt verrotten sie auf den Docks in Port Sudan.«

»Warum verteilen Sie sie nicht?« fragte ich verblüfft.

»Die Transport- und Verteilungsprobleme sind sehr groß in diesem Land«, sagte er, und ich wußte, daß das stimmte. Daher nickte ich. »Tatsächlich hätte ich gern etwas Hilfe bei einem Lieblingsprojekt von mir«, fuhr er fort, »und das ist die Unfruchtbarkeit unter den Stämmen im Süden. Dort sind Geschlechtskrankheiten so verbreitet, daß die Sterilitätsrate bei weit über dreißig Prozent liegt.«

Mein Teufelchen schlug Purzelbäume. »Ich habe eine Idee«, schlug ich vor. »Sie schreiben mir einen Brief, in dem Sie um Hilfe bei Ihrem Projekt bitten, und wenn ich in den Westen zurückkehre, werde ich versuchen, eine Stelle zu finden, die daran interessiert ist, das Bevölkerungswachstum in Afrika zu steigern.« Er stimmte zu. Das sei eine ausgezeichnete Idee. Sofort machte er sich daran, den gewünschten Brief zu schreiben. Als Gegenleistung für meine versprochenen Bemühungen zugunsten seines Lieblingsprojekts bekam ich meine Genehmigungen.

In Atbara lagen die Dinge ganz anders. Mein Tag in Atbara eignete

sich auch nicht für die kleinste Sünde. Ich war auf dem Weg nach Kassala an der äthiopischen Grenze und hatte in dieser kleinen Wüstenstadt am Atbara-Fluß haltgemacht, um umzusteigen. Man sagte mir, eine Zugverbindung gebe es erst am nächsten Tag, und ich müsse meine Anwesenheit bei der Polizeistation melden.
Ich wanderte in die angegebene Richtung und fand die Station ohne Schwierigkeiten. Sie stand isoliert in der Wüste außerhalb der Stadt und war der typische schmucklose Zweckbau, der noch aus englischen Kolonialtagen stammte. Als ich auf den Eingang zuging, sah ich eine Gruppe trauernd zusammengekauerter alter Frauen im Staub hocken, dicht neben einer vergitterten, käfigartigen Zelle. Darin saßen ungefähr ein Dutzend alter Männer mit sanften Gesichtern in weißen islamischen Gewändern. Ihre Hände und Füße waren mit ganz deplaziert modernen Handschellen aus rostfreiem Stahl gefesselt.
Ich begrüßte die alten Frauen. Sie seufzten kummervoll und hoben die welken Arme zum Himmel. Ich ging hinüber zu der Zelle und schüttelte den Männern, die den Gittern am nächsten saßen, die Hände. Was konnten sie nur getan haben, um eine solche Behandlung zu verdienen?
»Warum seid ihr hier?« fragte ich sie. Sie hoben die geduldigen Augen zum Himmel. »Es ist Allahs Wille«, murmelten sie resigniert.
Ich betrat die Polizeistation und wurde von einem sehr nervösen Soldaten in die inneren Gemächer des Polizeichefs geführt. Dieser saß an einem lächerlich erhöhten Pult, das aussah wie aus einem Bühnenbild für ein Stück nach Kafka. Er war imponierend groß und korpulent, einschüchternd streng und insgesamt angsterregend. Gemessenen Schrittes stand er von seiner Bank auf und lud mich ein, mit ihm Tee zu trinken. Er warnte mich, flußaufwärts befinde sich in einiger Entfernung ein Damm, und in dessen Nähe dürfe ich nicht kommen. Seine Soldaten hatten Befehl, auf jeden zu schießen, der sich innerhalb von anderthalb Kilometern Umkreis sehen ließ. Ich dankte ihm ruhig für die Warnung und fügte hinzu, ich hätte keinerlei Interesse daran, den Damm zu besichtigen. Mein Teufelchen war beeindruckend still und nirgends zu sehen.
Als ich meinen Tee ausgetrunken hatte, fragte ich ihn nach den gefesselten alten Männern in der Zelle. Was hatten sie getan? »Sie sind

Mörder«, verkündete er streng. Ich traute meinen Ohren nicht. Diese lieben alten Männer Mörder?
»Das scheint kaum möglich«, wunderte ich mich laut.
»Ja, sie sind Mörder«, wiederholte er und fügte dann unerbittlich hinzu: »Oder *Mordverdächtige*.« Mein Teufelchen kauerte still in der Ecke und versuchte, wie ein Möbelstück auszusehen. Mein Teufelchen ist doch nicht auf den Kopf gefallen.
Er schenkte neuen Tee ein, der für meinen Geschmack viel zu süß war, aber pflichtschuldigst trank ich ihn. Dann befahl er einem bewaffneten Soldaten, mit mir einen Rundgang durch die Stadt zu machen. Ich verließ ihn schnell, höchst erleichtert, diesem bedrückenden Raum zu entkommen. Die geduldigen, sanften Augen der gefesselten angeblichen Mörder oder Mordverdächtigen folgten mir traurig, als ich an ihrer Zelle vorbeieilte. Ich konnte nichts tun.
In Nyertete am Fuß des Jebel-Marra-Gebirges im Westsudan hatte mein Teufelchen mehr Glück. Ich wußte, daß es dort ein kleines Rasthaus der Regierung geben würde, wo man angeblich unterkommen konnte. Rasthäuser der Regierung sahen im Sudan alle ziemlich gleich aus. Es waren spartanische Bauten, in entlegenen und sehenswerten Gegenden des Landes vor einigen Jahrzehnten während der Kolonialherrschaft von den Engländern errichtet. Inzwischen waren sie in einem Zustand äußerster Verwahrlosung und Baufälligkeit, wiesen keinerlei Möbel auf, und die Unterkünfte für den Reisenden bestanden lediglich aus einem Platz für einen Schlafsack auf einem mit Unrat übersäten Steinboden, oft zwischen einer unbestimmten Zahl anderer Wanderer. Fetzen längst zerrissener Fliegengitter verschönerten die mit Läden versehenen Fenster. Die massiven Betonstrukturen selbst waren noch mehr oder weniger intakt, und im allgemeinen konnte man nicht allzu weit entfernt irgendeine Art von Wasser finden.
Ich kam um die Mittagszeit in Nyertete an. Der von Menschen wimmelnde Markt summte vor Aktivität, und ich wanderte müßigen Schrittes zwischen den leuchtendbunten Auslagen von Korn, Früchten und Gemüsen herum. Schließlich lockte es mich in Richtung des unwiderstehlichen Duftes von frischem Brot, und in geringer Entfernung, neben einer primitiven Mühle mit riesigen Mahlsteinen,

sah ich einen enormen, kuppelförmigen Ofen, in dem Brot gebakken wurde. Ich setzte mich hin und wartete. Meine Geduld wurde nach angemessener Frist belohnt, ich kaufte dem Bäcker einen Laib ab. Das Brot, das er mir reichte, war so heiß, daß ich es nicht anfassen konnte, und unter dem Gelächter aller Umstehenden legte ich es rasch auf einen großen Stein, um es abkühlen zu lassen.
Als ich schließlich dasaß und zufrieden meine Belohnung kaute, bemerkte ich eine Gruppe von jungen Männern und Frauen, die unter der Obhut einiger älterer Männer den Markt erforschten. Einige von ihnen trugen Dinge bei sich, die nach Mal- oder Zeichenutensilien aussahen, und ich schloß daraus, daß sie Studenten auf einer Art Feldexkursion mit ihren Lehrern waren. Ich folgte ihnen in eine der Teeküchen und entdeckte bald, daß sie tatsächlich Kunststudenten der Universität von Khartum waren. Sie waren mehrere Tage lang auf einem Lastwagen mühsam durch die sengend heiße, staubige Wüste gereist. Sie kamen soeben von einer Woche in den Bergen zurück und waren in das Rasthaus der Regierung gezogen. Am nächsten Morgen würden sie die Rückreise antreten. Unter diesen Studenten bemerkte ich einen Mann mit einem faszinierenden, zerfurchten Gesicht, einige Jahre älter als die anderen. Er betrachtete mich mit intensiven, leuchtenden Augen, und bald kamen wir ins Gespräch. Er erklärte, er sei Kunstlehrer und kürzlich noch einmal zum Studium an die Universität zurückgekehrt, um einen höheren Grad zu erwerben. Er interessierte sich besonders für laizistische westliche Kunst, die im Sudan als Unterrichtsfach ganz neu war.
Wir unterhielten uns eine Weile. Schließlich begannen alle dem Rasthaus der Regierung zuzustreben, das vielleicht eineinhalb Kilometer weiter die Straße hinunter lag. Der Lehrer schulterte meinen Rucksack und erbot sich, mir den Weg zu zeigen. Ich hatte mit ihm über die großen Kunstmuseen Europas gesprochen, und seine leuchtenden Augen wandten den Blick nicht von mir. Als wir die Teeküche verließen, schloß sich uns einer der Anstandshüter an, ein elefantenartiger Mann mit dröhnender Stimme. Er trug ein weites, fließendes Gewand und wallte einige Minuten neben uns her. Dann, von der offenkundigen Schicklichkeit unseres Gesprächs befriedigt, blieb er schnaufend zurück.
Das Rasthaus der Regierung bestand aus zwei geräumigen und

einem ziemlich kleinen Zimmer. Letzteres war den weiblichen Studenten zugeteilt, obwohl sie viel zahlreicher waren als die männlichen Studenten und die Professoren zusammen. Der Raum war bereits mit Schlafmatten und behelfsmäßigen Gepäckstücken überfüllt, aber man hieß mich freundlich willkommen. Ohne Umstände rückten sie ihre Sachen noch ein bißchen näher zusammen, um Platz für meinen Schlafsack zu schaffen.
Mit einem Blick nahm ich die Situation in mich auf. Zwanzig dicht beieinanderliegende Körper in einem winzigen, unbelüfteten Raum, der klaustrophobisch verschlossen und verriegelt werden würde. Mein Gesicht begann vor Angst zu zucken, und heimlich plante ich meine Flucht. Ich ließ meinen Schlafsack und mein Gepäck in der Nähe der Tür zurück und machte mich auf die Suche nach Wasser.
In etwa hundertfünfzig Metern Entfernung funkelte das Wasser eines Flußarms neben den Steinen, und ich sah, daß unweit davon flußabwärts ein freundlich aussehender Baum eine Art Zuflucht bildete. Ich ging hin, um mir die Stelle anzusehen, und fand weichen, ebenen Boden, auf dem ich bequem liegen konnte. Dies, entschied ich, würde mein Nachtquartier sein.
Als ich auf den Weg zurückkehrte, traf ich den Kunstlehrer, der einige große Behälter mit Wasser gefüllt hatte und auf mich wartete. Mir fiel ein, daß er mir vielleicht gefolgt war und meine Nachforschungen beobachtet hatte. Rasch befragte ich mein Teufelchen, aber es zuckte bloß mit den Schultern.
Als ich zum Rasthaus zurückkam, wurde ein Festessen vorbereitet, und auf echt sudanesische Art hieß man mich lächelnd willkommen und drängte mich, daran teilzunehmen. Der Kunstlehrer hatte sein Saiteninstrument bei sich, das einer Laute ähnelte. Darauf spielte er eine merkwürdig akzentuierte, tranceerregende Musik, wie ich sie noch nie gehört hatte.
Bei Sonnenuntergang bereiteten sich alle auf die Abendgebete vor, und während sie so beschäftigt waren, schnappte ich mir schnell und leise meinen Schlafsack aus dem überfüllten Schlafraum und eilte hinunter in den Schutz meines Baumes. Es wurde rasch dunkel, und bald senkte sich eine pechschwarze, mondlose Nacht hernieder. Dünne Wolken verdeckten sogar die Sterne, und ich konnte

kaum die Hand vor Augen sehen. Ich lehnte mich an meinen Baum und atmete die kühle Nachtluft ein, glückselig, dem schrecklichen Raum entkommen zu sein.
Ich hörte leise Schritte und spürte, wie sich der Kunstlehrer neben mich setzte. Ein paar Minuten lang saßen wir schweigend da, dann fand seine Hand meine, und er streichelte sanft meine Handfläche. »Als ich heute morgen aufwachte«, sagte er versonnen, »hatte ich das Gefühl, dies würde mein Glückstag sein.« Wieder befragte ich kurz mein Teufelchen, und es teilte mir seine Meinung mit, eine kleine Erholung sei schon lange fällig. Ich wandte mich dem Kunstlehrer zu. »Vielleicht wird er es«, murmelte ich.
Was dann folgte, läßt sich am besten als einer der angenehmeren Aspekte meiner speziellen Feldforschung beschreiben. Besonders bemerkenswert war es wegen des raschen Beginns ohne alle weiteren einleitenden Feinheiten. Auf diese Art lag ein Sinneswandel nicht im Bereich des Möglichen. Im Schutz der Dunkelheit und unter offenem Himmel dauerte es beeindruckend lange.
Nach zwei höchst angenehm verbrachten Stunden sagte er: »Ich muß ins Rasthaus zurück, sonst fangen sie an, mich zu suchen. Ich werde ihnen sagen, daß ich die Zeit mit dir verbracht habe und daß wir uns unterhalten haben.«
Ich stimmte zu, das sei gut so, und dann war ich unter meinem Baum wieder allein. Die Wolken hatten sich verzogen, und bald reichte ein leuchtender Sternenhimmel von einem Horizont zum anderen. Ich betrachtete ihn eine Weile, dann schloß ich die Augen und schlief den Schlaf derer, die wahrhaft reinen Herzens sind.
Ich erwachte im Grau der Morgendämmerung, rollte meinen Schlafsack zusammen und ging zum Rasthaus zurück. Als ich mich dem Eingang näherte, versperrte mir der elefantenhafte Anstandshüter den Weg und ging auf mich los wie ein überdimensionaler Racheengel.
»Wo sind Sie gewesen?« fragte er mit hallender Stimme, die die Fundamente des Gebäudes zu erschüttern drohte und mit Sicherheit jeden weckte, der noch nicht wach war. »Man hat mir gesagt, Sie hätten diese Nacht nicht in dem Raum mit den anderen Frauen geschlafen! Wo haben Sie übernachtet?« Meine kleine Teufelin, die glückselig zusammengerollt in einer Ecke gelegen hatte, wachte mit

einem Ruck auf. Ich wies sie an, still zu sein, und antwortete freundlich: »Ich habe unter einem Baum geschlafen.«
»Sie haben unter einem Baum geschlafen?« schäumte er. »Wie konnten Sie so etwas wagen? Sie hatten nicht meine Erlaubnis dazu!«
»Es ist eine Angewohnheit von mir, unter Bäumen zu schlafen«, sagte ich ruhig. »Ich tue es, wann immer ich kann.« Sein dunkles Gesicht wurde noch dunkler.
»Was Sie getan haben, war sehr gefährlich«, fauchte er. »Da draußen gibt es Schakale, und Sie haben mich nicht um Erlaubnis gefragt!«
Inzwischen hatte ich gewisse Schwierigkeiten mit dem Teufelchen, aber ich schaffte es, es zum Schweigen zu zwingen. »Professor«, sagte ich geduldig, »da draußen gibt es keine Schakale. Es war vollkommen ungefährlich.«
Seine Stimme wurde noch lauter. »Sie sollten in dem Raum mit den Frauen schlafen!« brüllte er. »Wie können Sie es wagen, sich mir zu widersetzen? *Sie hatten nicht meine Erlaubnis!*«
Allmählich wurde es mir zuviel. »Professor«, sagte ich kühl, die letzten Reste von Höflichkeit zusammenkratzend, die ich noch aufbringen konnte. »Kommen wir in die wirkliche Welt zurück. Ich bin nicht eine Ihrer Studentinnen, ich bin genauso alt wie Sie, wenn nicht älter, und ich brauche mich nicht an die Regeln zu halten, die Ihren Frauen in dieser Kultur vorgeschrieben sind. Ich komme aus einer ganz anderen Kultur mit anderen Regeln. Tatsache ist, daß ich nicht gewohnt bin, für irgend etwas, das ich tue, um Erlaubnis zu bitten, und schon gar nicht bei einem mir wildfremden Menschen. Wo ich zu schlafen beschließe, geht Sie überhaupt nichts an.«
Ich drängte mich an ihm vorbei, um meine Habseligkeiten aus dem Zimmer der Frauen zu holen, während er empört vor sich hin wetterte. Ich verabschiedete mich von den großäugigen jungen Frauen, die flüsternd antworteten, schulterte meinen Rucksack und segelte zur Tür hinaus. Als ich an dem Anstandshüter vorbeikam, mit steinerner Miene und hocherhobenem Kopf, spürte ich, wie mein Teufelchen mit den Ohren wackelte und ihm die Zunge herausstreckte. Er konnte nichts beweisen, und außerdem hatte ich ja keinen Minderjährigen verführt.

Ich ging zu dem großen kuppelförmigen Ofen, kaufte ein heißes Brot und setzte mich nieder, um es zu essen. Eine halbe Stunde später rumpelte der Lastwagen mit den Studenten vorbei. Der Professor, noch immer schmollend, saß auf dem Vordersitz, und der Kunstlehrer stand hinten am Geländer der Ladefläche und versuchte, nicht in meine Richtung zu schauen. Ich sah zu, wie der Lastwagen die Straße hinunter verschwand, nahm meinen Rucksack und kehrte in das Rasthaus zurück. Ich fand einen belaubten Ast, fegte das größte Zimmer aus und zog ein.

* * *

Ich hatte noch eine bemerkenswerte Begegnung mit einem Mitglied der akademischen Welt. Der Winter ging zu Ende. In den letzten paar Monaten hatte ich meine Vormittage mit freiwilligen Gastvorlesungen an einem kleinen, ziemlich elitären Frauencollege in Omdurman zugebracht, der alten Stadt, die neben Khartum am Nil liegt. Dies hatte mir Gelegenheit geboten, eine beträchtliche Anzahl wertvoller und aufschlußreicher Interviews mit gebildeten jungen Frauen zu führen, die alle ziemlich redegewandt waren und von denen viele überraschend unabhängig denken konnten.

Die Aufgabe, die noch vor mir lag, war ein Interview mit einem Mann, der behauptete, ein eingeschworener Gegner der weiblichen genitalen Verstümmelung zu sein, und den ich für einen energischen Verfechter der Frauenrechte hielt. Er war ein wichtiger Funktionär und Professor an dem kleinen College, Mitglied einer illustren, intellektuellen und beruflich erfolgreichen Familie und ein Mann, von dem ich glaubte, er habe den Respekt der Gemeinde verdient. Er machte einen wohlwollenden, großväterlichen Eindruck und war wunderbar fotogen. Mit seinem buschigen weißen Haar glich er Albert Einstein.

Bereitwillig stimmte er dem Interview zu, doch als ich mich zu ihm setzte und mein kleines Tonbandgerät einschaltete, wurde er plötzlich abwehrend. »Bevor wir dieses Interview beginnen«, erklärte er ziemlich gereizt, »möchte ich etwas ganz klarstellen. Ich möchte sicher sein, daß Sie verstehen, daß die einzige Person, die für die Beschneidung des Mädchens verantwortlich ist, das Mädchen selbst ist. Sogar wenn ihre Eltern sie verschonen wollen, *besteht* sie

darauf, daß sie beschnitten wird, und sie läßt ihnen keine Ruhe, bis sie einwilligen, es durchführen zu lassen.«
Ich war wie vor den Kopf gestoßen. Gewiß hatte ich nicht richtig gehört! Vielleicht hatte ich ihn mißverstanden. »Was sagen Sie mir da, Professor?« stammelte ich verwirrt.
»Was ich Ihnen sagte«, wiederholte er, »ist, daß niemand das Mädchen zwingt, sich dem Ritual zu unterziehen. Sie selbst verlangt es.«
»Aber wie ist das möglich?« fragte ich, während mir klar wurde, daß ich ihn tatsächlich richtig verstanden hatte. »Sie ist doch noch ein kleines Kind, wenn ihr das angetan wird. Was in aller Welt könnte ein kleines Mädchen bei klarem Verstand zu dem Verlangen veranlassen, sich diesen Körperteil herausschneiden zu lassen?«
»Sie weiß von klein auf, daß diese Operation absolut notwendig ist, um sie heiratsfähig zu machen«, erklärte er, »und sie weiß *instinktiv*, wann die Zeit dafür gekommen ist. Dann tritt sie an ihre Eltern heran und besteht darauf, daß sie sich ihren Wünschen fügen. Es ist unsere Aufgabe, das Kind vor seiner eigenen Torheit zu beschützen.«
Mir drehte sich der Kopf. *Das* war der Mann, der sich als großmütiger Verteidiger der Menschenrechte von Frauen und kleinen Mädchen anpries? Dieser aalglatte Mensch, der so gewandt dem Opfer die Schuld daran gab, daß es Opfer war?
»*Instinktiv*, Professor?« Irgendwie war meine Stimme zu einem ungläubigen Flüstern geworden, und ich konnte kaum sprechen. »Sicher meinen Sie nicht *aus Instinkt*. Wenn wir von Instinkt reden, dann sprechen wir von etwas, das in den Genen liegt, etwas, das ein angeborener Teil des Organismus ist.«
»O doch«, beharrte er. »Es ist Instinkt, und all unsere kleinen Mädchen haben ihn. Sie wissen instinktiv, wann die Zeit gekommen ist.« Er lehnte sich mit zufriedenem Lächeln zurück und sah mich nachsichtig an.
Irgendwie mußte ich ihn aus seiner Selbstgefälligkeit herausreißen. »Sie sagen also«, meinte ich nickend, »daß Afrikaner eine ganz andere Spezies sind als der Rest der menschlichen Rasse.«
Darauf reckte er selbstgerecht das Kinn. »Afrikaner sind in keiner

Weise anders als andere menschliche Rassen«, belehrte er mich streng. »Es ist ignoranter Rassismus zu sagen, es gäbe solche Unterschiede.«
Ich zwang mich, ihn strahlend anzulächeln, um ihn zu besänftigen. »Ich bin *so* froh, daß wir in diesem speziellen Punkt einer Meinung sind, Professor!« Ich heuchelte einen Seufzer der Erleichterung. »Dennoch wäre ich Ihnen sehr dankbar, wenn Sie mir etwas erklären könnten. Da wir alle Angehörige derselben menschlichen Rasse und daher identischen Instinkten und Trieben unterworfen sind – wie ist es da möglich, daß ich in keinem anderen Land der Welt jemals auch nur ein *einziges* kleines Mädchen getroffen habe, das darauf bestand, seine Eltern sollten ihm die Genitalien herausschneiden lassen?«
Unbehaglich räumte er ein, auch ihm sei das einigermaßen schleierhaft, aber trotzdem stimme das, was er mir gesagt habe. Vorsichtig führte ich an, es sei höchst wahrscheinlich, daß die unterschiedlichen Verhaltensweisen kleiner Mädchen in verschiedenen Teilen der Welt durch unwiderstehlichen sozialen Druck von Erwachsenen oder sogar Altersgenossen beeinflußt würden. Es sei auch möglich, spekulierte ich, daß Erwachsene manchmal Kindern Dinge ganz falsch darstellten, um deren Mitwirkung und scheinbare Zustimmung zu für sie selbst schädlichen Handlungen zu erhalten. Ich versicherte ihm, aus meiner eigenen Kultur könne ich viele Beispiele dafür anführen.
Ich zwang mich, das Interview zu Ende zu führen, obwohl mir klar war, daß es ohne Zweifel vollkommen nutzlos sein würde. Als es vorbei war, dankte ich ihm für seine Mitarbeit, steckte mein Tonbandgerät wieder in die Tasche und ging. Ich ging hinunter an den Nil, setzte mich in den Schatten eines großen Baumes und hörte mir das Band an, das ich gerade aufgenommen hatte.
Alles war da, genau wie ich es gehört hatte. Ich hatte mir nichts eingebildet oder übertrieben. Verblüfft und ungläubig schüttelte ich den Kopf. Wenn *das* der gepriesene Held der Frauenrechte im Sudan war, wen konnte es dann da draußen geben, der sich überhaupt für diese armen Kinder einsetzte?
Ich war zu müde, um auch nur zu weinen. Meine kleine Teufelin kam sanft auf Zehenspitzen zu mir und drückte ihr liebes Gesicht-

chen an meines. Als sie merkte, wie elend mir zumute war, machte sie sich still wieder davon.

* * *

Mein Umgang mit der sudanesischen Polizei war im allgemeinen recht angenehm. Immer wenn ich kurz vor Einbruch der Dunkelheit in eine neue Stadt kam und keine sofortige Aussicht auf eine Unterkunft hatte, pflegte ich mich auf der Polizeistation zu melden, zu erklären, ich hätte keinen Platz, um die Nacht zu verbringen, und nach einiger vorhersehbaren Verwirrung und Bestürzung nahmen sie mich stets auf. Sie alle wohnten in der Polizeistation, und für mich fand sich immer Raum im Hof oder im Garten.
Am Morgen servierten sie mir dann freundlich Tee. Danach schrieben sie mir Einführungsbriefe an die Direktorin einer nahen Schule oder irgendein Familienmitglied, das mich aufnehmen konnte, luden mich ein, zum Abendessen zurückzukommen, und paßten auf meine Ausrüstung auf, während ich eine Unterkunft fand. Ich hatte gelernt, von ihnen nur das Beste zu erwarten.
Ich war auf dem Weg nach Kadugli, einer Stadt in den Nuba-Hügeln. Ein klappriger, defekter Bus, der an diesem Nachmittag in El Obeid hatte eintreffen sollen, war immer wieder zusammengebrochen und hatte mich schließlich um drei Uhr nachts auf einem Platz abgesetzt, den ich für den Marktplatz hielt. Alle anderen Passagiere waren rasch in alle Richtungen in der Dunkelheit verschwunden, und ich stand allein in einer mondlosen Nacht.
Nachdem ich eine Zeitlang müde mit meinem schweren Rucksack auf den Schultern umhergewandert war, fand ich ein Haus, das wie ein Gasthof aussah. Verzweifelt klopfte ich an die Tür, und als schließlich ein Mann öffnete und ich ihn um ein Zimmer für die Nacht bat, teilte er mir bedauernd mit, es gebe dort keine Unterkünfte für Frauen. Er hatte nur einen Schlafsaal für Männer. Ich versuchte ihn zu bewegen, mir den Weg zur Polizeistation zu zeigen, aber er verstand nicht, was ich sagen wollte.
Als ein großer, gutgekleideter Mann in islamischem Gewand plötzlich aus der Dunkelheit erschien und mir anbot, mich zu seiner Mutter zu bringen, folgte ich ihm. Erfahrung hatte mich gelehrt, daß diese Worte nichts anderes waren als das Angebot überaus großzü-

giger Gastfreundschaft. Sie auszusprechen verpflichtete den Mann, mich ehrenhaft zu behandeln, als gehörte ich zu seiner geschätztesten Verwandtschaft.

Am nächsten Morgen erkundete ich den Markt. Eine Gruppe von Stammesleuten, soeben aus der Wüste gekommen, hockte neben ihren Kamelen. Auf ihren Gesichtern bemerkte ich eine Art von Stammesmarkierung, die ich noch nie gesehen hatte. Die üblichen Gesichtsnarben, deren Anblick ich kannte, rührten von Fleischstreifen her, die in für den speziellen Stamm oder die Region charakteristischen Mustern aus den Gesichtern geschnitten worden waren. Diese Männer aber hatten drei herausgeschnittene Hautstreifen, die man oben stehengelassen hatte, zu Zöpfen geflochten, die dann wieder an das Fleisch der Wangen angewachsen waren. Die Wirkung war äußerst erstaunlich.

Während ich dastand und sie bewunderte, näherte sich ein Mann in Uniform und fragte nach meinen Papieren. Er prüfte meinen Paß, mein Visum und dann meine Genehmigung, innerhalb des Landes zu reisen, die ich mir in Khartum hatte beschaffen müssen. Die Genehmigung führte Kadugli und einige Dörfer auf, die ich zu besuchen hoffte, aber der Name El Obeid, der nur eine Station auf dem Wege war, stand nicht auf dem Formular. Er entschied, ich sei illegal in El Obeid und er müsse mich zur Polizeistation bringen. In Anbetracht meines sonstigen angenehmen Umgangs mit der Polizei fand ich diese Aussicht nicht erschreckend. Zweifellos würde es nur um ein geringes Bußgeld gehen. Trotzdem war ich ein wenig ärgerlich.

Wir gingen vielleicht vierhundert Meter zu der Station, doch als wir eintraten, war niemand da. »Sie sind alle zum Frühstück gegangen«, sagte er etwas gereizt. Er bat mich, mich zu setzen, und räumte für ein paar Augenblicke Sachen im Zimmer hin und her. Dann fügte er hinzu: »*Ich* habe auch noch nicht gefrühstückt. Ich werde jetzt gehen und das tun. Sie müssen hier sitzen bleiben und warten, bis die zuständigen Beamten zurückkommen und sich um dieses Problem kümmern.«

Gehorsam blieb ich etwa zwei Minuten sitzen, nachdem die Tür sich hinter ihm geschlossen hatte. Dann trat mein Teufelchen mich in die Rippen. »*Ich* habe ebenfalls noch nicht gefrühstückt«, verkündete es. Vorsichtig ging ich zur Tür und spähte hinaus. Der Mann in Uniform war nirgends zu sehen. Ich blieb auf der Hut vor ihm, wanderte zum Markt zurück, entdeckte eine kleine Teestube, die ziemlich weit vom ausgetretenen Weg entfernt lag, und setzte mich hin, um Tee zu trinken. Als die Frühstückszeit lange vorbei war, fand ich einen Lastwagen, der mich nach Kadugli bringen würde, holte mein Gepäck, bedankte mich bei meiner freundlichen Gastgeberin für die Übernachtung, ließ den Mann in Uniform hinter mir und war unterwegs.

* * *

Es gibt die scharfsinnige Feststellung, daß Macht korrumpiert und daß absolute Macht absolut korrumpiert. Einen der Beweise für diese bedauerlicherweise zutreffende Beobachtung kann man auf dem kleinen, baufälligen Flughafen von El Fasher finden. Diese Stadt ist ein Außenposten der Regierung im westlichen Sudan. Sie liegt in einer isolierten Wüstenoase, viele öde und wasserlose Kilometer vom nächsten bewohnbaren Gebiet und noch weiter vom nächsten Flughafen entfernt.

Ich hatte nicht mehr als die üblichen Schwierigkeiten gehabt, von Khartum aus einen Flug nach El Fasher zu bekommen, und der Angestellte der Fluggesellschaft sagte mir, in El Fasher müsse ich mir die Sitzreservierung für den Rückflug besorgen. Mit einem unerklärlich bekümmerten Ausdruck auf seinem jungen Gesicht fügte er vorsichtig hinzu, er müsse mich warnen, daß ein solcher Sitz dort manchmal nur äußerst schwer zu bekommen sei.

Da es mir auf der Hand zu liegen schien, daß ebenso viele Flüge El Fasher verlassen müßten, wie dort eintrafen, und ich mir den Tag meiner Abreise aussuchen konnte, nahm ich mir seine Warnung nicht sonderlich zu Herzen. Da ich tatsächlich nicht genau wußte, wann ich nach Khartum zurückkehren würde, paßte es mir ausgezeichnet, das Datum des Rückflugs offenzulassen, und ich ignorierte die Mitteilung des Angestellten einfach.

Ich verbrachte den Tag an der Universität. Als ich einer meiner Freundinnen, die Professorin am College war, sagte, ich würde nach El Fasher fliegen, berichtete sie mir, sie sei vor einigen Monaten dort gewesen. Wie sie sagte, hätten die Umstände sie gezwungen, die

Rückfahrt durch die heiße Wüste auf einem mit übelriechendem Dünger beladenen Lastwagen anzutreten. Die Reise hatte mehrere Tage gedauert und war äußerst beschwerlich gewesen. Ich spürte etwas wie deutliche Verlegenheit bei ihr, begriff aber den Grund nicht ganz. Ich vermutete, es habe mit dem Bericht über den Dünger zu tun, auf dem sie hatte reisen müssen.
Als Regierungszentrum war El Fasher für mich nicht von besonderem Interesse, und nachdem ich die wenigen Interviews beendet hatte, die ich dort hatte bekommen können, eilte ich weiter in die bunte und faszinierende Stadt Nyala dicht an der Grenze zum Tschad und dann noch weiter in die Berge von Jebel Marra.
Als ich sieben Wochen später nach El Fasher zurückkam, war ich erschöpft. Ich hatte eine Ohrinfektion, ständig leichtes Fieber, mehr als fünfzehn Pfund Gewicht verloren, und das Schlimmste von allem war, daß meine Haut aufgrund der intensiven Sonneneinstrahlung in einem sehr geschädigten Zustand war. Ich brauchte sofort ärztliche Behandlung, Salbe für meine Haut, vernünftiges Essen und viel Zeit im Schatten, damit meine Haut heilen konnte. Ich besaß fast kein Geld mehr und wollte nun dringend nach Khartum zurück.
Ich kam am späten Vormittag in El Fasher an. Nirgends war irgendein Fahrzeug zu sehen, das mich zum Flughafen bringen konnte. Um wenigstens der Mittagssonne zu entgehen, machte ich mich sogleich zu Fuß auf den drei Kilometer weiten Weg, mühsam meinen schweren Rucksack schleppend.
Fiebernd und erschöpft erreichte ich mein Ziel. Nachdem ich mich eine Stunde lang im Schatten eines mageren kleinen Baumes ausgeruht hatte, suchte ich den Schalter auf, wo Flüge gebucht wurden. Am Schreibtisch saß ein zartknochiger junger Sudanese mit riesigen, ausdrucksvollen Augen. Er sah meinen Flugschein an, dann meine Papiere, dann mich.
»Reisen Sie allein?« fragte er zögernd. Ich bejahte das. Ein Schatten heftiger Verlegenheit zog über sein sensibles Gesicht, und er sagte: »Ich kann Ihnen ohne Genehmigung des Flughafendirektors keinen Sitz in einem Flugzeug geben. Sie müssen in seinem Büro mit ihm sprechen.« Er zeigte mir das entsprechende Zimmer ein kurzes Stück weiter den Gang entlang.

In diesem Büro saß ein krötenähnlicher Mann hinter dem Schreibtisch. Er schien unmäßig erfreut, mich zu sehen, und ließ sofort Limonade bringen. Ich sagte ihm, ich würde gern so bald wie möglich nach Khartum zurückkehren, sei krank und benötige ärztliche Behandlung. Er schnalzte mitfühlend mit der Zunge und meinte, das könne alles sehr einfach arrangiert werden. Leider sei für die nächsten vier Wochen jedes Flugzeug völlig ausgebucht, aber sicher könne man irgendeine Lösung finden. Wir könnten die Angelegenheit heute abend beim Essen in seinem Haus besprechen.
Ich protestierte, ich könne unmöglich zu Fuß wieder in die Stadt zurücklaufen, und er antwortete, das sei überhaupt kein Problem. Er werde einen Regierungswagen mit Fahrer schicken, um mich zu transportieren. Ich werde es in seinem Haus sehr bequem haben, bis ein Flug arrangiert werden könne.
Allmählich wurde mir klar, daß die Kröte auf ein Pfund von meinem Fleisch aus war. Ich schüttelte nachdrücklich den Kopf und stapfte aus dem Zimmer.
Müde ging ich den Gang entlang und zerbrach mir den Kopf, wie ich mich aus dieser abscheulichen und unvorhergesehenen Zwangslage befreien könnte. Als ich an seinem Schalter vorbeikam, rief der Angestellte, der die Reservierungen vornahm, mich leise an, zog mich in sein Büro und schloß hinter uns die Tür. Er entschuldigte sich dafür, daß er mir hatte zumuten müssen, was seiner Meinung nach bestimmt eben passiert war. »Es steht nicht in meiner Macht, Ihnen einen Platz zu beschaffen«, sagte er unglücklich. Ich sagte ihm, ich verstünde das, müsse aber einen Weg finden, aus El Fasher herauszukommen, und zwar schnell. Ich wußte, daß einige weitere Tage in der brutalen Wüstensonne auf einem Lastwagen sehr schwerwiegende Folgen für meine schon geschädigte Haut haben konnten.
»Er wird Ihnen einen Platz geben, wenn Sie ihm dreihundert Pfund geben«, schlug der Angestellte vor. »Und wenn ich keine dreihundert Pfund habe?« fragte ich. Er wirkte peinlich berührt. »Nun«, fuhr ich fort, »ich habe keine dreihundert Pfund, die ich ihm geben könnte. Ich habe nicht einmal zwanzig. Das Geld, das ich auf diese Reise mitgenommen habe, ist weg.«
»Ich habe eine Idee«, sagte er. »In zwei Stunden kommt eine Maschine, und sie fliegt nach Khartum. Ich kenne den Piloten, er ist ein

feiner und anständiger Mann. Stellen Sie sich in die Nähe des Gates, wenn das Flugzeug landet, und versuchen Sie, mit ihm zu reden. Vielleicht kann er Sie mitnehmen. Er heißt Dilassio.«
Ich fuhr beinahe aus der Haut vor Freude. Dilassio! Den kannte ich doch! Ich hatte ihn im Aarak-Hotel kennengelernt, wo mein Freund, der Buschpilot, wohnte. Seine Suite lag auf dem Gang gleich darüber. Er war ein hakennasiger, dürrer französisch-libanesischer Mann mit eifrigem, freundlichem Gesicht und glücklich, daß seine neue, auffallend hübsche englische Braut soeben zu ihm nach Khartum gekommen war. Alle Leute, die ihn kannten, hatten seine bemerkenswerte Großzügigkeit und Bereitschaft erlebt, für beinahe jedermann alles nur mögliche zu tun.
Ich schüttelte meinem jungen Freund die Hand und dankte ihm für seine freundliche Hilfe. Er schaute den Gang auf und ab, um sicher zu sein, daß niemand sah, wie ich sein kleines Büro verließ und in den Schatten meines mageren Bäumchens zurückkehrte, um auf die Ankunft des Flugzeuges zu warten.
Zur rechten Zeit hörte ich es über dem Flughafen kreisen, und dann landete es. Die Tür öffnete sich, die Passagiere stiegen aus, und ein paar Augenblicke später, als ich nicht weiter als sieben Meter vom Gate entfernt stand, sah ich Dilassio aus seiner Tür auftauchen. Er erkannte mich auf der Stelle und winkte entzückt. Ich machte eine Geste, und sofort kam er zu mir. Rasch erklärte ich ihm die Situation.
»Ach, das ist überhaupt kein Problem«, sagte er, offensichtlich überglücklich, helfen zu können, »ich habe das Recht auf eine siebenköpfige Besatzung und nur sechs Personen an Bord. Im Cockpit gibt es einen freien Sitz.«
Ich wartete, während er sich um einige Papiere kümmerte, und als er fertig war, gingen wir zusammen auf die Treppe zu, die zur Flugzeugtür führte. Die Kröte hatte sich bereits am Gate postiert und nahm persönlich die Tickets aller Passagiere entgegen, die an Bord gingen. Als ich näher kam, versperrte er mir mit seinem Körper den Weg. »Sie haben keinen Platz in dieser Maschine«, schnaubte er.
»Es gibt einen freien Sitz im Cockpit. Ich nehme sie als Besatzungsmitglied mit«, sagte Dilassio mild.

»Das können Sie nicht tun«, krächzte die Kröte arrogant. »Ich lasse das nicht zu. Sie ist nicht qualifiziert.«

»Das zu entscheiden, ist meine Sache«, antwortete Dilassio. »Ich bin der Kapitän des Flugzeugs. Ich wähle meine Besatzung selbst aus.«

Er schob sich an der Kröte vorbei, die vor Wut und Frustration auf und ab hüpfte. Ich hatte so ein Hüpfen noch nie wirklich gesehen und beobachtete die Darbietung fasziniert und mit offenem Mund.

»Das Ticket!« schrie er triumphierend. »Sie haben kein Ticket!«

Ich grinste breit, zückte mein Ticket und hielt es ihm unter die Nase. Knurrend riß er es mir aus der Hand, und ich segelte an ihm vorbei die Treppe hinauf und in das Cockpit meiner geflügelten Befreiung.

Als wir starteten und Khartum ansteuerten, saß ich auf dem Sitz des Navigators hinter Dilassio. Über das Brüllen der Motoren hinweg rief ich ihm zu, ich verstünde, warum seine schöne englische Braut ihn liebe, und er strahlte glücklich. Die Stewardeß kam und brachte mir Unmengen Limonade, Tee und kleine Leckereien. Ich muß ziemlich ausgehungert ausgesehen haben.

Mein Teufelchen war im siebten Himmel.

Lightfoot

Ich muß ein Geständnis ablegen. Ich bin einer Lüge schuldig. Es war keine große Lüge, keine grobe Falschheit, die irgend jemanden verletzte oder betrog oder erniedrigte. Es war nur eine kleine Lüge, geboren aus einer Kindheitsschwäche, die ich inzwischen längst besiegt habe. Wenn ich heute darauf zurückschaue, sehe ich, daß es eine insgesamt menschliche Erfindung war, basierend auf alten, ungelösten Ängsten und auf Stolz und einer allzu lebhaften Phantasie. Gewiß, sie brachte mir Liebe ein, aber sie schenkte anderen auch ein gewisses Maß an Freude und Vergnügen, also war sie keine böse Lüge. Ich sage das nicht, weil ich das, was ich tat, leugnen oder entschuldigen wollte, sondern weil ich weiß, daß das wirklich stimmt. Ich bin zuversichtlich, daß man mir mein Vergehen verzeihen wird.
Wenn man ein Buch wie dieses schreibt, ist man wie eine offene Wunde. Man ist wie eine Frau beim Gebären. Man kann nicht schwindeln. Man ist der Gnade seiner Erinnerungen und seines Unbewußten ebenso ausgeliefert, wie man der Gnade seines Körpers ausgeliefert ist, wenn die Wehen beginnen. Ein Buch ist wie ein Lebewesen. Der Schmerz, Leben zu schaffen, kann schrecklich sein, aber er wird transzendiert und vergessen, wenn man erst geboren hat. Dann erscheint es wie ein Wunder, und wenn man sein Werk erblickt, staunt man: Ist das aus *mir* gekommen?
Hier nun die Quelle meines Schmerzes.
Als ich dreiunddreißig war, erlitt ich eine schreckliche Knieverletzung, die mein ganzes Leben überschattete. Aus einer überaus energiegeladenen, sportlichen jungen Frau wurde ich zu einem halben Krüppel, dessen Aktivitäten immer größeren Einschränkungen unterlagen. Mein geschädigtes Bein konnte jederzeit unter mir nachgeben. Die Ärzte sagten mir, bei jedem Menschen über vierzehn Jah-

ren sei der Zustand inoperabel, und beim damaligen Stand der Wissenschaft stimmte das wahrscheinlich.
Mein Mann, zu der Zeit vierzig Jahre alt, hatte sich zu einem ewigen Studenten entwickelt. Wir hatten absolut kein Geld, und obwohl niemand jemals daran dachte, mir eine prothetische Vorrichtung vorzuschlagen, wären die Kosten dafür damals auch unerschwinglich gewesen. Zumindest glaubte ich das, und das reichte.
Früher in meinem Leben war ich auf eine andere, wesentlich bedeutsamere Weise verkrüppelt worden. Ich konnte nichts für mich selbst verlangen. Bis auf den heutigen Tag fällt mir das entsetzlich schwer. Ich glaube, der Ursprung dieses merkwürdigen Zuges liegt in der Tatsache, daß einer der Hauptgründe für den Streit zwischen meinen Eltern das unablässige, schrille Verlangen meiner Mutter nach Dingen war, die mein Vater ihr eindeutig nicht geben wollte (oder konnte). Um seine Gunst zu gewinnen – denn damals war er der einzige Verbündete und die einzige Liebesquelle, die mir zur Verfügung standen –, war es zwingend erforderlich, daß ich in jeder möglichen Hinsicht ihr totales Gegenteil wurde.
Ich erinnere mich nicht, als Kind jemals irgend jemanden um etwas gebeten zu haben, außer einmal, als ich zwölf Jahre alt war. Da war ich gerade erst in die Vereinigten Staaten eingewandert, und weil ich so sehr ein Gefühl der Zugehörigkeit brauchte, entschloß ich mich eines Tages, bei den Pfadfinderinnen einzutreten. Dazu mußte ich eine Uniform kaufen, und ich hatte keinen einzigen Penny, der mir gehörte.
Zwei Wochen lang rang ich mit mir und suchte verzweifelt nach einem annehmbaren Rahmen, in dem ich meinen Vater um das Geld bitten könnte. Endlich, entsetzlich beklommen und stotternd, fragte ich ihn nach den vier Dollar, die die Uniform kosten würde. Er dachte ein oder zwei Sekunden darüber nach und lehnte dann kategorisch ab. Er erklärte, ich gehöre nach Hause.
Das war das letzte Mal, daß ich mich erinnere, jemand um etwas gebeten zu haben. Wie konnte ich meinen kämpfenden Studenten von Ehemann bitten, das Geld für eine Schiene für mein Bein aufzubringen? Ich hatte zwei kleine Babys, und das ließ ihn auf meinen Wunsch, mir eine Arbeit zu suchen und eigenes Geld zu verdienen, wie auf eine entmannende persönliche Beleidigung reagieren. Ich

lebte unter dem intensiven Zwang, eine perfekte Ehefrau zu sein, um einen Vater, dessen Sklavin ich psychologisch noch immer war, zufriedenzustellen, und daher akzeptierte ich den Anspruch meines Mannes und lebte weiter in schuldbelasteter, stumm enttäuschter und schmerzgequälter Armut.

Mein Mann und ich paßten sexuell überhaupt nicht zueinander. Ich war lautlos unglücklich und unterdrückte rücksichtslos alle Gefühle, die der festen Überzeugung widersprachen, ich sei vollkommen zufrieden trotz der fast totalen physischen und emotionalen Ablehnung, der mich diese Ehe unterwarf. Schließlich war sie weit besser, als meinesgleichen verdiente, und mehr zu verlangen wäre nicht nur müßig gewesen, sondern, wie ich mir bald einredete, völlig abnorm und pervers. Ich hatte nie gelernt zu bitten, und so diente meine Ehe nur dazu, meine Gefühle von Wertlosigkeit und Selbstverachtung zu verstärken.

Erst viele Jahre später wurde mir klar, wie häufig diese Krankheit damals unter Frauen war. Wir lernten einfach, unsere eigenen Strebungen, Begabungen und Wünsche zu unterdrücken, um die Egos der Männer aufzuplustern, von denen wir dadurch hilflos abhängig wurden.

Vor gar nicht langer Zeit sah ich in einer Zeitschrift einen Artikel, in dem Äußerungen mehrerer Männer über ihre gescheiterten persönlichen Beziehungen mit den wichtigen Frauen in ihrem Leben wiedergegeben wurden. Eine unverblümt aufrichtige Feststellung erregte meine Aufmerksamkeit. »Wir haben geheiratet«, hieß es darin. »Sie behandelte mich wie Gold, und ich behandelte sie wie Dreck. Sie widmete ihr Leben der Aufgabe, mir Auftrieb zu geben, und ich kritisierte und machte alles schlecht, was sie tat, und schrieb ihr vor, was sie denken und tun und fühlen durfte. Ich dachte, das sei Liebe, so sollten die Dinge sein. Und als es auseinanderfiel, konnte ich nicht verstehen, was schiefgelaufen war.« Als ich den Bericht dieses Mannes las und seine verwirrte Traurigkeit fühlte, empfand ich einen gewissen Frieden.

Zehn Jahre ging mein Leben so weiter. Inzwischen hatte ich angefangen, als Englischlehrerin an einer High School zu arbeiten, unsere finanzielle Situation hatte sich folglich etwas gebessert, und als mein Bein so schlimm wurde, daß es mich bei der Arbeit behinderte,

konsultierte ich einen anderen Arzt. Er kam aus einem nahöstlichen Land, und zweifellos hatte er nur sehr wenig Erfahrung mit gebildeten oder unabhängigen Frauen. Er sagte, mit neuen Techniken sei mein Bein nun operabel, die Operation müsse *sofort* vorgenommen werden, und ihr Ergebnis hänge nur von einer einzigen Sache ab: Ich müsse haargenau alles tun, was er mir sage.
Mein verantwortungsvoller Job hatte mich inzwischen zu so viel Selbstbehauptung befähigt, daß mir der Klang dieser Worte nicht gefiel, und daher konsultierte ich noch einen weiteren Arzt, der empfohlen wurde, weil er bei Knieproblemen wie meinem eine hohe Erfolgsquote aufzuweisen hatte. Er sagte, der Zustand sei operabel, und die Operation müsse nicht sofort vorgenommen werden, aber es wäre vermutlich gut, sie recht bald zu machen, ehe die beschädigten Strukturen sich noch weiter abbauten.
Ich war überglücklich und ging ins Krankenhaus wie zu einer Hochzeit. Die Operation umfaßte eine Verpflanzung eigenen Knochenmaterials aus einem anderen Teil des Knies. Ich erwachte aus der Narkose, sobald ich in das Aufwachzimmer gebracht wurde, setzte mich mit völlig klarem Kopf sofort und mühelos auf und kümmerte mich darum, einen kleinen, verängstigten Jungen im benachbarten Bett zu trösten, sehr zum Erstaunen der Schwestern.
Der unglaublich rasche Fortschritt meiner Genesung überraschte und entzückte alle. Nach sieben Wochen wurde mir der Gips abgenommen, und ich wollte wieder zur Arbeit gehen, doch als ich mich einmal nachts im Schlaf umdrehte, spürte ich einen sengenden Schmerz im Knie. Es war das verpflanzte Knochenstück, das sich aus seiner Verankerung gelöst hatte.
Mein Körper hatte seinen eigenen Knochen abgestoßen, eine ziemlich unerhörte Sache. Die Ärzte, die mich untersuchten, konnten kein Anzeichen für irgendeine Verletzung und auch keine andere Erklärung für das finden, was geschehen war. Ich selbst sollte die Gründe auch erst einige Zeit später begreifen.
Ich wurde wieder in den Operationssaal gebracht und das Knie nochmals operiert. Diesmal wurde das verpflanzte Knochenstück mit Metallschrauben fest verankert.
Ich erinnere mich, wie ich vergeblich aus der Narkose zu erwachen versuchte und immer wieder das Bewußtsein verlor. Ich war in

einem Alptraum tiefster Verzweiflung gefangen. Mehrmals nahm ich undeutlich wahr, daß Menschen versuchten, mich zur Besinnung zu bringen, aber anscheinend konnten sie meinen Körper nicht ins Leben zurückzwingen. Ich ließ mich passiv näher und näher an den Rand des Vergessens treiben, und nur eine drängende Stimme in meinem Kopf, die forderte, ich solle um mein Leben kämpfen, die darauf beharrte, ich dürfe nicht so sterben und werde von meinen Kindern gebraucht, ließ mich weiteratmen. Wieder und wieder versuchte ich, den Kopf zu heben, und als ich mich schließlich wieder ins Bewußtsein zwang, war es Morgen. Der Kampf zwischen den Kräften des Todes und den Kräften des Lebens um meinen Körper hatte fast vierundzwanzig Stunden gedauert.
Irgendwann im Laufe der quälend schmerzerfüllten, schlaflosen Nacht, die darauf folgte, schrieb ich auf die unberührte Weiße meines Gipsverbandes: »Auch das wird vergehen.« Aber ich glaubte es nicht mehr.
Das Trauma, meine Hoffnungen auf einen wieder normalen Körper vereitelt zu sehen, zusammen mit den Nachwirkungen der Narkose, hatte die rigide Selbsttäuschung zerbrochen, meine Welt sei die beste aller möglichen und meine Ehe so gut, wie eine Ehe nur sein könne. Mit herzzerreißender Klarheit erkannte ich, warum mein Bein sich geweigert hatte, den verpflanzten eigenen Knochen anzunehmen. Mein Körper zerstörte sich selbst. Die angehäuften Schädigungen meiner Psyche durch meine eigene gestörte Körperchemie, der allumfassende Krieg im Heim meiner Kindheit im bizarren Rahmen einer Gesellschaft, die mir keine andere Wahl ließ, als ihre Definition meiner selbst als Untermensch zu akzeptieren, und meine abgrundtief einsame und lieblose Ehe hatten mich unwiderruflich eingeholt. Ich wollte nicht mehr leben.
Es folgten neun weitere Jahre physischer und emotionaler Behinderung, in denen verschiedene Versuche, das Knie wiederherzustellen, scheiterten und ich mich erneut einer Operation stellen mußte. Dumpf schleppte ich mich durchs Leben und versank tiefer und tiefer in Depressionen. Ich sehnte mich danach zu sterben, wußte aber, daß ich meine Kinder nicht im Stich lassen konnte.
Ich litt heftig und zunehmend stärker unter Schlaflosigkeit, und wann immer ich endlich gegen Morgen in einen unruhigen Schlum-

mer sank, träumte ich unablässig denselben wilden, hoffnungslosen und hektischen Traum: Ich rannte und rannte und rannte.

Endlich, nach fünf Operationen, verheilte das geschädigte Knie und hielt zusammen wie durch irgendeine großmütige Begnadigung oder ein Pardon. Eines Tages begann ich tatsächlich zu laufen. Zuerst war es nur ein ungleichmäßiges, deformiertes Hoppeln über vielleicht fünfzig Schritte. Passanten, die meine bizarren Bewegungen sahen, lachten oder wurden wütend.

Um diesen Begegnungen auszuweichen, begann ich vor der Morgendämmerung auf der Bahn zu erscheinen, wenn sie noch ganz verlassen war. Während ich hartnäckig dahintorkelte und mich um Schwung bemühte, pflegten plötzliche Asthmakrämpfe meine Luftröhre wie mit einem eisernen Band zusammenzuziehen, und ich tobte gegen sie, spie Flüche in den Wind auf den noch immer wuterfüllten Geist meines Vaters, dessen Gegenwart weiter wie eine giftige Wolke über mir hing. »Laß mich in Ruhe, du abscheulicher alter Bastard«, keuchte ich erstickt. »Du kannst mich nicht mehr verletzen, verdammt! Du bist tot wie Dreck, und ich lebe noch! Du kannst in der Hölle verfaulen! Der Rest meines Lebens gehört *mir*!«

Dann fühlte ich, wie die gesegnete Luft wieder in meine Lungen strömte, und zum ersten Mal in meinem Leben füllte der süße Geschmack des Sieges meinen Mund.

Nach und nach, im Laufe von freudig erregten Monaten wilder Hoffnung, wurde mein Körper gerader, meine Beine stärker und gleichmäßiger, und ich begann richtig zu laufen. Schließlich war ich fähig, keuchend eine ganze Runde auf der Bahn zurückzulegen, dann gleichmäßig atmend zwei, dann vier, dann mehr und mehr und mehr. Nach sechs Monaten vermochte ich ohne größere Anstrengung neun Kilometer zu laufen, und die Endorphine, die mein entfesselter Körper reichlich erzeugte, befreiten mich von meiner Depression. Zum ersten Mal seit vielen Jahren konnte ich friedlich schlafen.

Stephanie, meine sonnige Sylphide von Tochter, glitt täglich geschmeidig neben mir her, als tanze sie die Rolle meines Schutzengels. Gelegentlich begleitete uns ihre Freundin Marie, eine angehende Meisterläuferin. Die Präzision, mit der sich ihre glänzenden,

kraftvollen Beine bewegten, war ein wundervoller Anblick. Die beiden jungen Frauen mit ihren prächtigen Körpern waren sicherlich die unwahrscheinlichsten Laufgefährtinnen für jemanden wie mich. Doch beide erhielten beständig die liebevolle Fiktion aufrecht, unser gemeinsames Training sei nichts Ungewöhnliches und sie begleiteten mich nur zu ihrem eigenen Vergnügen. Ihre Ermutigung regte mich zu nur noch größerem Bemühen an.
Ich begann, an Rennen über mittlere Distanzen teilzunehmen, und merkte bald, daß kaum andere Frauen über fünfzig mitmachten. Eines Tages blieb ich nach dem Rennen noch da, als die Gewinner verkündet und die Preise überreicht wurden, und ich stellte verblüfft fest, daß ich in der Seniorenklasse der Frauen über fünfzig den zweiten Platz erreicht hatte. Diese schockierende Entwicklung inspirierte mich zu weiteren und konzentrierteren Anstrengungen, und bald gewann ich in meiner Klasse bei jedem Rennen, das ich lief, den ersten Preis. An einem berauschenden, denkwürdigen, feucht-heißen Sonntagnachmittag auf Long Island erreichte ich sogar den zweiten Platz in der Klasse der über Vierzigjährigen, und zwar in einem ansehnlichen Feld viel jüngerer und höchst leistungsfähiger Frauen.
Ich hatte inzwischen an meiner Schule genügend Jahre abgedient, um das Recht auf ein Sabbatjahr zu haben. Meine Kinder waren jetzt groß, mein Körper war wiederhergestellt, meine Verbindung mit meinem Mann hatte sich zu einer gleichgewichtigeren, freundlichen, aber zunehmend entfremdeten Beziehung entwickelt.
Ich beschloß, nun sei die Zeit gekommen, die Gelegenheit beim Schopf zu packen, um meine Freiheit zu gewinnen, und bewarb mich um das Sabbatjahr. Ich nahm mir vor, ein Jahr lang mit dem Rucksack um die Welt zu ziehen. Das war ein ehrgeiziger Plan in Anbetracht der Tatsache, daß ich nie zuvor überhaupt einen Rucksack geschultert hatte.
»Warum versuchst du es nicht zuerst für ein Wochenende?« schlug mein Mann vor. »Nein. Ich gehe für ein Jahr«, antwortete ich. Wenn ich laufen und ein Rennen gewinnen konnte, dann konnte ich alles tun. In meiner Vorstellung war ich unbesiegbar geworden.
Ich erkundigte mich bei meinem Arzt, welche vorbeugenden Impfungen ich brauchte, und erhielt einen Cocktail von Spritzen gegen

Cholera, Tetanus, Gelbfieber und alles andere, was für Reisen in der dritten Welt erforderlich war. Am nächsten Tag lief ich mein letztes Rennen. Anfangs hatte ich große Schwierigkeiten mit dem Laufen, weil der Arm, der die Injektionen bekommen hatte, bei jedem mühsamen Schritt schmerzhaft pochte. Dann kam der zweite Schwung, die unbeschreibliche Freude des Laufens ergriff mich schnell, und ich lief das Rennen in Bestzeit.

Es war Anfang August, ein drückend heißer und feuchter Tag. Während alle auf die Verkündung der Sieger warteten, kam das Pochen in meinem Arm zurück, und plötzlich hatte ich das Gefühl, ohnmächtig zu werden. Ich suchte vage nach einer Stelle, wo ich mich hinlegen konnte, und sah, daß die betonierte Fläche, auf der ich stand, mit Glasscherben übersät war. Ich stützte mich mit beiden Armen auf die erhöhte Plattform, vor der ich stand, um mich aufrecht zu halten. Ich schloß die Augen, hörte etwas, das klang wie ein Kanonenschuß, und dann wurde alles schwarz.

Als nächstes nahm ich undeutlich wahr, daß ich auf dem Boden lag, Leute über mir knieten und es um meinen Kopf herum naß war. Ich konnte kein Glied rühren. Der Kanonenschuß, den ich gehört hatte, war der Aufprall meines Schädels, als ich rückwärts auf den Beton fiel.

Binnen Minuten traf ein Wagen mit freiwilligen Sanitätern ein. Mit unendlicher Zärtlichkeit und liebevoller Fürsorge hoben sie mich auf eine Trage, nachdem sie meinen Hals immobilisiert und mir erklärt hatten, ich dürfe unter keinen Umständen versuchen, ihn zu bewegen, bis Röntgenaufnahmen erweisen würden, ob ich mir den Hals gebrochen und das Rückenmark verletzt hatte.

Eine namenlose junge Läuferin in einem von meinem Blut durchtränkten Hemd saß bei mir und streichelte leise meine Hand, bis ich sehr behutsam in den wartenden Krankenwagen gehoben wurde. Einer der Freiwilligen fuhr mit mir, und ich öffnete ab und zu die Augen, um mich auf sein gütiges, tröstendes Gesicht zu konzentrieren. Verzweifelt versuchte ich, die Gespenster eines unaussprechlichen Alptraums abzuwehren – lebenslängliche Lähmung. Dann entdeckte ich, daß meine Hände und Füße schwach dem Kommando meines Gehirns folgten, sich zu bewegen, und ich schöpfte wieder Hoffnung, daß vielleicht doch nicht alles verloren war.

Im Krankenhaus wurde ich eilig in den Röntgenraum geschoben, und binnen Minuten teilte ein sichtlich erleichterter Arzt mir mit, ich hätte einen Schädelbruch erlitten, aber meine Wirbelsäule sei unverletzt. Nach zwei weiteren Stunden konnte ich schwach meinen pochenden Kopf bewegen.

Ich hatte eine weitere Gnadenfrist gewährt bekommen, und am nächsten Tag traf mein erster Preis im Krankenhaus ein.

Da der Bruch eine Öffnung in meiner Schädeldecke verursacht hatte, wurde ich eine Woche lang massiv unter Antibiotika gesetzt. Weil mein trainierter Körper in guter Kondition war, genas er mit überraschender Schnelligkeit; am Ende wurde ich mit der Warnung aus dem Krankenhaus entlassen, ich müsse damit rechnen, auf unbestimmte Zeit episodisch unter Kopfschmerzen zu leiden, und da mein Hals einem erheblichen Schleudertrauma ausgesetzt gewesen sei, werde auch er mir sicherlich weitere Probleme bereiten. Wenn ich versuchte, wieder zu laufen, könne das den Zustand nur verschlechtern. Man riet mir dringend, es aufzugeben.

Es war ein schwerer Verlust. Um nicht allzusehr zu trauern, studierte ich Karten von Europa, wo ich meine Reise hatte beginnen wollen. Ich hatte das Gefühl, gegen die Zeit zu kämpfen und daß ich, wenn ich dagegen ankommen wollte, es gleich tun mußte, ehe die unvermeidlichen Halssymptome einsetzten. Kaum war ich aus dem Krankenhaus entlassen, setzte ich die Vorbereitungen für meine geplante Reise fort, als sei nichts geschehen. Wenn ich nicht mehr laufen konnte, würde ich gehen, und zwar über einen möglichst großen Teil dieser Erde.

Ich wußte, daß ich auf der Suche nach Wurzeln nach Deutschland zurückkehren würde, auf der Suche nach irgendeiner Lösung, auf der Suche nach Verständnis, Vergebung und Frieden. Es war vierzig Jahre her, seit ich mein Zuhause in Hamburg als staatenlose Unperson verlassen hatte, und ich wollte die Geister austreiben, die mich noch immer plagten. Ich merkte, wieviel ungelöste Angst ich noch empfand, und kam zu dem Schluß, daß ich mir eine emotionale Krücke würde schaffen müssen, auf die ich mich stützen konnte.

Ich mußte eine neue Identität finden. Ich wollte meinen Ehenamen überhaupt nicht mehr und empfand nur Widerwillen gegen den, den mein Vater mir gegeben hatte. Ich mußte mich selbst neu erschaffen, ein neues Wesen hervorbringen, und so durchbrach ich die Hülle, aus der ich herausgewachsen war, wie eine sich häutende Schlange.

Mein ganzes Leben lang haben mich die Leute irrtümlich für eine Indianerin gehalten. Als ich mich in Washington D.C. durchs College arbeitete, trug ich mein langes, ungewöhnlich dichtes und sehr glattes Haar oft in zwei dicken Zöpfen auf dem Rücken. Bei meinen adlerartigen Zügen, den hohen Wangenknochen und dem kupferfarbenen Teint war es leicht, meine Ursprünge zu mißdeuten. Manchmal sprach mich hoffnungsvoll ein europäischer Tourist an und fragte eifrig, ob ich eine echte amerikanische Indianerin sei; ich hatte nie das Herz, ihn zu enttäuschen, sagte immer ja und ließ ihn glücklich nach Hause reisen.

So kam es, daß ich Lightfoot erfand, meinen Großvater aus dem Cayuga-Stamm. In der Geschichte war meine Großmutter nach Amerika geschickt worden, damit sie nicht mit einem sie anbetenden russischen Juden durchbrannte, den sie liebte, den aber ihre bürgerliche deutsch-jüdische Familie als nicht standesgemäß ansah. Dieser Teil der Geschichte stimmte tatsächlich, nur daß die arme, schüchterne junge Frau mit dem gebrochenen Herzen keineswegs in die Vereinigten Staaten geschickt wurde, sondern nur daran gehindert, den Mann wiederzusehen.

In meiner Version der Geschichte jedoch nahm sie Rache, indem sie einen viel schlimmeren Skandal erregte, als sie Lightfoot kennenlernte, sich in ihn verliebte und ihn heiratete. Er hatte irgendwie mit dem Zirkus zu tun.

Er starb kurz nach der Hochzeit unter mysteriösen Umständen, und sie, verwitwet und schwanger, wurde zu ihrer Familie nach Hamburg zurückgeschickt. Dort brachte sie meine Mutter zur Welt und heiratete schließlich einen Dänen, den ihre Familie billigte, einen Geschäftsmann, der im wirklichen Leben siebenmal Bankrott machte, ehe es ihm schließlich gelang, mit einem Import-Export-Geschäft bescheidenen Erfolg zu haben.

Meine Großmutter war das sechzehnte Kind einer dreiundfünfzigjährigen und inzwischen hoffnunglos ausgelaugten Mutter. Ihre Anfälle von wahnhafter Depression verurteilten sie dazu, in Abständen einen guten Teil ihres Lebens in Anstalten zuzubringen. So-

viel also zum gehobenen Status im Leben dieser unglücklichen Frau.
Ihr guter Ehemann, so ging meine Geschichte, adoptierte meine Mutter als sein eigenes Kind, und da sie hellhäutig, hellhaarig und grünäugig war, zweifelte niemand jemals ihre Herkunft an. Lightfoots Gene – oder in Wirklichkeit eher die Gene eines Mitglieds der Horden von Dschingis Khan – manifestierten sich erst eine Generation später in mir. Das war alles, was ich wußte, da meine Großmutter verständlicherweise nicht gern über dieses Kapitel ihres Lebens sprach, sondern es lieber der Vergessenheit anheimgab. Ich hatte es nur durch Zufall entdeckt, als ich auf ein paar alte Familiendokumente gestoßen war und sie danach gefragt hatte.
Es war eine tolle Geschichte. Ich war ziemlich stolz darauf. Die Mühe, sie zu konstruieren, machte ich mir, weil ich dringend eine andere Identität als meine eigene brauchte, und ich nehme an, die Gründe hierfür könnten einen Psychoanalytiker für eine ziemlich lange Weile beschäftigen. Der Name Lightfoot selbst natürlich paßte zu meinen neugeborenen Beinen und wirkte als eine Art Talisman.
In Deutschland hatte ich als Kind, wie jeder aus meiner Generation, genußvoll die Geschichten von Karl May gelesen, einem ungeheuer populären Romanautor, der die amerikanischen Indianer liebevoll als fast gottähnliche, prachtvolle, edle Wilde darstellte. Sein stark idealisiertes Bild blieb bei seinen zeitgenössischen Lesern erhalten, und so verharrte Lightfoot zwar in ihrer einstigen Identität als ausgestoßene, vertriebene, minoritäre Unperson, doch wenigstens ein Viertel von ihr wurde in etwas Seltenes und Wunderbares verwandelt.
Ich kann nicht leugnen, daß die Geschichte auch ein kleines, heimliches Element von Rache enthielt. Ich freute mich darauf, insgeheim über die zu lachen, die ich auf diese Weise düpierte.
Natürlich kam alles ganz anders. Als ich nach Deutschland reiste und den ersten Schrecken über die uniformierten Grenzwachen überwunden hatte, verliebte ich mich in viele der jungen Deutschen, die ich kennenlernte, und sie sich in mich. Wir wären mit oder ohne Lightfoot Freunde geworden.
Doch als ich ihnen die Geschichte erzählte, waren sie so bezaubert

davon und erzählten sie so eifrig immer wieder ihren Freunden, daß ich nicht das Herz hatte zu gestehen, daß sie erfunden war. Ich weiß allerdings, daß diese Erfindung eindeutig den Beginn meines Lebens als Geschichtenerzählerin kennzeichnete. Noch immer erinnere ich mich an die junge Frau, die in einer Buchhandlung auf mich zueilte, voller Glück, mich zu sehen, meine beiden Hände faßte und aufgeregt heraussprudelte: »Ich weiß, wer Sie sind! Ihr Name ist *Thundercloud!*«

Ich fand mich also mit dem ab, was offenbar mein Schicksal war. Ich wollte die Rache nicht mehr, sie zu düpieren; ich wollte sie nur noch glücklich machen. Lightfoot wurde Fleisch und Blut. Lightfoot wurde ich.

Ich bin Lightfoot, Lightfoot, die schnelle Läuferin, Lightfoot, die allein durch die Wüste und die Berge Sudans wandert, Lightfoot, die Edle Wilde, die Starke Frau, die auf der nackten afrikanischen Erde schläft. Sie, die frei wie der Wind kommt und geht.

Man könnte argumentieren, daß ich mich mit falschen Federn geschmückt habe und in Wirklichkeit kein Adler bin, wie viele geglaubt haben. Ich bin nur eine Krähe. Doch meine Erfindung war frei von Bosheit, und jetzt habe ich mich in den Wassern der Wahrheit davon gereinigt. Ich bin tatsächlich nur eine Krähe, aber die schlichte Krähe wird von dem Großen Geist sehr geliebt, denn sie vermag Wahrheit zu sprechen. Ich habe gesprochen.

El Shadida

Irgendwo in einem Buch von einem erfahrenen Abenteurer, der mir nicht ganz unähnlich ist, fand ich einen ausgezeichneten Rat, der auf seinen eigenen Erlebnissen bei langen und ungewöhnlichen Reisen abseits ausgetretener Pfade basierte. Er lautete so: Verpasse nie eine Chance auf Sex, und verpasse nie eine Chance, deine Wäsche zu waschen.
Gewiß habe ich nie eine Chance versäumt, meine Wäsche zu waschen. Chancen auf Sex gab es zwar oft zahlreich, aber sie waren meist auf die eine oder andere Weise grausig oder deprimierend. Wundervoller Sex läuft einem nur selten über den Weg, wenn man ständig unterwegs ist, und so gibt man sich, wenn das Ballett der Lebenssäfte einsetzt, oft mit dem Verfügbaren zufrieden.
Tatsächlich ist das gar nicht so schrecklich verschieden von dem, womit man es im gewöhnlichen Alltagsleben zu tun hat. Die meisten von uns müssen eine deprimierend große Anzahl von Fröschen küssen, ehe sie einen Prinzen finden, aber unter normaleren Umständen können wir uns mehr Zeit zur Auswahl nehmen.
Wenn man unterwegs ist, sind alle Begegnungen kurz, und die meisten sind enttäuschend. Doch gerade in einer solchen Situation stellt man fest, daß unter den Bergen von Abfall ein paar Juwelen liegen, die man mit Dankbarkeit und Freude lebenslänglich im Herzen trägt.
Ich will den Leser nicht mit meinen Abfallbergen belasten. Sie waren letztlich nichts weiter als langweilige und unangenehme Episoden, deren lästige Geister ich hier nicht heraufzubeschwören brauche. Da ich mein ganzes Leben lang unter einem Inferno ungestillter Sexualität gelitten habe, räume ich ein, daß sie weit zahlreicher waren, als ich im Gedächtnis behalten möchte, und so ordne ich sie am besten in die allgemeine Kategorie der Fehlurteile ein.

Zu meinen Juwelen gehörte Roy. Ich war erst seit einem Monat auf meiner ersten Reise, und bis dahin hatte ich es noch nicht gewagt, die Sicherheit der vertrauten Sprache in England zu verlassen. Soeben hatte ich von einem Weggefährten gelernt, wie man erfolgreich trampt, und ich erprobte meine neu erworbene Fertigkeit auf der Zufahrtsstraße nach Dover. Man hatte mir gesagt, diese Straße benützten Fahrzeuge zur Fähre, die den Ärmelkanal zum Kontinent überquerte, und eine Anhalterin könne diese Reise kostenlos machen, wenn sie einen Lastwagenfahrer fände, der sie als »zweiten Fahrer« an Bord nahm.

In England war es erstaunlich einfach, per Anhalter zu reisen, besonders für eine reife und offenkundig harmlose Frau. Ich brauchte nie länger als zwei oder drei Minuten, um eine Passage zu bekommen, und häufig hielt schon das erste vorbeifahrende Auto entgegenkommend für mich an. Abgesehen von der Umgebung Londons (und der meisten Großstädte überall auf der Welt) war England unter Rucksackreisenden als sicheres und überaus angenehmes Land für Anhalter wohlbekannt, und meine noch geringen und jungen Erfahrungen bestätigten das.

Kaum hatte ich mich an die Zufahrtsstraße gestellt und nahm meinen Rucksack ab, da hielt auch schon ein riesiger Scandia-Laster etwa dreißig Meter vor mir am Straßenrand mit quietschenden Bremsen ruckartig an. Zweifellos galt das mir. Ich hievte mir meinen Rucksack wieder auf den Rücken und eilte vorwärts. Die Tür auf der Beifahrerseite schwang auf, und als ich sie erreichte, sah ich einen riesigen Bären von einem Mann mit dem Bierbauch des Fernfahrers und einer imposanten, beilförmigen Nase auf dem Fahrersitz. Sein Grinsen war beruhigend gutmütig und freundlich. »Hilfe gefällig, Kleine?« fragte er mit starkem Cockney-Akzent und tiefer Baßstimme, als ich mich mit meinem Rucksack abmühte. Er streckte die massive Pranke aus und schob ihn mühelos unter die Pritsche hinter seinem Sitz; dann zog er mich neben sich in die Führerkabine.

Das war meine erste Erfahrung mit einem so riesigen Fahrzeug, und meine Begeisterung, an einem Aussichtspunkt so hoch über der Straße zu sitzen und auf dem Weg zur Fähre zu sein, überdeckte meine geheime Angst. Als wir auf der Fähre waren, dankte ich dem

Fahrer und gab ihm zu verstehen, ich würde auf Deck bleiben, um die Klippen von Dover in der Ferne verschwinden zu sehen. Roy sagte, er werde sich am Fahrertisch ein paar Biere einverleiben, und wenn ich wolle, könne ich ihn dort finden. Er hatte eine Kabine und bot mir an, mein Gepäck dort in Sicherheit zu bringen. Er reichte mir einen Schlüssel.
Zwei Stunden lang saß ich in einsamer Sicherheit auf dem windigen, eiskalten Deck, dann trat ich zitternd den Rückzug zu der Kabine an, um mir einen warmen Pullover zu holen. Zögernd klopfte ich an die Tür, und als ich keine Antwort bekam, klopfte ich nochmals. Ich steckte den Schlüssel ins Schloß und öffnete vorsichtig die Tür zu dem dunklen Raum. Sie schloß sich hinter mir, und in geringer Entfernung konnte ich unter dem Bullauge eine Doppelkoje erkennen. Plötzlich erhob sich eine riesige dunkle Gestalt aus einer von ihnen, und hastig floh ich aus der Kabine. Den Rest der Reise verbrachte ich in eine entlegene Ecke des Schiffs gekauert, ohne meinen Pullover, und versuchte vergeblich, mich warmzuhalten.
Es war schon fast Nacht, als die Fähre anlegte. Ich hatte angenommen, wenn wir auf der anderen Seite ankämen, wären wir in Calais. Ich wollte meinem Gastgeber danken und mich dann auf den Weg machen, um ein Zimmer für die Nacht zu suchen. Ich wußte nichts über die Lebensweise von Lastwagenfahrern, sonst wäre mir klar gewesen, daß das nicht ging. Wie ich feststellte, lag Calais in einiger Entfernung von der Fähre landeinwärts.
Nachdem wir das Schiff verlassen hatten, fuhren wir noch etwa sieben Kilometer und dann auf einen Rastplatz, wo bereits ungefähr ein Dutzend Lastwagen parkte. Roy stieg aus, um den Lastwagen für die Nacht zu sichern.
Meine Betroffenheit muß ziemlich deutlich sichtbar gewesen sein, als er wieder in die Führerkabine stieg. Wie sollte ich dieses Dilemma lösen? Wohin sollte ich gehen? Was hatte ich zu gewinnen, wenn ich mich am Straßenrand auf den Weg in eine unbekannte Dunkelheit machte?
Roy sah mich einen Augenblick verwundert an. Dann zeigte er mir sein gutmütiges Grinsen und fragte: »Welche willst du? Die obere oder die untere?« Zum ersten Mal sah ich, daß es über der Pritsche hinter seinem Sitz noch eine zweite gab, die an die Wand geklappt

war. Ich atmete tief. »Die obere.« Er verschloß die Türen und sicherte die Fenster. Der Raum über meinem Gesicht auf der oberen Pritsche war nicht größer als der, den ein Sarg geboten hätte. »Könntest du bitte ein Fenster einen Spalt offen lassen?« bat ich. »Ich leide unter Klaustrophobie.« Ich konnte sehen, daß der Begriff ihm fremd war, aber er kurbelte das Fenster ein paar Zentimeter herunter, so daß ich die kühle Nachtbrise im Gesicht spürte. Dann schaltete er das Licht aus. Ich kroch in meinen Schlafsack und hörte ihn einen oder zwei Augenblicke lang auf seiner Pritsche unter meiner herumwühlen. Dann herrschte Stille. Ich war fast sicher, daß er schlief, als ich nochmals seine Stimme hörte. »Du kannst dich wirklich echt schnell bewegen, wenn es dir so paßt«, staunte er. Eine Minute später verriet mir sein tiefer, rhythmischer Atem, daß er schlief.

Am Morgen bereitete er uns auf seinem Kerosinkocher eine herrliche Kanne englischen Tee, und ich fing an, mich in seiner Gesellschaft behaglich zu fühlen. Er fuhr weiter durch Deutschland, Richtung Wien, und weil er ein so sanfter Bär war, entschied ich mich, die Reise mit ihm fortzusetzen. Wir gewöhnten uns an die völlig fremde Redeweise des anderen und begannen, Freunde zu werden. Ich fing an, ihn als durch nichts aus der Ruhe zu bringenden Mann mit interessanten, handfesten Ansichten über die Welt und knochentrockenem englischen Humor zu schätzen. Ich entspannte mich allmählich.

Als wir uns der deutschen Grenze näherten, wurde ich von einer neuen und ganz elementaren Angst ergriffen. Ich hatte gewußt, daß das passieren würde, aber auf das Ausmaß war ich nicht vorbereitet. Ich hatte Deutschland 1938 verlassen, vor vierzig Jahren. Ich war damals elf gewesen, und das Nazi-Regime stand in seiner Blütezeit. Seither war ich nie zurückgekehrt, und meine ganzen Kindheitsängste begleiteten mich noch. Als ich den ersten Blick auf die Grenzposten mit ihren deutschen Uniformen und düsteren Beamtenmienen erhaschte, rang ich nach Luft. Instinktiv griff ich nach Roys Hand und klammerte mich an sie, um Kraft und Trost zu finden. Er preßte beruhigend meine Finger, und der Augenblick der Panik verging.

In dieser Nacht parkten wir in der Nähe eines deutschen »Gasthauses«, in dem es Live-Musik gab, und Roy lud mich großzügig zu Abendessen und Wein ein. Inzwischen hatte ich angefangen, ihn abzuschätzen, und war aus irgendeinem unerfindlichen Grund zu

dem Schluß gekommen, er sei zwar ein lieber und freundlicher Mann, aber vermutlich nicht sehr gut im Bett. Das muß eines dieser populären Stereotype über Engländer gewesen sein, die in meiner Jugend üblich waren und meine Wahrnehmung verzerrten. Am Ende des Abends zog ich mich auf meine obere Sargpritsche zurück, vergrub mich trotz seines leicht verwirrten Ausdrucks in meinen Schlafsack, öffnete das Fenster einen Spalt und floh in den Schlaf. Floh beinahe, aber nicht ganz. Mein Schlaf war von erotischen Träumen durchsetzt.
Am nächsten Tag erreichten wir die österreichische Grenze, wo mehrere Reihen von Lastwagen, die in den Ostblock zurückfuhren, mit leerlaufenden Motoren auf die Zollkontrolle warteten. Ich hörte einen Wagen rechts neben uns auffahren und wie Roy ehrfurchtsvoll murmelte: »Schau dir diese beiden Typen an!«
Ich wandte mich um, um aus dem Fenster zu blicken, und sah zwei Männer mit zähen, alptraumhaft harten slawischen Gesichtern und buschigen, zusammengezogenen Augenbrauen, die böse zu mir herüberschauten. Naiv lächelte ich, und ihre Mienen wurden noch finsterer. Da ich nicht verstand, was da vorging, wandte ich mich, eine Erklärung suchend, an Roy.
»Vielleicht mögen sie es nicht, wenn ihre eigenen Frauen mit Lastwagenfahrern reisen«, nahm er an. »Manche von diesen Bergvölkern haben ziemlich gemeine Regeln, wenn es um Frauen geht.«
Ich nickte, weil ich das wiedererkannte. Es war eine Einstellung, mit der ich nur allzu vertraut war. »In ihren Augen bin ich also eine Hure«, meinte ich.
»Kann sein«, sagte er achselzuckend.
Einen kurzen Augenblick lang erinnerte ich mich an die eigenartige Reaktion meines Vaters, als ich mit achtzehn seiner beengenden Tyrannei entflohen war. Ich war von zu Hause weggegangen, hatte einen Bus nach Washington D.C. genommen, mir ein kleines Zimmer und einen Job als Kellnerin gesucht und mich im College eingeschrieben. Aus irgendeinem unerfindlichen Grund verstärkte die Tatsache, daß ich als Kellnerin arbeitete, seine Überzeugung, ich sei eine Dirne geworden.
Da erwachte plötzlich mein Teufelchen. Ich kramte in meinem Gepäck nach einer Schachtel amerikanischer Zigaretten. Ich hatte sie

auf dem Hinflug im Duty-free-Shop erstanden, obwohl ich selbst keine Verwendung dafür hatte, aber ich wußte, daß ich sie irgendwann würde gut gebrauchen können.
Ich kurbelte mein Fenster herunter und hielt den böse aussehenden Männern das Päckchen entgegen. »American!« zirpte ich freundlich. Beide schauten verblüfft und unsicher. Ich gestikulierte zwischen ihnen und mir hin und her, womit ich andeutete, daß ich ihnen ein Geschenk machen wollte, und lächelte hoffnungsvoll.
Das Fenster auf der Fahrerseite war teilweise geöffnet, und nun ging es langsam noch weiter herunter, und zögernd tauchte eine nikotinfleckige Pranke von einer Hand daraus auf. Das Gesicht, das mir am nächsten war, hatte sich auf wunderbare Weise zu einem scheuen Lächeln verzogen und entblößte dabei zwei vollkommene Reihen blitzender Goldzähne. Der Fahrer nahm das Päckchen, jeder der beiden Männer zog behutsam eine Zigarette heraus, und dann wollte er es mir zurückgeben. Ich gestikulierte, sie sollten alles behalten, und das Lächeln der Goldzähne wurde breiter. Der Beifahrer beugte sich über den massiven Brustkorb des Fahrers und hielt uns eine kleine Schachtel Pralinen entgegen. »Bulgar!« dröhnte er, und dabei zog ein ganz unpassendes scheues Lächeln auch über sein mörderisches Gesicht.
Wir nahmen jeder eine Praline und wollten die Schachtel zurückgeben. »Nyet! Nyet!« beharrten die beiden. Sie wollten, daß wir sie behielten. Inzwischen hatte Roy unter seinem Sitz herumgekramt und eine Flasche Scotch hervorgeholt. »England!« polterte er und hielt einen Daumen hoch, um anzuzeigen, daß es sich um sehr guten Stoff handle. Die Flasche wurde überreicht. Auf der anderen Seite materialisierte sich eine große Flasche Wodka. Inzwischen strahlten sie alle beide. Wir tranken einander zu. Dann fuhr der Lastwagen vor uns an, und wir waren an der Reihe, die Zollkontrolle zu passieren. Wir winkten, sie grüßten, und unsere Wege trennten sich.
Kurz danach erreichten wir Wien. Weil Wochenende war und die deutschen Gesetze Lastwagen am Wochenende das Befahren der Autobahn verboten, parkten wir beim Prater, in der Nähe des berühmten Wiener Vergnügungsparks, zusammen mit etwa einem Dutzend anderer Lastwagen aus ganz Europa. Von ihnen erfuhren wir, unmittelbar auf dieses Wochende folge ein weiterer Feiertag,

an dem dieselbe Regel gelte, so daß sie weder laden noch fahren konnten, und es sah so aus, als würden wir vier Tage festsitzen.
Auf der anderen Straßenseite gingen einige Prostituierte ihrem Gewerbe nach, warteten gleichgültig auf Freier, die in Autos vorbeifuhren, sie aufnahmen und einige Minuten später wieder absetzten. Die Transaktionen erfolgten so bemerkenswert schnell, daß ich beschloß, die Zeit zu stoppen. Der durchschnittliche Zyklus dauerte viereinhalb Minuten. Ich fragte Roy, welche Dienste angeboten würden. Er spazierte auf die andere Seite und kam kurz darauf mit seinem Bericht zurück. »Einmal Blasen mit Gummi«, verkündete er. »Eine Minute bis zum Park, eine zurück.« Der aktuelle Preis war der Gegenwert von zwanzig Dollar. Die anderen Lastwagenfahrer verbrachten den Nachmittag mit müßigem Zusehen und schlossen Wetten darauf ab, welche der Frauen am meisten zu tun haben würde und wie viele Minuten jede Transaktion dauern würde. Außer Trinken und Schlafen fanden sie wenig anderes zu tun.
An diesem Abend gingen wir zusammen mit drei anderen englischen Lastwagenfahrern in eine Bierhalle, und in meinem Arbeiteranzug aus Denim und meinen Wanderstiefeln tanzte ich mit ihnen allen. Wien ist im Grunde eine sehr konservative Stadt mit einigen überaus biederen Verhaltensregeln für Frauen. Ich erntete etliche mißbilligende Blicke, aber das spielte kaum eine Rolle.
Als wir zum Lastwagen zurückkamen, hatte ich beschlossen, die Nacht mit Roy zu verbringen, nicht, weil ich guten Sex erwartete, sondern weil ich ihn so gern mochte und auch wußte, daß es mich beruhigen und trösten würde, einfach neben seinem bärenhaften Körper zu liegen.

* * *

Viele Jahre war ich mit einem Mann verheiratet, dessen Sexualität man in frühester Kindheit unterdrückt und zerstört hatte und der sexuell vollkommen unerfahren war, als er mich im Alter von fünfunddreißig Jahren heiratete. Für eine kurze Weile schien meine eigene sinnliche Natur ihn zu befähigen, ein bescheidenes Maß an persönlicher Befreiung zu erreichen, aber bald kam es dazu, daß er das Feuer, das in meinem Körper loderte, weder verstehen noch aushalten konnte. Allmählich war er tatsächlich völlig überzeugt, es

sei eine Art bösartiger Störung, der dringend abgeholfen werden müsse, und so machte er sich vorsätzlich daran, mich davon zu heilen. Bald gab er mir zu verstehen, der Geschlechtsverkehr sei für ihn physisch schmerzhaft und auslaugend, und infolgedessen vermied er es fast gänzlich, mich zu berühren oder von mir berührt zu werden. Ich konnte nicht verstehen, warum das so war, ließ aber zu, daß er mir einredete, es sei irgendwie meine eigene Schuld.
Danach waren unsere Begegnungen selten, qualvoll und verklemmt. Sie endeten unterschiedslos auf dieselbe erniedrigende Weise. Er pflegte aufzuspringen wie besessen, ins Badezimmer zu laufen und sich alle Spuren meiner Essenz vom Körper zu schrubben. Wegen meiner unglücklichen Erziehung und weil ich wie andere Frauen meiner Generation durch Gehirnwäsche dazu gebracht worden war, die Schuld für alles auf mich zu nehmen, was in meiner Ehe schiefging, hinterließen solche Szenen in mir schließlich die Überzeugung, ich verdiente seinen Abscheu vollkommen und sei auf irgendeine Weise schrecklich abnorm. Ich tauchte tiefer und tiefer in die Depression, wodurch ich zuletzt ständig am Rand des Selbstmords stand.
Sechzehn qualvolle Jahre lang blieb ich ihm treu. Dann begann ich in einem letzten, verzweifelten Versuch, mich zu retten, mir gelegentlich anderswo ein klein wenig Befriedigung zu suchen. Diese seltenen Möchtegern-Fluchten fanden mit Männern statt, die ähnliche Eheprobleme hatten. In jede dieser versklavenden Beziehungen war die Strafe für meine Übertretung schon fest eingebaut. Immer wurde mir nur ein flüchtiger Geschmack von dem gewährt, wie es sein könnte, das zu haben, was ich mir so verzweifelt wünschte; nie wurde meine Sehnsucht befriedigt, berührt, begehrt und für wertvoll gehalten zu werden.

* * *

Als wir die Tür von Roys Lastwagen erreichten, fragte ich: »Roy, möchtest du, daß ich die Nacht mit dir verbringe?« Er sah mich verwundert an und antwortete: »Ich dachte schon, du würdest nie fragen!«
Es war eine denkwürdige Nacht. Irgendwann in dieser Nacht gestand ich ihm, daß ich gedacht hatte, er habe in puncto Lust nicht

viel zu bieten, und auch, daß niemand in meinem Leben mir je genug gegeben hatte. Ich wußte schon seit einiger Zeit, daß ich zu mehrfachen Orgasmen fähig war, und ich hatte auch gelernt, daß Zählen für mich nutzlos war. Wie sich herausstellte, konnte Roy ebenfalls mehrere Orgasmen haben, und seine Erholungszeit schien ungefähr drei Sekunden zu betragen. Ich zählte für *ihn*, und als er bei zehn angelangt war, hatte ich nicht nur genug, sondern konnte mich nicht mehr rühren. »Nicht mehr«, keuchte ich. »Ich kann nicht mehr.«
Er hörte nicht auf. »Also hast du genug? Bist du sicher, daß du genug hast?«
»Ich habe genug, Roy! Ich hab verdammt und wunderbar genug!«
Er fragte noch zwei weitere Male, und dann, als er sah, daß ich einem Zusammenbruch nahe war, ließ er mich schlafen.
Es war eine in vieler Hinsicht denkwürdige Nacht. Sie sprengte ein für alle Male den Wahn, der mir aufgezwungen worden war, ich sei abstoßend und unwiderruflich abnorm. Ich erkannte, daß ich nur ungewöhnlich war.

* * *

Zwei Jahre später, in Khartum, machte man mich darauf aufmerksam, ein Gynäkologe namens Salah Abu Bakr habe im sudanesischen Fernsehen die weibliche Beschneidung unverblümt und mutig verurteilt. Es war nicht leicht, in Khartum irgend jemanden ausfindig zu machen, da das Telefonnetz, vom englischen Kolonialsystem hinterlassen, sich in einem Zustand rapider und progressiver Auflösung befand. Die Apparate, die man auf den Schreibtischen von Bürokraten sah, waren nicht viel mehr als unbrauchbare Statussymbole. So machte ich mich drei Tage lang auf eine Reihe wilder Jagden mit jedem beliebigen Fahrzeug, das ich auftreiben konnte, und landete schließlich in einem kleinen gynäkologischen Krankenhaus in Omdurman, das von Dr. Salah, wie man ihn nannte, geleitet wurde.
Ich erklärte ihm mein Interessengebiet, und als er fragte, wie er mir helfen könne, meinte ich, ich bräuchte eine größere Gruppe von Frauen, die ich interviewen könne. Sofort berief er eine Mitarbeiterversammlung ein. Er wollte sie anweisen, mit mir zusammenzuar-

beiten, und mir zwei sudanesische Dolmetscherinnen zur Verfügung stellen, Krankenschwestern, die in London ausgebildet worden und selbst beschnitten waren und die, wie alle seine Krankenschwestern und Hebammen, nebenbei eine florierende Praxis für weibliche Beschneidung betrieben.

Er sagte mir, als Gegenleistung für ihre Kooperation müsse ich den Frauen alles sagen, was sie von mir wissen wollten, und es sei entscheidend, genauso aufrichtig zu ihnen zu sein, wie ich es mir von ihnen wünschte. Natürlich willigte ich sofort ein.

Zuerst verlief die Mitarbeiterkonferenz so, wie es vorherzusehen war. Es gab viel Aufregung über meine Anwesenheit, und man lauschte mit gespannter Aufmerksamkeit allem, was ich zu sagen hatte. Dr. Salah erklärte meine Mission – ich käme aus einer Kultur, in der Beschneidung nicht praktiziert werde, und würde ihre Fragen beantworten, wenn sie auch meine beantworteten –, und dann war ich auf mich selbst gestellt.

Es folgte ein Moment des Schweigens, und dann kamen zögernde Fragen, ob ich verheiratet sei (ja), Kinder habe (einen Sohn und eine Tochter), sie nicht vermisse (natürlich, schrecklich!) und wie meine Tochter beschnitten worden sei. Als ich ihnen sagte, überhaupt nicht, gab es viel Kopfschütteln und Verwunderung. Ich konnte sehen, daß ihnen das vollkommen unbegreiflich war.

»Überhaupt nicht? Aber warum?« Ich erklärte, das sei etwas, das Frauen in der westlichen Welt einfach nicht täten. Eine weitere Frage folgte. »Wie sind *Sie* beschnitten?« Wieder sagte ich ihnen, ich sei überhaupt nicht beschnitten. »Aber *warum*? War Ihre Mutter Prostituierte?« Nein, das war sie nicht. Wieder: »Aber *warum*? Wie konnte sie Sie in einem so schrecklichen Zustand lassen?« Wieder versuchte ich zu erklären, und wieder gab es viel Kopfschütteln und Verwunderung.

Es folgten ein langes Schweigen und dann eine kurze, dringliche, geflüsterte Unterhaltung zwischen den Hebammen. Endlich erhob sich eine von ihnen. Ihr stolzes, verschlossenes Gesicht wies die tiefsten Stammesnarben auf, die ich je gesehen hatte. Sie machte einen ablehnenden Eindruck und nahm sich Zeit, mich von oben bis unten zu mustern. Dann wandte sie sich hilfesuchend wieder an die anderen Hebammen, die alle ermutigend und drängend nickten.

Ich beugte mich vor, überzeugt, etwas Wichtiges werde gleich passieren, und hielt ihr meine Hände mit offenen Handflächen entgegen. »Sprechen Sie«, sagte ich.
»Wir möchten wissen«, sagte sie und wandte sich wieder hilfesuchend den anderen zu, die alle eifrig nickten, »wir möchten wissen, wie viele Male maximal Sie es in einer Nacht jemals gemacht haben.«
Die Frage traf mich so unerwartet wie ein Blitz aus heiterem Himmel. Mein Gesicht verzog sich zu einem breiten, glücklichen Grinsen der Erinnerung, und fast reflexhaft hielt ich ihnen meine beiden Handflächen mit gespreizten Fingern entgegen. »Ashera (zehn)!« sagte ich.
Sofort herrschten Chaos und Aufruhr. Sie kreischten wild vor Lachen, Erregung, Entzücken, Freude. Es wollte kein Ende nehmen. Nach einigen Minuten gab Dr. Salah den Versuch auf, die Anwesenden zur Ordnung zu rufen, und ließ sie gehen.
Ich bin sicher, daß sie dachten, ich sei die verderbteste Schlampe der Welt. Ich bin sicher, daß ich ihre wildesten Phantasien übertraf. Aber ich hatte erreicht, was ich mir vorgenommen hatte, und das war, ihr Vertrauen zu gewinnen. Die Kooperation, die ich von dieser Gruppe erhielt, war absolut erstaunlich. Ich stellte ihnen die intimsten Fragen, und sie gaben mir unbezweifelbar ehrliche Antworten.
Die Geschichte verbreitete sich wie ein Lauffeuer. Als ich am nächsten Morgen den Wachmann am Tor passierte, sah er mich mit Verwunderung und tiefem Respekt an und fragte leise: »Ashera?«
»Ashera«, erwiderte ich stolz.
Dann, zögernd und hoffnungsvoll, zeigte er auf sich selbst: »Chamsa (fünf)!«
»Ashera!« verkündete ich fest und rauschte an ihm vorbei.
In der Entbindungsstation waren die Hebammen versammelt, und die mit den bemerkenswerten Stammesnarben blickte von den vielgewaschenen Stofftüchern auf, die sie gerade zu Bandagen faltete, und meldete höhnisch: »El Shadida fee (Die Starke ist hier)!«
Dieser Name, El Shadida, ist mir geblieben. Ich habe absolut keine Ahnung, ob er abwertend gemeint war. Schließlich müssen die Hebammen mich mit beträchtlicher Ambivalenz betrachtet haben. Ich rührte an ihren extrem lukrativen Lebensunterhalt und ihre offenkundige Wichtigkeit in der Gemeinde. Doch wie er auch gemeint

war, ich mag diesen Namen. Er hat einen schönen, kühnen Beiklang, und es gab unterwegs Augenblicke, in denen nur meine Kühnheit mich durchbrachte.

* * *

Nach vier denkwürdigen Tagen beim Wiener Prater mit Roy trennten wir uns. Er mußte nach London zurück, und ich war dabei, eine Tour durch Europa zu machen. Inzwischen hatte ich die meisten anderen Fahrer kennengelernt, die beim Prater parkten. Sie waren einer nach dem anderen gekommen und hatten sich erboten, mich zu ihren verschiedenen und oft verlockend interessanten Bestimmungsorten mitzunehmen. Bei einigen von ihnen witterte meine lange und sensible Nase den undefinierbaren, aber unbestreitbaren Duft von Gefahr. Ich dankte ihnen für ihr freundliches Angebot und sagte ihnen sanft, meine Pläne seien andere.
In all der Zeit, die ich mit Trampen verbrachte, habe ich mich immer auf meine Nase verlassen. Sie wurde überaus fein, und immer, wenn sich mir die Tür eines Autos oder Lastwagens öffnete und mir das, was ich roch, nicht gefiel, dankte ich dem Fahrer, sagte, ich hätte etwas vergessen, und eilte in die entgegengesetzte Richtung davon.
Schließlich fand Roy jemanden, der der perfekte Fahrer für mich zu sein schien, einen jungen Dänen mit wunderbar clownshaftem Gesicht, der nach Kopenhagen unterwegs war und dessen Weg ihn durch Polen und die Tschechoslowakei führte. Roy trug mein Gepäck in den Lastwagen des Dänen, half mir auf den Beifahrersitz und schloß die Tür. Als wir abfuhren, sah ich seine stämmige Gestalt zurückweichen und dann verschwimmen, während mir Tränen über die Wangen liefen.
Aber damit war es noch nicht zu Ende. Das Leben bietet uns selten eine ausgewogene Diät. Häufiger muß man entweder mit Festmählern oder mit Hungersnot rechnen. Im Laufe meiner Reisen gab es mehr Perioden scheinbar endloser Hungersnot, als ich im Gedächtnis behalten möchte. Gelegentlich jedoch gab es auch Festmähler. Dies war eines davon.
Frank war einer der glücklichsten Menschen, die ich je in meinem Leben getroffen habe. Dauernd brach er aus schierem Überschwang

in Gesang aus. Er schrieb seine fröhliche Einstellung zur Welt einer wunderbar glücklichen Kindheit zu, unermeßlich verstärkt durch die Tatsache, daß er einer von nur zwei Jungen in einer Klasse von fünfunddreißig Kindern war. Aufgrund dieses überaus eindrucksvollen Ungleichgewichts im Verhältnis von männlich und weiblich hatte er überreichlich Gelegenheit zu sexuellen Experimenten in Kindheit und Jugend gehabt.

In einem Korb hinter dem Fahrersitz führte er einen Schatz dänischer Delikatessen mit sich. Als es Zeit zum Mittagessen war, fuhren wir zu einem reizenden Waldhain, setzten uns auf den mit duftenden Tannennadeln gepolsterten Boden und taten uns daran gütlich. Er war halb so alt wie ich, und seine Jugend war wie eine sprudelnde Quelle. Er war leidenschaftlich glücklich, als sei ich das beliebteste Mädchen der Schule, das geruhte, mit ihm auszugehen.

Wie nicht anders möglich, wurde es dunkel, und als er den Lastwagen für die Nacht herrichtete, sah ich plötzlich, daß es über der Liegefläche hinter den Sitzen keine zweite, eingeklappte Pritsche gab wie in Roys Lastwagen. Meine Entwicklung als verderbte Schlampe war zu dieser Zeit noch nicht genügend fortgeschritten, um diese irritierende Information aufzunehmen, ohne ein bißchen aus der Fassung zu geraten. Ich kletterte aus dem Lastwagen und zog kurz, aber ernsthaft in Erwägung, die Nacht auf dem kalten Boden draußen oder höchstens auf dem Vordersitz zu verbringen. Doch dann kam er auf mich zu.

Als Frank die Arme nach mir ausstreckte, war das so wunderbar und aufrichtig leidenschaftlich und gleichzeitig so hoffnungslos komisch, daß mein ganzer Widerstand dahinschmolz. Ich erlaubte ihm, mich zum Lastwagen zurückzuführen. Sein Körper war, wie ich ihn nie zuvor bei einem Menschen erlebt hatte. Er glühte mit einer fast außerirdischen, intensiven Hitze, und ich hatte das Gefühl, ich hielte eine brennende Fackel in den Armen. Der Duft, den er verströmte, war ebenso bemerkenswert, und ich habe ihn nie vergessen können. Es war, als könne ich nicht tief genug einatmen, um so viel davon in mich aufzunehmen, wie ich wollte. Am nächsten Tag sang er, sang und sang. Er platzte beinahe vor Glück. Frank war in mich verliebt.

Wir fuhren durch die öde, geröllübersäte tschechoslowakische

Landschaft und sahen aufgedunsene, schlecht ernährte Bauern primitive Schubkarren über löchrige Wege schieben. Wir hielten auf einem offenen Marktplatz, um etwas Brot zu suchen. Am Ende des Platzes zeichnete sich bedrohlich eine vieltürmige Kathedrale aus trübgrauem Stein ab. Ich trat durch das roh behauene Portal und sah eine lange, gewundene Schlange von stoisch wartenden älteren Bauersfrauen, die sich durch das ganze Längsschiff der Kathedrale zog. Ihre Gestalten waren durch hartes Leben, Kälte und Unterernährung verkrümmt und schockierend mißgebildet, ihre arthritischen Fingerknöchel geschwollen und wund. Fahle, leblose Haarsträhnen schauten unter fest um den Kopf gewundenen Tüchern hervor.

Am Ende dieser langen Schlange saß ein pockennarbiger, ausgemergelter Priester hustend in einem hölzernen Rollstuhl, ein altmodisches Hörrohr am Ohr, und lauschte der geflüsterten Beichte einer Frau, die neben ihm auf dem eisigen Steinboden kauerte. Ich staunte über dieses Schauspiel. Welche Sünden konnten all diese elenden Frauen wohl dem tuberkulösen, sterbenskranken Priester zu bekennen haben?

Wir hielten in kleinen Dörfern an und versuchten vergeblich, in den bescheidenen Läden etwas zu kaufen. Es gab nichts. An der polnischen Grenze, vor der Fähre nach Kopenhagen, kreisten Zöllner mit Bluthunden den Lastwagen ein, deren erschreckende Aufgabe darin bestand, versteckte menschliche Fracht zu erschnüffeln.

Als wir in Kopenhagen ankamen, bugsierte Frank seinen riesigen Laster geschickt durch enge Straßen und um unmögliche Ecken, um mich direkt vor der Herberge abzusetzen. Wir tauschten Geschenke aus. Ich weiß nicht mehr, was ich ihm gab. Es muß wohl unbedeutend gewesen sein. Er schenkte mir einen Silberlöffel, den ich bewundert hatte, und ich trug ihn lange bei mir, bis ich ihn irgendwo in Afrika verlor.

Frank half mir, meinen Rucksack zu schultern, und ich schritt auf die Tür der Herberge zu. Ich versuchte, mich nicht umzusehen. Immer versuche ich, nicht zurückzuschauen, doch als ich den Laster starten hörte, drehte ich mich zu einem letzten Blick auf das wunderschöne Clownsgesicht um. Ich sah, daß er weinte, und dann wandte ich mich ab.

* * *

Vier Jahre später machte ich meine dritte Reise in den Sudan. Inzwischen war ich eine geübte Afrikareisende mit einem reichen Schatz an Erfahrungen, vollkommener Chuzpe und großer Raffinesse geworden. Ich hatte gelernt, meinen Verstand so effizient wie möglich zu gebrauchen, und falls es noch irgend etwas gab, wovor ich mich fürchtete, so gestattete ich mir nie, mir das bewußtzumachen. Ich war fähig, gefühllos, tüchtig – und ungeheuer einsam bis zur äußersten Verzweiflung. Der Hunger nach Zärtlichkeit tobte derartig in mir, daß ich fast alle Fähigkeit zu schlafen verloren hatte, und dementsprechend wurde mein ohnehin schon dürftiger Lebenswille immer schwächer.

Es war ein ungewöhnlich kalter Winter in Khartum, was bedeutet, daß die Temperatur tagsüber auf fünfunddreißig Grad anstieg und nachts auf zehn Grad fiel. Es war an einem Mittwoch, und mittwochs war die Sauna des Hilton Hotels, Enklave westlicher Zivilisation und Mittelpunkt aller bedeutenden Transaktionen in Khartum, für Frauen geöffnet. Ich hatte gelernt, die Tatsache, daß mein Gesicht inzwischen bekannt war, weidlich auszunutzen, und erledigte einen großen Teil meines Papierkrams im kühlen, luxuriösen Komfort der Halle oder des Cafés im Hilton. Ich betrachtete das Hotel inzwischen als mein Privatbüro, und der größte Teil des Personals glaubte allmählich, ich wohnte dort, und behandelte mich wie einen der Gäste.

Gegen eine kleine Gebühr konnte ich nicht nur die Sauna benutzen, sondern alle Annehmlichkeiten wie heiße Duschen und gute Seife, ein unbeschreiblich seltener Luxus im Sudan. Obwohl ich manchmal Stunden damit zubrachte, mein Haar zu shampoonieren und mich zu pflegen, traf ich nur sehr selten eine andere Frau und genoß die ganze Pracht meistens allein. An diesem speziellen Mittwoch jedoch kamen zwei weitere Frauen zu mir in die Sauna, entweder Ägypterinnen oder Sudanesinnen, die tatsächlich Gäste des Hotels zu sein schienen.

Unter Frauen dieser Kulturen gibt es keine falsche Sittsamkeit. Zu dritt saßen wir dampfend und nackt auf den Bänken und musterten einander. Wir müssen uns gleichermaßen exotisch vorgekommen sein, ich mit meiner behaarten weißen Haut, meinen imposanten Brüsten und meinem buschigen Dreieck, sie mit ihren seidigen, zart-

knochigen Körpern und ihren anatomisch falschen, wie bei einer Barbie-Puppe glatten Schößen. Sie rieben sich gegenseitig mit Öl ein, und als sie es mir anboten, gestattete ich ihnen dankbar, dasselbe mit mir zu tun. Im Sudan schließt man so mühelos Freundschaft, wie man die Augenlider auf- und niederschlägt.
Als ich mit nassen Haaren die Sauna verlassen hatte, betrat ich die völlig leere Hotelbar und setzte mich, um mir einen weiteren wöchentlichen Luxus zu gönnen, ein Glas Wein, während ich darauf wartete, daß mein Haar trocknete.
Auf dem Weg zur Bar hatte ich einen kleinen, häßlichen Afrikaner in schwarzem Hemd gesehen, der mich intensiv anstarrte. Ich habe immer eine Aversion gegen schwarze Hemden gehabt, weil sie Erinnerungen an eine längst vergangene Zeit in Deutschland und an Männer in SS-Uniformen heraufbeschwören, und ich wandte rasch den Blick ab. Als ich spürte, daß jemand auf dem Hocker gleich neben meinem Platz nahm, wußte ich, ohne hinzusehen und etwas ärgerlich, daß das nur er sein konnte.
Einige Minuten versuchte ich, ihn zu ignorieren. Es ist nicht leicht, jemanden zu ignorieren, der so dicht neben einem sitzt, daß man die Wärme seines Körpers spüren kann, vor allem, wenn er die einzige andere Person im Raum ist und beide vor einer großen Spiegelwand sitzen. Schließlich beschloß ich, es sei nicht der Mühe wert, und drehte mich ziemlich entschieden in seine Richtung. Ich sah ihm offen ins Gesicht und merkte sofort, daß mein erster, flüchtiger Eindruck ganz falsch gewesen war. Sein Gesicht war nicht häßlich, wie ich es zuerst wahrgenommen hatte, sondern eher eine faszinierende Komposition aus nicht zueinander passenden Flächen, und seine Augen waren fesselnd lebendig, warm, weise und ungeheuer interessiert. Wir begannen zu reden, und sehr bald war ich in ein intensives Gespräch von einer Vielfalt und Breite vertieft, wie ich sie seit vielen Monaten nicht mehr hatte genießen können.
Sein Name war Pognon. Er war ein Diplomat aus einem kleinen westafrikanischen Land, sprach mehrere Sprachen und hatte an einer Reihe europäischer Universitäten studiert. Sein Benehmen war leise und beruhigend, seine Stimme besänftigend.
Ich kann nicht sagen, wie es passierte, aber irgendwie fiel ich in diese

Augen und in die Essenz seiner afrikanischen Seele hinein. Er war ein absolut ungewöhnlicher Mann von einer Intelligenz und Einsicht, die zu treffen man selten das Glück hat.
Wir sprachen viele, viele Stunden lang, bei einem geruhsamen Abendessen, einem ausgezeichneten Wein und bis tief in die Nacht. Das schwarze Hemd wich mehr und mehr in die Ferne zurück und schien schließlich zu verschwinden. Er schaute mich hilflos an.
»Wenn ich dich nur zwei Wochen früher getroffen hätte. Ich war zwei Wochen lang hier, und mein Flugzeug geht morgen. Wenn ich es nur gewußt hätte.« In seiner Stimme lag nichts Gekünsteltes oder Gespieltes, nur aufrichtiger Kummer.
Auch ich war fast überwältigt vor Kummer und Sehnsucht, und so sagte ich demütig: »Pognon, ich werde heute nacht bei dir bleiben. Ich bin ungeheuer einsam. Ich bin so verzweifelt einsam und niedergeschlagen, daß ich nicht weiß, wie ich weitermachen soll. Ich brauche jemanden, der mir Mut gibt. Wenn eine Nacht alles ist, was wir haben, dann soll es so sein. Ich bin unermeßlich dankbar, das zu haben.«
Er dankte mir leise, und ich sah, daß er vor Bewegung zitterte.
Ich werde Pognon nie vergessen. Jedesmal, wenn ich in dieser Nacht erwachte, spürte ich, wie er zärtlich mein Gesicht streichelte, liebevoll und fürsorglich, wie eine Mutter das Gesicht ihres kranken Kindes streichelt, wie meine Mutter mein Gesicht nie streichelte, wie nur ein anderer Mann jemals zuvor mein Gesicht liebevoll gestreichelt hatte.

Das war, nachdem ich drei Tage und drei Nächte lang mit meinem Sohn, meinem Erstgeborenen, in den Wehen gelegen hatte. Weil während dieser ganzen Zeit keine Dehnung eingetreten war, bekam ich kein Analgetikum, während der Narr, der über das Wochenende für den Kreißsaal verantwortlich war, auf die Rückkehr meines Gynäkologen von seinem Golfwochenende wartete. Er selbst war entweder unfähig, im Notfall einen Kaiserschnitt vorzunehmen, oder hatte nicht den Mut, die Entscheidung zu treffen, dieser sei die einzige Möglichkeit. Offenbar ließ eine Stirnlage keine andere Alternative zu. Der Kopf war inzwischen längst in den Geburtskanal getreten, und nun war es unmöglich, das Baby umzudrehen.

Als der Halbgott in Weiß am Montagmorgen zurückkam, war ich dem Tod nahe, und meinem armen, gequälten Baby ging es nicht besser. Als ich einige Tage später auf eine Waage steigen konnte, war ich schockiert bei der Entdeckung, daß ich in diesen drei Tagen vierzig Pfund verloren hatte, von denen mindestens zwanzig mein eigenes Körpergewicht waren.

Mein Sohn wies etliche Monate lang Zeichen von Streß auf. Noch heute, viele Jahre später, fällt ihm Gelassenheit schwer.

Als sie mich in den Operationssaal rollten, kamen die Wehen so kurz hintereinander, daß nicht mehr als zwei oder drei Sekunden dazwischen lagen, und es war, als würden wir beide gefoltert, wenn der Kopf meines Babys gegen mein Schambein gequetscht wurde.

Sie mußten mir für die Operation eine Spinalanästhesie injizieren, und während wir auf diese kostbaren zwei oder drei Sekunden zwischen den Kontraktionen warteten, in denen eine Nadel gefahrlos zwischen meine Wirbel gestochen werden konnte, reichte mir ein schwarzer Pfleger seine Hände, damit ich mich daran festhalten konnte.

Halb wahnsinnig vor Schmerzen warf ich die Arme um seine Taille, begrub mein Gesicht an seinem Bauch und hielt mich fest, als ginge es um mein Leben. Seine Arme umfingen mich liebevoll und hielten mich, und er streichelte zärtlich mein Haar. Sie injizierten mir das Anästhetikum in die Wirbelsäule, und sobald die Kontraktionen aufhörten, verlor ich das Bewußtsein.

Das war die kürzeste Liebesaffäre, die ich je in meinem Leben gehabt habe, und auch eine der intensivsten. Ich sah diesen Mann nie wieder, aber ich werde mich für den Rest meiner Tage an die Sicherheit und Liebe erinnern, die ich in der dunklen, reichen Zärtlichkeit seiner Arme empfand.

Lange, lange Zeit habe ich vergeblich versucht, ihn in anderen Männern wiederzufinden – nicht unbedingt bei Afrikanern –, und als ich ihn schließlich zum ersten Mal wiederfand, war es Pognon, den ich ebenfalls nie wiedersah.

So ergeht es einem mit Schätzen. So ergeht es einem, wenn man unterwegs ist.

Die Gesichter meiner Geliebten

Zum ersten Mal verliebte ich mich 1950 in eine Frau. Ich war damals dreiundzwanzig Jahre alt und hatte gerade das College abgeschlossen. Der Gegenstand meiner plötzlichen Leidenschaft war eine pummelige, kraushaarige Frau in mittleren Jahren, die an einem Katheder auf einem Podium stand. Sie sprach über einige der Eingeborenenvölker der Welt und die Überlebenschancen der Menschheit im Falle eines Atomkrieges, ein Thema, das aufgrund der besonderen politischen Reibungen der Zeit damals allen ein überwältigendes Anliegen war.
Sie äußerte die Meinung, die Zivilisation, wie wir sie kannten, würde ein so verheerendes Ereignis nicht überstehen, doch zweifellos würden irgendwo auf der Welt vereinzelte Überreste der Menschheit überleben und die menschliche Rasse fortsetzen. Ihre eigene heitere Gelassenheit schien von einer solchen Aussicht ziemlich unberührt, doch das war ihren Zuhörern in dem überfüllten Saal nur ein geringer Trost.
Der Name dieser Überbringerin nicht ungetrübt froher Kunde war Margaret Mead. Die meisten ihrer Zuhörer machten den Eindruck, als wären sie gekommen, um von ihr von der Angst befreit zu werden, sie würden sterben. Ihre fröhliche Beruhigung, die menschliche Rasse werde nicht ausgelöscht und hätte in ihrer langen und nur teilweise aufgezeichneten Vergangenheit schon gleiche oder noch schlimmere Herausforderungen erlebt, schien sie nicht glücklicher zu machen.
Ich war vollkommen hingerissen. Ich hatte nie zuvor eine solche Frau gesehen. Sie repräsentierte für mich alles unter der Sonne, das zu sein ich mir wünschte. Sie hatte Abenteuer in entlegenen Weltgegenden unter vollkommen fremden Völkern erlebt, die ganz andere Begriffe von sich selbst und ihrer Gesellschaft hatten. Sie hatte den

Mut besessen, diese Menschen zu suchen und unter ihnen zu leben, und doch war sie eine Frau. Ich, die ich unter der Gefangenschaft all der familiären, religiösen und gesellschaftlichen Einschränkungen litt, die Frauen meiner Zeit auferlegt wurden, sehnte mich schmerzhaft danach, genauso zu sein wie sie.

Es war das einzige Mal in meinem Leben, daß ich sie je sah. Heute kann ich an sie denken wie an eine Schwester, einen verwandten Geist, aber damals, 1950, war sie mein Idol, meine Heldin und überlebensgroß.

Meine lebhafteste Erinnerung an die ganze Erfahrung ist, daß sie eine besonders faszinierende Gestik hatte, die mir immer einfällt, wenn ich heute Brot backe. Sie nahm eine Frage aus dem Publikum entgegen, und ehe sie darauf einging, schob sie nacheinander forsch ihre Ärmel hoch, als wolle sie eine Schüssel voller Teig kneten. Dann trug sie die Antwort vor.

Seither habe ich mich viele Male verliebt und auf dem Weg viele Schwestern und Töchter gesammelt. Es gibt sogar eine ungewöhnliche Frau in Hamburg, der Stadt, wo ich geboren wurde, die mich auswählte und meine Seelenmutter wurde. Sie hatte einen Artikel gelesen, den ich über das schwere Los der Frauen im Sudan in einer englischen Zeitschrift veröffentlicht hatte. Nachdem sie beim Verlag meine Adresse in Erfahrung gebracht hatte, schrieb sie mir und fragte, ob sie mir in irgendeiner Weise helfen könne.

Wir begannen zu korrespondieren. Ich war entzückt, in ihr eine bemerkenswert interessante, geistreiche, prachtvoll rationale und intellektuelle Briefpartnerin zu finden. Dieser Schatz war ungefähr achtzig Jahre alt. Sie war eine begabte Linguistin und Kunsthistorikerin und hatte in ihrer Jugend ein Universitätsstudium abgeschlossen, zu einer Zeit, als das unter Frauen noch eine Seltenheit war. Ihr Interessenspektrum umfaßte die ganze Welt, und über alles, was im menschlichen Verhalten möglich ist, konnten wir unvoreingenommen miteinander diskutieren.

Wir schrieben uns gegenseitig über unser Leben. Sie hatte das besondere Glück gehabt, von den denkbar zärtlichsten und liebevollsten Eltern erzogen zu werden, die ihr auch bemerkenswert große Freiheit eingeräumt hatten. Während des Krieges waren sie tragi-

scherweise Opfer des Holocaust geworden und spurlos in einem Todeslager der Nazis verschwunden.
Ich schrieb ihr von meinem eigenen Leben und berichtete ihr, mir sei klar, was ich mit dem anfangen wollte, was davon noch übrig war. Als Antwort auf ihre Frage, wie sie mir helfen könne, gestand ich ihr, am verzweifeltsten bräuchte ich jemanden, der an mich glaube und mir irgendwie meinen Wert als menschliches Wesen bestätige. Kurz, ich sagte, ich bräuchte eine spirituelle Mutter.
Unsere knospende Freundschaft erwies sich als Geschenk des Himmels. Obwohl Kinder und ihr Schutz vor allen Formen von Mißbrauch ihre vorrangige Leidenschaft seien, schrieb sie als Antwort, hätten ungünstige Umstände sie gehindert, selbst welche zu haben. Sie bot an, die Rolle meiner Mutter zu übernehmen. Ich war hocherfreut, hoffnungsvoll und ebenso von der Angst verzehrt, sie könne sich ihr Angebot anders überlegen. Nachdem ich die Vorbereitungen für meine zweite Reise in den Sudan beendet hatte, überwand ich meine gequälte Beklommenheit und reiste nach Hamburg, um sie in Anspruch zu nehmen.
In den langen Jahren meines Selbsthasses und meiner Selbstzweifel hatte ich oft versucht, mir vorzustellen, wie eine Mutter wohl wäre, die mich ohne Vorbehalte liebte. Ich hatte mir innerlich Vorstellungen von unglaublich wundervollen Geschöpfen gemacht, aber lähmende Angst und Schuldgefühle hinderten mich daran, mich diesen je zu nähern, sogar in meinen Träumen.
Als ich Herta Haas kennenlernte, erkannte ich auf der Stelle, daß der Stoff meiner Träume viel zu dürftig gewesen war. Sie war bildschön mit ihren elektrisierenden blauen Augen und ihrem weichen Gesicht mit der glatten Haut. Sie strahlte wache Intelligenz, Bildung, Selbstbeherrschung, Vitalität, Geist und Güte aus. Sie war kultiviert, charmant, zärtlich und liebevoll, und sie wurde *meine Mutter*.
Heiter ging sie ihre Aufgabe an, eine mehr als fünfzigjährige Tochter zu adoptieren, als sei daran überhaupt nichts Ungewöhnliches. Sie kümmerte sich intensiv um mein Wohlbefinden, und wenn wir zusammen zum Markt gingen, kaufte sie mir Eis, weil man, wie sie sagte, guten Kindern immer Eis kaufen solle. Nachts, wenn ich zu Bett ging, deckte sie mich zu, und ich seufzte zufrieden und schlief

wie ein Baby. Wir verbrachten unsere Tage zusammen, und zu meiner großen Freude schien sie meiner Gesellschaft nie müde zu werden. Es war rührend, lächerlich, entzückend und heilsam. Für mich war es eine blendende Offenbarung. Scheu betete ich sie an und sehnte mich nach nichts anderem auf dieser Welt, als sie stolz auf mich zu machen. Als ich Herta zwei Wochen später verließ, um nach Norwegen zu reisen, nahm ich die Knospen einer neu gefundenen Stärke und Fassung mit. Ihr heilsamer Einfluß hielt über Jahre an, bis ich schließlich genas und ganz wurde.

Wir schrieben uns weiterhin, und wie eine liebevolle Tochter kam ich nach Europa, um sie zu besuchen, wann immer ich die Möglichkeit dazu hatte. Noch heute gehören diese Besuche für mich zu den Glanzlichtern eines Lebens, das inzwischen reich, glücklich und voller Liebe ist.

In Norwegen lernte ich Berit Ås kennen, ein bahnbrechendes feministisches Mitglied der Legislative, das hinter zahlreichen sozialen und gesetzlichen Reformen für Frauen in Norwegen gestanden hatte. Eine starke, weibliche Vitalität ging von ihrem kräftigen, mütterlichen Körper aus, der den Eindruck machte, fest in der Erde ihres Landes verwurzelt zu sein. Sie hatte etwas Ruhiges, Stabiles an sich, das an die Eddas erinnerte, die mächtigen und weisen Frauen der nordischen Mythologie.

Auch sie fragte, wie sie helfen könne, und törichterweise sagte ich, ich bräuchte Mittel, um meine Recherchen fortzusetzen. Ich hatte versucht, in den Vereinigten Staaten Unterstützung zu finden, doch meine Bemühungen waren völlig erfolglos gewesen. Berit sagte mir, sie werde mit den norwegischen Frauen über mein Anliegen sprechen, und kurz darauf überreichte sie mir dreitausend Dollar, die diese Frauen beigetragen hatten.

Hocherfreut dankte ich ihnen, aber es dauerte nicht lange, bis mir Zweifel kamen. Ich war ungeheuer gerührt über Berits Zuversicht und Vertrauen zu mir und den freundlichen und aufgeschlossenen Norwegerinnen für ihre Großzügigkeit wirklich dankbar, aber das Geld hing wie ein Mühlstein um meinen Hals. Es war keineswegs eine fürstliche Summe, und doch wünschte ich mir bald, ich hätte sie nie angenommen. Ich wurde ohnehin schon von meinem persönlichen Dämon angetrieben, und nun hatte ich das Gefühl, Tag und

Nacht arbeiten zu müssen; immer, wenn ich Atem holte und versuchte, mich einen Tag zu entspannen und Spaß zu haben, wurde ich von nagenden Schuldgefühlen überwältigt. Erst nachdem mein Buch erschienen war, hatte ich das Gefühl, meine Schuld beglichen zu haben, und ich gelobte, mich nie wieder jemandem zu verpflichten.
Als ich Oslo verließ, um meine Reise durch Europa zurück nach Afrika anzutreten, wünschte Berit mir Glück und nahm mich zum Abschied in die Arme. Ich werde mich bis zu meinem Todestag an diese Umarmung erinnern. Es war, als schließe die Erdmutter selbst mich in ihre Arme. Ich spürte eine machtvolle Energie von ihr in meinen Körper strömen und hatte das Gefühl, entweder zu sterben oder geboren zu werden, ich konnte es nicht unterscheiden. Die Erfahrung war so überwältigend, daß ich ohnmächtig zu werden fürchtete, als sie sanft ihre Arme von mir löste.
Aber ich wurde nicht ohnmächtig. Ich kehrte wieder einmal nach Afrika zurück, und immer, wenn ich müde und niedergeschlagen war, erinnerte ich mich an Berits Umarmung, und das half mir, Kraft zu finden.

* * *

Im Laufe meines Lebens habe ich die Umstände, unter denen ich in meiner Kindheit lebte, einer Reihe von Fachleuten für seelische Gesundheit geschildert. Bei verschiedenen Gelegenheiten äußerten diese die Auffassung, es wäre nur logisch gewesen, wenn ich mich dafür entschieden hätte, Lesbierin zu werden. Obwohl sich in meiner Beziehung zu Frauen der Kreis geschlossen hat und ich heute eine Reihe von zutiefst bereichernden Freundschaften mit Frauen genieße, habe ich nie eine solche Wahl getroffen. Sexuell hat mich das Leben gebieterisch immer nur in die Arme von Männern getrieben.
Vielleicht sind alle derartigen Entscheidungen eine Folge unserer angeborenen genetischen Ausstattung. Vielleicht hat auch die allumfassende Prägung meiner frühen Kindheit durch meinen Vater ein unumkehrbares Muster geschaffen. Vielleicht werden sogar die Urängste vor Verlassenheit und Tod, die er mir eingeflößt hat, immer da sein.

Doch was die Gründe auch sein mögen, sie spielen keine Rolle mehr. Zweifellos werde ich meine heterosexuelle Präferenz behalten. Dennoch kenne ich heute die Gesichter meiner Geliebten, und indem ich mir meine Freiheit verdiente, habe ich den Mut gefunden, sie zu lieben.

Dein Tod ist immer bei dir

Als ich in der High School in New York unterrichtete, einem gefängnisartigen Gebäude, das auf drei Seiten von innerstädtischen Slums umgeben war, starben viele der jungen Männer, die meine Schüler gewesen waren, im Vietnamkrieg, und ebenso viele meiner Schüler starben zu Hause an Überdosen von Drogen, durch familiäre Gewalt, Krankheiten, Mord oder Selbstmord. Ich pflegte von diesen Todesfällen zu hören, aber ich habe keinen davon miterlebt. In Afrika trägt man seinen Tod immer bei sich, und ziemlich oft starrt einem sein Ungesicht nackt in die entsetzten Augen, wenn man jemanden sterben sieht.
In Kairo sah ich einen Mann von einem überfüllten Bus stürzen, der auf abgefahrenen Reifen wild um eine Ecke schleuderte. Sein Kopf traf den Asphalt und platzte wie eine reife Melone. Er war einer von vielen Menschen gewesen, die sich von außen an die Streben zwischen den Fenstern des Busses klammerten. Der Fahrer hielt an, stieg aus, um ihn sich kurz anzusehen, und kletterte dann wieder in den Bus. Als er anfuhr, hing schon ein anderer Mann an der frei gewordenen Strebe.
Auf dem Weg von Khartum nach Costi brach ein Streit aus zwischen mehreren Stammesangehörigen, die oben auf den Eisenbahnwaggons reisten, und anderen, die heraufzuklettern versuchten. In dem daraus entstehenden Handgemenge wurde ein Mann vom Wagen gestoßen und stürzte kopfüber auf den Boden, wo er reglos liegenblieb, den Kopf in einem unmöglichen Winkel abgeknickt. Der Mann, der ihn gestoßen hatte, sprang vom Waggon und versuchte vergeblich, in die Wüste zu entkommen. Eine Gruppe der anderen verfolgte ihn. Als sie ihn einholten, prügelten sie ihn mit den schweren Kampfstöcken, die sie trugen, zu Tode. Sie ließen seinen zerschmetterten Körper im Staub liegen und kletterten mit der Leiche

ihres Verwandten, der sich den Hals gebrochen hatte, wieder auf ihren Platz auf dem Waggon.

Manchmal steht man plötzlich von Angesicht zu Angesicht dem Unaussprechlichen gegenüber. Das Aarak-Hotel liegt im Schatten einer großen Moschee an einem Platz in der Innenstadt von Khartum in der Nähe der Hauptgeschäftsstraße. Rings um die Moschee, in Sichtweite des Aarak, sitzen schweigend eine Reihe von Bettlern und Leprakranken, die Bettelschalen zu ihren Füßen. Sie hoffen, Gunst in den Augen Allahs zu finden, und beten inbrünstig darum, daß die Gläubigen, die die Moschee besuchen, zur Mildtätigkeit bewegt werden.

Durch die blendende Sonne und den erstickenden Staub des nachmittäglichen Khartum war ich zum Aarak-Hotel gegangen. Ich hatte unlängst einen Buschpiloten kennengelernt, der dort wohnte, und wollte mit ihm sprechen, da ich hoffte, einen Flug nach Juba zu bekommen, einer Stadt jenseits des Sud am Nil, die über Land nur unter größten Schwierigkeiten zu erreichen war.

Ich brauchte eine Weile, um sein Zimmer zu finden, und als ich endlich an die Tür klopfte, hörte ich ihn mit lauter Stimme »Herein« rufen. Er stand am Fenster und beobachtete irgendein Schauspiel unten auf der Straße.

Es gab viel Lärm und Herumgerenne, und alle paar Sekunden ertönte ein durchdringender Schrei. Inmitten der Menge erblickten wir etwas, das wie ein Polizeiauto aussah, und ein paar Männer in Uniform hackten auf etwas ein, das dunklen Holzstöcken ähnelte, und stopften es in einen großen Sack. Die Schreie wurden schwächer und schwächer und verstummten schließlich ganz. Die Männer in Uniform waren mit dem Füllen des Sacks fertig, warfen ihn in ihren Wagen und fuhren davon.

Als sich die erregte Menge schließlich zerstreute, sah ich eine große Blutlache an der Stelle, an der sich die Szene abgespielt hatte. Wir gingen nach unten, um nachzuschauen, und hörten die Beschreibung dessen, was wir vom Fenster aus beobachtet hatten: Ein Wagen hatte einen der Leprakranken angefahren, eine alte Frau, die scheinbar tot auf der Straße liegengeblieben war. Die Behörden waren gekommen, um ihren Leichnam abzutransportieren, und hatten ihn in einen Sack stecken wollen, doch sie stellten fest, daß er nicht hineinpaßte. Da hatten sie eine Axt genommen und angefangen, dem Leichnam die Gliedmaßen abzuhacken. Doch die Frau war nur bewußtlos gewesen, denn plötzlich kam sie zu sich und begann zu schreien. Sie hatten trotz ihrer Schreie fortgefahren, ihr Arme und Beine abzuhacken, und endlich, nachdem sie sie enthauptet hatten, herrschte Stille. Dann hatten sie den Sack mit ihrem verstümmelten Leichnam in ihren Wagen geworfen und waren weggefahren.

Oft und gern sucht der Tod kleine Mädchen heim, wenn die Zeit ihrer Beschneidung gekommen ist. Nur zu häufig wird sie von alten Frauen mit schlechten Augen in dämmrigen Hütten oder Küchen und mit Küchenmessern, abgenutzten Rasierklingen oder Papierscheren durchgeführt. In den meisten Fällen erhält das kleine Mädchen dabei keinerlei Betäubung, und ihre vergebliche, hektische Abwehr kann zu noch schlimmeren Schäden führen als beabsichtigt. Der Tod kann in Form eines Schocks wegen unerträglicher Schmerzen eintreten. Selbst wenn die Kleine zu den Glücklicheren gehört, die von einer ausgebildeten Hebamme eine Injektion zur Lokalanästhesie bekommen, kann sie verbluten, an einer Infektion sterben oder sich durch die unsauberen Gerätschaften, mit denen ihr dieses schreckliche Trauma auferlegt wird, Tetanus zuziehen. Der Tod ist nie sehr fern von kleinen Mädchen, diesen zartarmigen, dünnen Geschöpfen, deren riesige, verwundete Augen von einem Verrat sprechen, den Worte nicht auszudrücken vermögen.

Ich habe nie die Beschneidung eines solchen Mädchens gesehen. Viele Male bot sich mir Gelegenheit, Zeugin dieses Rituals zu werden, aber ich habe immer abgelehnt. Jeder menschliche Organismus hat seine Grenzen, die er nicht ungefährdet überschreiten kann, und ich zog meine Linie hier. Ich konnte nicht freiwillig zusehen, wie ein Kind gefoltert wurde. Es wäre mir unmöglich gewesen, nicht physisch einzugreifen, und ich wußte, daß mein verzweifelter Akt dem Kind überhaupt nichts erspart hätte.

Angetrieben vom Dämon meiner eigenen Erfahrung mit einer schmerzhaften, beinahe tödlichen Geburt, verbrachte ich viel Zeit auf gynäkologischen Stationen und beobachtete die qualvollen Entbindungen, die Folge dieses grausamen Kindheitsrituals sind. Es führt zu hartem, unelastischem Narbengewebe, das aufgeschnitten werden muß, um die Geburt zu ermöglichen, denn es kann sich nicht dehnen. Ich sah, wie Babys tot zur Welt kamen. Ich sah Frauen verbluten. Meine Ohren mußten scheinbar endlose, langgezogene Schmerzensschreie anhören, die mich schwindlig machten und erschütterten.

Die Ärzte auf diesen Stationen waren halb wahnsinnig vor Frustration. Depression und ein überwältigendes Gefühl von Vergeblichkeit hüllten sie ein wie ein Leichentuch.

Eines Morgens betrat ich das Vorzimmer des Kreißsaals, als gerade ein junger Gynäkologe türenknallend herausstürzte. Er starrte mich mit gehetzten Blicken an, sein Gesicht zuckte, sein ganzer Körper zitterte vor Wut und Frustration. »Wie können wir ihnen helfen, wenn sie in einem solchen Zustand herkommen?« keuchte er hilflos und bemühte sich vergebens, die Tränen zurückzuhalten. Er schlug mit der geballten Faust gegen eine Wand. »Es ist nutzlos! *Wir* sind nutzlos!«

Einen Augenblick später gewann er die Beherrschung, um die er gekämpft hatte, zurück und wandte sich um, um wieder in den Kreißsaal zu gehen. Ich folgte ihm. Auf dem Tisch lag eine festlich gekleidete junge Frau, deren Hände und Füße ein kompliziertes Muster aus Henna trugen, wie es sich für eine große Feier ziemt. Sie war erschütternd schön und hatte feine, aristokratische Züge. Ihre Glieder waren zart und elegant, ihre Hand- und Fußgelenke unglaublich schmal. Sie war in einem Schockzustand und zitterte heftig, und ihre Hautfarbe war schon zu blau für ein lebendes Wesen. Alles andere im Raum schimmerte blutrot. Blut glänzte auf dem Boden, an den Wänden, in Emaille- und Stahlschüsseln und auf ihrem »tope«, das man ihr vergebens zwischen die Beine gestopft hatte, um das Blut zu stillen, das aus ihr sprudelte. Die Blutung war zu massiv gewesen, um sie zu stoppen.

Ich trat an ihre Seite, nahm ihre schlaffe Hand in meine und versuchte mit aller Kraft, durch meinen Willen etwas Leben in sie zurückzuholen. Es nutzte nichts. Sie erschauerte ein- oder zweimal, das Zittern verebbte, und sie war tot.

Niemand ist gegen den Tod gefeit, wo auch immer, aber in Afrika lauert er in Form von Fieber, Krankheit und Dysenterie hinter jeder Ecke. Die einsame Reisende kann tagelang ohne Pflege unter einem Baum oder auf dem Boden irgendeines stinkenden Gasthauses liegen, zitternd vor Fieber und schwach von der Dysenterie, und wenn keine mildtätige Seele kommt und ihr Wasser bringt und sie nicht die Medikamente bei sich hat, die sie zum Überleben braucht, kann die Reisende dort sterben. Ich selbst habe viele Tage bebend so dagelegen, häufiger, als ich im Gedächtnis behalten möchte.

Manchmal grinst einem der Tod auch aus den Gesichtern von Wahnsinnigen entgegen. In Port Sudan, wo ich jeden interviewte, der bereit war, mit mir über das Thema weiblicher Beschneidung zu reden, wurde ich an den Direktor einer Oberschule für Jungen verwiesen. Ich kam mit Dale in die Schule, einem jungen amerikanischen Medizinstudenten, mit dem ich damals für kurze Zeit reiste, und verbrachte eine Stunde damit, den Direktor zu interviewen. Ich stellte ihm viele forschende und emotional aufgeladene Fragen nach seinem persönlichen Leben, und er beantwortete sie mit rührender Offenheit. Als ich das Interview beendet hatte, lud er uns ein, am Mittagsmahl der Schule teilzunehmen. Wir stimmten bereitwillig zu, froh über die Gelegenheit, weitere Lehrer kennenzulernen, die wir möglicherweise auch würden interviewen können.

Ein Geschichtslehrer mit salbungsvollem Gehabe und verschlagenen Augen winkte mich beiseite und flüsterte, er würde mich gern über die Geschichte der Beschneidungspraktiken im Sudan aufklären, wenn ich am Ende des Schultages abends nach Einbruch der Dunkelheit in seine Wohnung kommen würde. Sein Aussehen gefiel mir nicht, aber ich hatte keine große Angst, da Dale mich begleiten würde.

Wir kamen zur festgesetzten Zeit, und seine Tür öffnete sich, als wir anklopften. Als er Dale sah, schien er etwas erstaunt, doch er gewann rasch wieder die Fassung und bat uns herein. Ein weiterer Mann saß in dem spartanischen, winzigen Raum, der wie die meisten Zimmer im Sudan nur mit aus Kordel gewebten Pritschen möbliert war. Er trug Adidas-Turnschuhe, eine Rarität im Sudan, und einen Trainingsanzug. Der Geschichtslehrer stellte ihn als Sportlehrer vor, der seine Ausbildung in Deutschland erhalten hatte. Er sprach kein Englisch, konnte sich mit mir aber in einem gutturalen süddeutschen Dialekt verständigen. Dale begriff kein Wort davon.

Wir unterhielten uns. Ich stellte dem Geschichtslehrer einige Fragen zu seinem Fachgebiet und schrieb diese Informationen nieder. Dann

begann er, mich nach meinem Leben zu fragen, und wie üblich antwortete ich ehrlich. Ob ich wolle, daß die weibliche Beschneidung aufhöre, fragte er. Froh bejahte ich das. Er persönlich könne dabei helfen, vertraute er mir mit gesenkter Stimme an. Er hatte zwei kleine Töchter und daran gedacht, sie vielleicht nicht beschneiden zu lassen.
»Es gibt eine Möglichkeit dazu«, wiederholte er.
»Und die wäre?« fragte ich, den Köder schluckend.
Er beäugte mich gierig. »Wenn mir jemand beweisen kann, daß Sex mit einer unversehrten Frau besser ist, lasse ich die Kinder nicht beschneiden.«
Es war der billigste Trick der Welt. Seine Töchter, falls er überhaupt Töchter *hatte*, waren mit ziemlicher Sicherheit bereits beschnitten. Ich lächelte ihm rätselhaft zu und sagte, ich wünschte ihm viel Glück bei der Suche nach einer solchen Person.
Inzwischen hatte ich gemerkt, daß der Turnlehrer mich auf eine Weise unablässig anstarrte, die mir Unbehagen verursachte. Er begann begeistert von seiner Ausbildung in Deutschland zu sprechen und vertraute mir an, einige seiner Professoren, die früher SS-Offiziere gewesen seien, hätten seine Lebensphilosophie stark beeinflußt. Er war ein großer Bewunderer Hitlers und bedauerte seine Niederlage und seinen Untergang sehr. Ich lächelte ihm zu, heuchelte Zustimmung und meinte mit vor Nachsicht schnurrender Stimme, er habe tatsächlich Glück gehabt, so interessanten Einflüssen auf seine Entwicklung ausgesetzt gewesen zu sein.
Wieder fixierte er mich mit seinem unverwandten Starren. Allmählich konnte ich die Schatten scheußlicher Phantasien hinter seinen Augen wahrnehmen. Es gebe auch einen Amerikaner, den er ungeheuer bewundere, fuhr er fort, jemanden, dem er nacheifern wolle. Ich sagte, ich sei erfreut, daß die Einflüsse in seinem Leben so vielseitig seien, und fragte, wer denn dieser Amerikaner sei, den er so bewundere.
»Er heißt Manson«, flüsterte er. »Ein Mann von großem Genie, ein Mann, der das Potential hat, die Welt zu regieren.« Jemand wie er könne nicht lange im Gefängnis festgehalten werden, da sei er sicher. Seine Anhänger würden gewiß seine Flucht arrangieren. Manson sei schon lange sein persönlicher Held, gestand er und fixierte

mich unverwandt. Ich lächelte unverbindlich in seine wahnsinnigen Augen und meinte, natürlich begriffe ich seine Gefühle vollkommen.

Dale, der die Sprache nicht verstand, in der wir uns unterhielten, bekam nichts von dem mit, was sich abspielte. Als die Lehrer für einen Moment das Zimmer verließen, faßte ich ihn am Bein, und es gelang mir, ihm in knappem Vulgärlatein, das die beiden Männer nicht begriffen hätten, klarzumachen, es sei jetzt gefährlich und er solle mir das Reden überlassen.

Als die Lehrer wieder ins Zimmer kamen, stand ich auf und sagte, wir müßten in unser Quartier zurück. Der Turnlehrer fragte mich, wo wir wohnten, und als ich ihm aus strategischen Gründen die falsche Information gab, wir wohnten in der Herberge südlich der Schule, stellte er eine Reihe detaillierter Fragen über die Dauer unseres Aufenthalts und die Lage meines Zimmers. Ich beantwortete mit vollkommen neutralem Gesichtsausdruck alles falsch, wir dankten unserem Gastgeber und gingen. Sobald wir das Tor des Schulgeländes erreicht hatten, zischte ich Dale zu, wir müßten sofort verschwinden und unsere Spuren verwischen, und er, ein erfahrener Fährtensucher, leitete unsere Flucht durch die mondlose Nacht. Wir flohen im Zickzack und änderten wiederholt die Richtung, bis wir sicher waren, daß uns niemand gefolgt war. Dann wandten wir uns nach Norden zum anderen Ende der Stadt, wo mehrere Kilometer entfernt unsere Unterkunft lag. Ich habe die Schule nie wieder betreten und die beiden Lehrer nie wiedergesehen.

Manchmal spielt der Tod mit einem, und wenn man ihn angstvoll anstarrt, lacht er einem spöttisch ins Gesicht und macht sich davon. Es war zwei Jahre später in Port Sudan in der dampfenden Frühlingshitze. Ich war im Morgengrauen aufgestanden, um im Hafen spazierenzugehen, solange die Luft noch kühl war. Als ich den einzigen schmalen Kanal betrachtete, der in den Hafen führte, bot sich mir ein seltsamer und schockierender Anblick. Ein Frachter lag darin, gefährlich geneigt, die Reling auf der Hafenseite bereits im Wasser. Mehr als hundert Kadaver von ertrunkenen Kamelen und Schafen trieben im Meer, während andere jammervoll an der Reling standen und das Wasser betrachteten. Aus irgendeinem Grund waren die Tiere anscheinend in der Nacht auf die Hafenseite des Schiffes gerutscht, und ohne den entsprechenden Ballast hatte das Schiff sich mehr und mehr geneigt, und die Tiere waren ins Wasser gestürzt.

Es war eine Szene aus Dantes *Inferno*. Ich nahm meine Kamera heraus und begann, Aufnahmen zu machen. Nach einer Weile, als es so aussah, als werde der schiefe Frachter auf der Stelle sinken und den ganzen Hafen blockieren, erschien ein Schlepper und begann, ihn ins Meer hinauszuziehen. Ich machte Fotos von der ganzen Operation. Als der Schlepper den Frachter bis an den Rand eines Riffs gezogen hatte, machte er ihn los und überließ ihn dem Kentern und Sinken. Ich fand ein Fahrzeug, das mich so nahe wie möglich an das Riff brachte, watete weit hinaus in das seichte Wasser und fotografierte den Untergang des Frachters. Das Wasser füllte sich mit mehr und mehr ertrinkenden Kamelen und Schafen, während der Frachter kenterte. Nach vielleicht einer Stunde schien er zu erzittern, gab ein ungeheures, gurgelndes Geräusch von sich und verschwand in der Tiefe.

Ich machte meine letzte Aufnahme, steckte die Kamera wieder in den Rucksack und watete ans Ufer. Unterwegs fiel mir ein, daß der Eigner des Frachters vielleicht den Film kaufen wollte, um seiner Versicherung gegenüber einen Nachweis für seinen Verbleib zu haben. Ich machte mich auf die Suche nach der Schiffahrtsagentur und wurde nach zwei oder drei Stunden endlich an die richtige Stelle verwiesen.

Ich betrat das schmuddelige Vorzimmer der Schiffahrtsagentur, wo mehrere große und wild aussehende Seeleute saßen und angespannt rauchten. Sie sahen mich argwöhnisch an. Ich fragte mehrmals, ob ich jemanden sprechen könne, der Englisch verstehe, und schließlich ging einer von ihnen mürrisch zur Tür des inneren Büros, rief etwas, und nach längerer Zeit tauchte ein weiterer belästigt und unfreundlich aussehender Mann auf. Brüsk fragte er mich, was ich wolle. Ich sagte, mein Besuch betreffe einen Film mit Aufnahmen, die ich von dem sinkenden Frachter gemacht hatte und den sie vielleicht kaufen wollten, um ihn für die Verhandlungen mit ihrer Versicherungsgesellschaft zu benutzen.

Hastig verschwand der Mann in dem inneren Büro und kam Sekunden später mit dem größtgewachsenen Saudiaraber wieder, den ich

je gesehen habe. Der Saudi gab einen kurzen Befehl, und blitzschnell wurde ich von einem Ring bedrohlicher Seeleute eingekreist. Ich hörte den Tod in nächster Nähe amüsiert kichern.
»Wo ist dieser Film?« fragte der riesige Saudi und gab seiner Stimme sorgfältig einen ganz beiläufigen Klang. »Haben Sie ihn bei sich?«
»Tut mir leid«, log ich, »ich habe ihn im Haus meiner Freunde gelassen.«
»Ich würde ihn gern kaufen«, bot er salbungsvoll an. »Meine Leute werden Sie zum Haus Ihrer Freunde begleiten, und Sie werden mir diesen Film hierherbringen.«
In Panik dachte ich an die kleinen Kinder meines Gastgebers, und es gelang mir, ein anmutiges arabisches Lächeln zu heucheln. »Das ist nicht nötig. Gerade fällt mir ein, daß ich ihn doch nicht dort gelassen habe, sondern daß er noch in meiner Kamera ist, hier bei mir. Ich habe ihn Ihnen als Geschenk mitgebracht.«
Ich öffnete meinen Rucksack und nahm die Kamera heraus. Er begann sich zu entspannen. »Ich hätte gern, daß Sie noch eine Aufnahme machen«, sagte er, nun zugänglicher, da er sah, daß die Gefahr vorbei war. »Ich hätte gern ein Bild von mir für meine Frau.«
Gehorsam machte ich die Aufnahme, spulte den Film zurück, nahm ihn aus der Kamera und reichte ihn ihm. Er umklammerte ihn triumphierend, und er verschwand in den Falten seines Gewandes.
»Sie waren überaus großzügig«, sagte er. »Ich möchte Ihnen dafür auch ein Geschenk machen.« Er öffnete eine Schreibtischschublade, nahm eine Geldkassette heraus und reichte mir mit arrogantem Lächeln einen Hundert-Dollar-Schein. »Für Ihre Arbeit.« Ich steckte das Geld und die Beleidigung ein und ging, wobei ich mich glücklich schätzte, mit heiler Haut davongekommen zu sein.
Eine andere Art von Tod kann die Jungen und Unschuldigen in Afrika treffen. Vor etwa drei Jahrzehnten wurde die Sklaverei in Saudi-Arabien endlich legal abgeschafft, und zumindest theoretisch gab es sie damit auf der ganzen Welt nicht mehr. In Wirklichkeit jedoch ist bekannt, daß der weiße Sklavenhandel in Teilen Afrikas und auf der arabischen Halbinsel noch immer blüht.
In Kenia traf ich einen jungen Schweden mit leeren Augen, der die

folgende Geschichte erzählte: Er war mit seinem frisch verheirateten Bruder und dessen neunzehnjähriger Ehefrau auf Rucksacktour durch Marokko gewesen. Sie war ein schönes Mädchen mit blondem Haar und heller Haut, das viel Aufsehen erregte, denn diese physischen Attribute werden in jener Weltgegend sehr geschätzt. Tief in einem Eingeborenenviertel waren sie durch schmale Gassen zwischen den Läden und Marktständen gewandert. Plötzlich fiel den beiden Männern ein Paar alter Schwerter auf, das hinten in einem kleinen Laden hing. Sie traten ein, um es sich anzusehen, während die junge Frau weiterging. Als sie ein paar Minuten später wieder aus dem Laden kamen, war sie nirgends zu sehen. Immer aufgeregter suchten sie in den engen Gassen nach ihr, aber sie war spurlos verschwunden. Die gelangweilte Polizei führte eine planlose Suchaktion durch, aber ohne Erfolg. Sie wurde nie gefunden. Der junge Ehemann, unfähig, sich den Eltern seiner Frau zu stellen, beging einige Wochen später Selbstmord.

Manchmal lauert der Tod in den Flüssen Afrikas. Unachtsame Reisende, die sich unschuldig in ihre Gewässer wagen, treffen ihn vielleicht in Form elektrischer Fische, werden gelähmt und ertrinken. Andere, die arglos in stillen, idyllischen Teichen baden, werden von Schistosomen befallen, heimtückischen Organismen, die in ihrem Körper Verwüstungen anrichten.

Ich traf eine Finnin, die mit schockiertem Blick und leerer Miene um die Insel Lamu wanderte. Ich hörte mir ihre Geschichte an. Sie hatte die Reise von Costi nach Juba auf dem Flußschiff gemacht, das den Nil hinauf zu den Eingeborenenregionen des Südsudan fuhr. Seit vielen Jahren wütete ein langer, bitterer Bürgerkrieg zwischen Norden und Süden, und es war bekannt, daß der Norden Völkermord beging, indem er Dorf um Dorf der eingeborenen nichtislamischen Völker niederbrannte.

Ein paar Wochen vorher hatte ich mit einem französischen Söldner gesprochen, der gerade zwei Jahre im sudanesischen Busch hinter sich hatte und sich in Lamu ausruhen und erholen wollte. Er sagte mir, im Busch wimmele es von Militärberatern verschiedener Nationalitäten, die die Eingeborenen bewaffneten und neue Waffen testeten.

Einige Meilen vor Juba war das Schiff mit der Finnin von Schwärmen von Kriegern mit modernen Automatikgewehren angegriffen worden, und alle Passagiere, etwa tausend Menschen, wurden massakriert. Die Finnin war nur dadurch dem Tod entronnen, daß ihr Körper von Leichen bedeckt gewesen war. Schließlich wurde sie von den Vergeltungstruppen gerettet, die per Flugzeug aus dem Nordsudan kamen und den Schauplatz des Massakers einen Tag später erreichten.

Kurz darauf geriet eine Gruppe von Flußschiffen, die auf dem Nil von Assuan nach Wadi Halfa fuhren, in Brand und sank in der Nähe von Assuan in Ägypten. Ein paar Jahre zuvor hatte ich auf ebendiesen Schiffen dieselbe Strecke zurückgelegt, und obwohl die Zeitungen berichteten, es sei unklar, ob hundert oder zweihundert Menschen umgekommen seien, wußte ich, daß es weit über tausend gewesen waren, weil die Schiffe das Dock immer erst dann verließen, wenn sie bis zum Bersten voll waren. Alle Passagiere waren Sudanesen gewesen, die aus Ägypten in den Sudan zurückkehrten. Überlebende gab es nicht. Sudanesen können nicht schwimmen. Ihre Gewässer sind zu gefährlich, um freiwillig darin zu baden. Diejenigen, die sich im Wasser an Wrackteile geklammert hatten, waren von Krokodilen angegriffen und gefressen worden.

Manchmal schreitet der Tod auch neben Menschen mit Prinzipien, die seine Gesellschaft einem Leben der Heuchelei vorziehen, zum Galgen. Mahmoud Mohammed Taha war ein solcher Mann, und obwohl ich ihn nur einmal getroffen habe, werde ich ihn bitter vermissen. Mahmoud war der Führer des liberalen Ablegers einer islamischen Sekte, der Republikanischen Brüder. Obwohl er unter den Intellektuellen im Sudan eine Reihe ergebener Anhänger hatte, war seine Philosophie nicht populär.

Als ich von einem seiner Schüler zu ihm gebracht wurde, willigte er in ein Interview ein. Ich fragte ihn nach seiner Einstellung zur weiblichen Beschneidung, und er antwortete schlicht, er rate zu spiritueller Erleuchtung des ganzen Islam, der Männer wie der Frauen gleichermaßen, und wenn diese einmal erreicht sei, würden sich alle notwendigen sozialen Reformen ganz natürlich daraus ergeben. Hier unterschied sich seine Philosophie stark von den strengeren Interpretationen des Islam, die scharfe Grenzen zwischen Bürgerrechten und persönlichem Wert von Männern und Frauen ziehen.

Sein asketisches Gesicht war vor allem wegen seiner Augen bemerkenswert, der Augen eines Visionärs. Sie schienen in eine andere Dimension zu schauen, und mich ergriff das Gefühl, mich in Gegenwart eines großen Mannes zu befinden.

Ungefähr drei Jahre nach diesem Interview machte der sudanesische Präsident Numeiri, der als begeisterter Trinker des im Islam verbotenen Alkohols bekannt war und angeblich Neigungen zu ziemlich üblen Sexualpraktiken hatte, eine plötzliche Bekehrung zu strengerer Befolgung der islamischen Lehre durch. Zum Beweis seines Sinneswandels verbot er den Genuß von Alkohol im ganzen Land unter Androhung schwerer Strafen. Dann erließ er wieder die alten, drakonischen Gesetze der Scharia, die verlangen, daß Dieben die Hand abgehackt wird und Ehebrecher öffentlich enthauptet werden.

Nur im ultrakonservativen Saudi-Arabien hatten diese Gesetze Gültigkeit gehabt, waren dort aber viele Jahre lang nur widerstrebend und in den seltensten und extremsten Fällen angewandt worden. Numeiri in seiner neu gewonnenen religiösen Berufung saß eifrig jede Woche öffentlichen Amputationen und Enthauptungen vor, zu denen es bald täglich zu kommen drohte, und das in einem Land, in dem Diebstahl praktisch unbekannt ist und Ehebruch privat im Rahmen eines duldsamen Gesetzes gerächt wird.

Gewissensstarke sudanesische Männer marschierten unter der Führung von Mahmoud Mohammed Taha durch die Straßen und protestierten gegen diese Greuel. Das führte dazu, daß Mahmoud und vier seiner Anhänger ins Gefängnis geworfen wurden. Nach einigen Monaten Haft, in denen die Amputationen und Hinrichtungen immer häufiger wurden, wurde ihnen freigestellt, entweder ihre »Häresie« zu widerrufen oder öffentlich gehängt zu werden. Drei von Mahmouds Gefolgsleuten widerriefen. Er und ein weiterer Mann wurden zum Tode am Galgen verurteilt.

Am Tag der Hinrichtung widerrief auch der letzte Gefolgsmann. Mahmoud jedoch bestieg die Galgenplattform. Er erhielt die letzte Gelegenheit, seinem Standpunkt zu entsagen. »Ich werde nicht widerrufen«, sprach er ruhig. »Diese Praktiken verstoßen gegen die Regeln des Islam. Ich werde als guter Moslem sterben.« Das Seil wurde ihm um den Hals gelegt, und es war alles schnell vorbei.

Numeiris Wahnsinn dauerte noch einige Monate an. Dann reiste er

zu einer Konferenz mit Präsident Reagan in die Vereinigten Staaten, und bei seiner Rückkehr in den Sudan wurde er ohne Blutvergießen gestürzt. Man hinderte ihn einfach daran, das Land wieder zu betreten. Die Volksmassen zogen jauchzend durch die Straßen von Khartum und riefen: »Keine Amputationen mehr! Keine Hinrichtungen mehr!«
Aber ich werde Mahmoud vermissen, und als ich von seinem Tod hörte, habe ich geweint.

Haute Cuisine in Port Sudan

In Port Sudan wohnte ich in der Wohnung von Sofia, Sidahameds zweiter Frau. Sie war Direktorin der örtlichen High School für Mädchen und strebte insgeheim den Beruf einer Hebamme an. Sie sehnte sich danach, diesem hochgeachteten und gutbezahlten Berufsstand anzugehören, um ihren kläglich unterbezahlten Job an der Schule aufgeben zu können. Sie wollte lernen, wie man Beschneidungen durchführt, um eine Menge Geld zu verdienen, obwohl sie es vehement leugnete, als Sidahamed mir davon erzählte, um sie damit aufzuziehen.
Fatma, Ehefrau Nummer eins, wohnte nur geringfügig luxuriöser in der Nachbarwohnung, und da die beiden Frauen einander glühend haßten, war dieses Arrangement einem glücklichen Leben aller nicht gerade förderlich. Sidahamed verbrachte pflichtschuldigst mit jeder der beiden Frauen und den von ihr geborenen Kindern den Abend, wenn sie an der Reihe waren, was jeden dritten Tag der Fall war. Auf diese Weise befolgte er das islamische Gesetz, das vorschreibt, alle Ehefrauen gerecht zu behandeln, aber es war offensichtlich, daß er die ihm verbleibende freie Zeit am liebsten in Gesellschaft von Muna zubrachte, seiner Ehefrau Nummer drei. Muna war jung, hübsch und anspruchslos. Sie war noch nicht der Wut oder Gier verfallen wie seine beiden anderen Frauen.
Sidahamed war Arzt von Beruf und auf die Behandlung von Malaria spezialisiert, die in der feuchten, übelriechenden Atmosphäre von Port Sudan endemisch war. Er selbst trank nur Bier oder Nilwasser, das er sich teuer aus Khartum schicken ließ. Das Wasser von Port Sudan mied er völlig. Wie er mir anvertraute, war es für ein bei seinen männlichen Patienten häufig zu beobachtendes Syndrom verantwortlich. Er wollte es in einer wissenschaftlichen Schrift unter dem Namen »Das morgendliche Non-Erektions-Syndrom von

Port Sudan« beschreiben. Das Wasser, sagte er, enthalte Elemente, die geistige Trägheit, Konzentrationsunfähigkeit und das Ausbleiben der morgendlichen Erektion verursachten. Da er mit drei Frauen verheiratet sei, sagte er, müsse er Wasser aus Port Sudan um jeden Preis meiden.

Tatsächlich war das Wasser brackig und infolge des nicht funktionierenden Abwassersystems zweifellos unglaublich verschmutzt. Trotz all meiner Vorsichtsmaßnahmen wurde ich jedesmal, wenn ich in Port Sudan blieb, nach kurzer Zeit krank. Als ich Sidahamed mit völlig unbewegtem Gesicht mitteilte, in Port Sudan hätte ich auch keine Klitoris-Erektionen, war er sofort fasziniert. Er hatte nie zuvor mit einer intakten Frau über dieses Thema gesprochen und erfuhr staunend, daß auch die normalen Genitalien von Frauen erektiles Gewebe enthalten.

Brieflich berichtete ich einem deutschen Arzt, mit dem ich korrespondierte, von Sidahameds faszinierender Theorie des »morgendlichen Non-Erektions-Syndroms von Port Sudan«, und ich erwähnte auch Sidahameds drei Ehefrauen. Ich dachte, mein Briefpartner würde das amüsant finden. Doch dieser Mann erlebte gerade erhebliche Schwierigkeiten in seiner eigenen persönlichen Beziehung zu der ziemlich unwilligen Dame seiner Wahl. Ich erhielt einen empörten Antwortbrief: »Was glaubt dieser dumme Kerl eigentlich, was das verdammte Ding sein soll, ein Perpetuum mobile?«

Sidahameds mehr verwestlichte Kollegen bezeichneten ihn als außergewöhnlich intelligenten Mann, sahen ihn aber offenbar als Nichtsnutz an, der nicht viel aus seinen intellektuellen Gaben machte. Gesellschaftlich hatten sie wenig mit ihm zu tun, da sie seine »vielen Ehefrauen« streng mißbilligten.

Doch an Freunden fehlte es ihm nicht. Wie es schien, war Sidahamed im ganzen Sudan wohlbekannt. Bei Beamten und Militärpersonal brauchte man nur seinen Namen zu erwähnen, und sofort taten sie glücklich kund, ihn zu kennen. Häufig öffnete mir das unerwartet Türen. Er schien in diesen Kreisen überaus beliebt zu sein, und die Geschichten über seine schlauen Eskapaden waren endlos.

Sidahamed war für seine Großzügigkeit bekannt. Das erzürnte Sofia um so mehr, als dieser bewundernswerte Zug sich nur gelegentlich auch auf sie und ihre Kinder erstreckte, während er bei seinen zahlreichen Freunden häufiger zutage trat. Er gab üppige Einladungen auf dem Dach des kleinen Apartmenthauses, in dem seine Frauen wohnten, und die beiden Frauen kochten abwechselnd kunstvolle Gerichte und reichten die Tabletts mit Essen scheu durch die Falltür über ihren Wohnungen hinauf zu den Gästen.

Sofia redete pausenlos und mit großer Heftigkeit hinter Sidahameds Rücken und unterrichtete mich täglich in allen schaurigen Einzelheiten über ihre Enttäuschung und seinen Verrat. Sie hatte Sidahamed geliebt, als sie ihn heiratete. Um sie zu gewinnen, hatte er ihr und ihrer Familie versprochen, er werde sich von Fatma, Sofias Nemesis, scheiden lassen. Dieses Versprechen war nicht gehalten worden. Fatmas Familie hatte die Scheidung verhindert. Sieben Jahre später hatte er, was die Kränkung noch größer machte, seine gegenwärtige Favoritin Muna in seinen Haushalt aufgenommen. Seltsamerweise hegte Sofia der sanften Muna gegenüber keinen Groll. Es war nur eine Frage der Zeit, bis auch sie mit einer vierten Ehefrau betrogen werden würde. Da war Sofia ganz sicher. Sidahamed sei einfach ein sehr schlechter Mann, tobte sie. Sie liebe ihn nicht mehr. Er sei ein schlechter Mann und ein Lügner.

In Sidahameds Gegenwart benahm sich Sofia natürlich ganz anders. Sie war lammfromm und unterwürfig und bediente ihn wie eine Sklavin; offensichtlich klammerte sie sich in ihrer Verzweiflung noch immer mitleiderregend an eine gewisse Hoffnung, er würde an ihr Gefallen finden. In ihrer Lage war ein Drittel von einem Ehemann offenbar immer noch besser als gar keiner.

Sidahamed, dessen Verhalten Fatma gegenüber erheblich respektvoller, aber distanziert war, hatte Sofia sichtlich recht gern. Fatma war mehrere Jahre älter als er, und er bezeichnete sie als unerträglich dominierend. Sofias großer persönlicher Makel sei die Gier. Sie schien unfähig, ihm nicht ständig mit Bitten um die vielen Dinge, die sie begehrte und mit denen sie ihre innere Leere zu füllen hoffte, in den Ohren zu liegen. Wenn die beiden zusammen waren, machten sie trotzdem keinen unglücklichen Eindruck. Jeder schien im anderen etwas Kindliches zu befriedigen. Nur wenn Sidahamed nebenan bei Fatma oder mit Muna in Suakin war, wurde Sofia von zwanghafter Eifersucht verzehrt und fing an, sich bitter über ihn zu beklagen.

An den Vormittagen, an denen Sofia an der Reihe war und Sidahamed erwartete, wurde oft ein widerstandsloses Schaf über die baufällige Außentreppe des Hauses in Sofias Wohnung gezerrt. Der Mann, der es brachte, war ohne weiteres als Schlächter erkennbar, denn er trug auch ein großes, glänzendes, scharfes Messer. Da ich wußte, was folgen würde, pflegte ich dann eilig in den Britischen Club zu fliehen.

Der Britische Club in Port Sudan lag am Wasser; sein Eingang wurde von zwei plump gearbeiteten, zerbröckelnden Steinlöwen und einem Paar kleiner Kanonen flankiert. Sein kläglich vernachlässigter Pool war offensichtlich seit vielen Jahren nicht geschrubbt worden, wurde aber jede Woche geleert und mit frischem Salzwasser gefüllt. Die unbenutzte, von Spinnweben durchzogene Umkleidekabine für Damen war in einem schockierend heruntergekommenen Zustand. Der schmuddelige Boden der glitschigen Dusche beherbergte eine große Kröte, doch aus den Wasserhähnen sprudelten herrliche Ströme von Wasser, wenn man sie aufdrehte. Es gab sogar eine rissige türkische Toilette mit Wasserspülung.

In Sofias Wohnung im ersten Stock existierten solche Einrichtungen nicht. Der Wasserdruck reichte nie aus, um mehr als ein tröpfelndes Rinnsal aus dem Hahn hervorzubringen. Man mußte einen Eimer darunterstellen, um das kostbare Naß aufzufangen, und gewöhnlich wurde es Mittag, bis sich genug angesammelt hatte, um es zum Spülen in die Toilette zu schütten. Es gab ein Waschbecken und eine Badewanne in dem ehemals britischen Badezimmer, doch Sofia und ihre Kinder mußten mit einer Tasse pro Kopf auskommen, um sich morgens zu waschen, wenn der Wasserdruck am niedrigsten und das Rinnsal aus dem Wasserhahn nur noch ein Tröpfeln war.

Die Mitgliedschaft im Britischen Club von Port Sudan war eine vollkommen problemlose Sache. Man schrieb einen Antrag, bezahlte den Gegenwert von zehn Dollar und durfte dann die Einrichtungen des Clubs uneingeschränkt benutzen, während man auf die Bearbeitung des Antrags wartete. Das dauerte im allgemeinen drei Monate, wie man mir sagte. Die ganze Prozedur war eine absolut sinnlose Formalität, denn bis drei Monate vergangen waren, hatten alle Bewerber Port Sudan längst verlassen. Der Club war immer völlig leer bis zur späten Abendmahlzeit, und ich konnte den Luxus von Pool und Umkleideraum ganz allein benutzen.

Wenn ich dann zwei oder drei Stunden nach meiner Flucht in Sofias Wohnung zurückkehrte, begrüßte mich als erstes der Anblick des fliegenbedeckten abgetrennten Schafskopfes auf dem Küchenfußboden. Die blutbefleckte Haut lag daneben, ein Eimer enthielt schlüpfrige graue Eingeweide. Der Rest des Schafes lag ohne Gliedmaßen auf dem blutigen Tisch.

Sofia machte sich jeweils fröhlich mit ihrer Lieblingsdelikatesse zu schaffen – dem Schafsmagen. Sowohl sie als auch Sidahamed verzehrten diesen besonderen Leckerbissen am liebsten roh, in feine Streifen geschnitten, mit scharfen Zwiebelscheiben vermischt und in eine feurige Pfeffersauce getaucht. Beide verschlangen diese Zubereitung mit offensichtlichem Genuß und unter lautem Schmatzen. Die rohe Leber und die Nieren des Schafes bildeten den nächsten Gang. Unter meinen insgesamt seltsamen persönlichen Gewohnheiten und Essensvorlieben erschien ihnen vielleicht die Tatsache am fremdartigsten, daß ich mich standhaft weigerte, ebenfalls von diesen Delikatessen zu kosten, so sehr sie mich auch dazu zu verführen suchten.

Manchmal frage ich mich, ob ich nicht vielleicht doch eine spektakuläre Köstlichkeit versäumt habe. Im Britischen Club gab es zur Dinnerzeit immer etwas absolut Wundervolles, und das war echter importierter britischer Railroad-Cidre. Er schmeckte viel milder als warmes Bier, war aber in der tropischen Hitze, wo der Durst einen leicht verlockte, eine Büchse nach der anderen zu trinken, tückisch stark.

Sidahamed hatte Sofia und mich zum Dinner im Club eingeladen, und sie hatten ein Gericht bestellt, das ihnen beiden als ultimative Delikatesse von Port Sudan galt, nämlich rohe Kamelleber. Ich war bei meiner ersten Dose Railroad-Cidre und beobachtete mit Abscheu, wie sie die Leber mit ihrer üblichen Gier verschlangen und mich dabei dauernd aufforderten, es ihnen gleichzutun. Die Leber sah absolut widerlich aus, und als ich mich an das Schaf erinnerte, verursachte mir der bloße Gedanke, ein Stück davon mit der Hand zu berühren, Übelkeit.

Doch der Abend schritt voran, das Dinner wurde noch nicht serviert, die Hitze war lähmend, und der Railroad-Cidre schmeckte wundervoll. Ich war bei der vierten Büchse, als Sofia und Sidahamed eine weitere Portion rohe Kamelleber bestellten. Ich hatte seit dem Morgen nichts gegessen und verspürte ein nagendes Gefühl im Magen. Ich war an Alkohol selbst in seiner mildesten Form überhaupt nicht gewöhnt und fühlte mich allmählich mehr als ein wenig beschwipst. Als die rohe Kamelleber kam und Sidahamed sie mir zuschob, nahm ich gedankenlos ein Stück davon und schob es mir in den Mund.

Es war eine der köstlichsten Speisen, die ich je gegessen habe. Ganz im Gegensatz zu Rinderleber hatte sie eine feste, knackige Beschaffenheit und schmeckte ähnlich wie Walnüsse frisch vom Baum. Lachend sahen Sidahamed und Sofia zu, wie ich den größten Teil davon verzehrte.

Ein paar Monate später war ich gerade in einem Dorf in der Nähe von Kadugli, als sich mitten am Tag der Himmel verdunkelte und lautes Dröhnen die Luft erfüllte. Es wurde dunkler und dunkler, das Dröhnen wurde zum Donner, und Unmengen von Wanderheuschrecken regneten zu Boden. Der Schwarm, der am Himmel vorbeiflog, war mehrere Kilometer breit, so dicht, daß er die Sonne verdunkelte, und so lang, daß er einen ganzen Tag brauchte, um abzuziehen.

Am nächsten Tag war der Markt voller Verkäufer, die krabbelnde Haufen von Heuschrecken darboten. Diese sahen aus und rochen wie frische Krabben und waren zweifellos eine ausgezeichnete Proteinquelle, da sie sich an den besten Feldfrüchten sattgefressen hatten. Meine Erfahrung aus Port Sudan hatte mir Mut gemacht, und ich war durchaus bereit, sie zu kosten, aber der Gedanke, sie roh zu essen, ging denn doch über meine Kräfte. Bis ich jemanden gefunden hatte, der sie für mich kochte, war es Nachmittag. Die Heuschrecken krabbelten nicht mehr und verwesten in der heißen afrikanischen Sonne. Jetzt sahen sie aus und rochen wie Krabben, die nicht mehr frisch sind.

Es gibt Gelegenheiten, die man nur einmal im Leben hat. Es gibt Bilder, die sich für immer unauslöschlich einprägen. Ich habe Milliarden von Wanderheuschrecken die afrikanische Sonne verdunkeln sehen. Ich habe ihre kollektiven Flügelschläge laut wie Donnerhall am afrikanischen Himmel trommeln hören. Aber ich habe nie auch nur eine einzige von ihnen gegessen. Ich habe mich mit der Wahrscheinlichkeit abgefunden, daß ich es wohl auch nie tun werde. Niemand kann in diesem Leben *alles* machen.

Stephanies Lied

Nach dem Ende meiner afrikanischen Odyssee bin ich viele Male nach Europa zurückgekehrt.
Es war in der Woche, in der die Berliner Mauer fiel, eine Zeit inspirierendster Freude und Festlichkeit in ganz Deutschland. Das gesamte Land schien zu vibrieren von einer Energie, die aus der Wiederbelebung lang verlorener Hoffnungen gespeist wurde. Die Buchhandlung am Hamburger Bahnhof war voll mit jungen Ostdeutschen, die Blumen trugen oder sich angesteckt hatten, die man ihnen auf dem Weg nach Westdeutschland zugeworfen hatte. Sie standen oder saßen in den Gängen der Buchhandlung und verschlangen Bücher und Zeitschriften wie Bonbons. Ihr »Begrüßungsgeld« von hundert Deutschen Mark hatten sie schon längst ausgegeben. Sie waren nicht zum Kaufen hier, sondern nur zum Lesen. Keinem fiel ein, sie daran zu hindern oder den Laden zu räumen, damit zahlende Kunden ihn betreten konnten.
Der Anblick bewegte mich so sehr, daß mir buchstäblich die Arme schmerzten, weil ich sie am liebsten alle umarmt hätte. Statt dessen eilte ich davon, um meinen Zug nach Kopenhagen zu erwischen, der schon auf dem Gleis wartete, bereit, mit unfehlbarer deutscher Pünktlichkeit abzufahren.
Ich fand meinen Platz schnell. Nur eine andere Reisende saß im Abteil. Als sie mir mit meinem Gepäck half, sah ich, daß sie eine junge Skandinavierin mit den prachtvollen Proportionen einer Amazone war. Wir lächelten uns an, und bald waren wir in ein intensives Gespräch vertieft.
Sie erzählte mir, sie sei von Beruf Gärtnerin und auf dem Heimweg in ihr Dorf in Finnland, nachdem sie den Herbst mit Traubenlesen in einem französischen Weinberg verbracht hatte. Wie die meisten jungen Skandinavier sprach sie Englisch. Die ehemalige Lehrerin in

mir entschied rasch, daß sie in der Mittelstufe eine begabte Schülerin gewesen sein mußte, daß ihre formelle Bildung aber dort endete. Ihr Englisch war peinlich korrekt, aber stockend, und ihr Wortschatz war klein.

Trotzdem kamen wir ganz gut zurecht. In Afrika, wo Bücher oft überaus rar sind, hatte ich gelernt, einen beschränkten Wortschatz optimal einzusetzen. Außerdem hatte ich jahrelange Übung mit den funktionellen Analphabeten der New Yorker Slumschule, an der ich viele Jahre unterrichtet hatte. Ich hatte die Fertigkeit entwickelt, zusammenhängend über die verschiedensten Themen zu sprechen und dabei mit einem minimalen Grundwortschatz auszukommen.

Meine junge Amazone sagte, sie spräche etwas Schwedisch. Daher versuchte ich immer, wenn wir steckenblieben, ein englisches durch ein deutsches Wort zu ersetzen, und häufig funktionierte das.

Wir waren in eine Diskussion über Pflanzenleben in Wüsten, halbtrockenen Zonen und am Polarkreis vertieft, als leise eine dritte Person das Abteil betrat. Ich nahm nur kurz zur Kenntnis, daß es ein junger Mann war. Das war alles. Keine von uns beiden beachtete ihn weiter, während er schweigend und reglos in seiner Ecke saß.

Etwa eine halbe Stunde später hörte man das periodisch wiederholte Öffnen und Schließen von Abteiltüren, das die Ankunft des Fahrkartenkontrolleurs ankündigte. Der junge Mann, plötzlich höchst erregt, wandte sich in raschem Schwedisch an das Mädchen und erzählte ihr anscheinend irgendeine Geschichte. Ich beobachtete die Szene schweigend und hörte in dem Wortschwall einige Ausdrücke, die englisch waren oder dem Englischen ähnelten: Polizei, Hamburg, Berlin, Kamera, Geld, Stockholm.

Als der Wortschwall versiegte, wandte sich das Mädchen an mich und sagte: »Er ist am Bahnhof bestohlen worden. Er war in Berlin, um die Mauer fallen zu sehen, und man hat ihm alles gestohlen, seine Koffer, seine Kamera, sein ganzes Geld. Er sagt, er sei eingeschlafen, und als er aufwachte, war alles weg. Er sagt, nachdem sie ihn drei Tage habe warten lassen, habe die Polizei ihm eine Art Fahrkarte bis nach Hamburg gegeben. Jetzt sind wir an Hamburg vorbei, und er hat Angst, daß die Polizei kommt und ihn aus dem Zug holt. Er versucht, nach Kopenhagen zu gelangen, weil er sagt, die Polizei dort sei gut, und man würde ihm Essen und Geld für die Heimreise geben.«

Zum ersten Mal betrachtete ich ihn genau. Er war geschmackvoll in einen ausgezeichnet geschnittenen Geschäftsanzug aus weichem Stoff gekleidet. Es war nicht zu übersehen, daß er fürchterlich dünn war und seine Schultern sich auf eine Art verzogen, die gar nicht im Einklang mit seiner Jugend stand. Er sah aus, als stamme er aus dem Nahen Osten. Das Gesicht mit der breiten Stirn war hager, seine Haltung aristokratisch. Mir fielen seine bemerkenswert schönen und gepflegten Hände mit den langen, wohlgeformten, sensiblen Fingern auf. Er hatte große, dunkle, mandelförmige Augen. Dahinter nahm ich fröstelnd die flackernden Schatten eines Alptraums wahr. Er war ein sehr verängstigter junger Mann.

Ich fragte ihn nach seiner Nationalität, und er erwiderte, er sei Schwede. »Und vorher?« fragte ich lächelnd.

»Iraner.«

Er war seit sieben Jahren in Schweden und verdiente seinen Lebensunterhalt mit der Restaurierung antiker Teppiche, wie er mir sagte. Er sprach gebrochen Englisch, und ich fragte ihn, wo er das gelernt habe. »Man muß viele Dinge lernen«, antwortete er. Er hatte es gelernt, indem er sich im schwedischen Fernsehen amerikanische Filme ansah.

Das Öffnen und Schließen der AbtEitüren kam näher, und er wurde immer unruhiger. Er schien Mühe mit dem Atmen zu haben, und einen Augenblick lang sah es aus, als würde er ohnmächtig werden. Plötzlich wurde mir das ganze Bild klar. Der Tumult Tausender Ostdeutscher, die über die Grenze strömten, die überarbeitete Polizei, ein braunhäutiger junger Mann, der einen Dolmetscher brauchte, um ihnen begreiflich zu machen, daß er bestohlen worden war, und der die Polizei bat, ihm die Heimreise zu ermöglichen... Für sie war er nur ein junger Mann mehr unter Tausenden von analphabetischen türkischen »Gastarbeitern«, die dem Land schon lange vielfältige soziale Probleme bereiteten.

»Lassen Sie mich Ihnen Geld für eine Fahrkarte bis an die dänische Grenze geben«, schlug ich vor. »Das ist nicht weit und wird nicht viel kosten.« Ich griff nach meinem Portemonnaie. Er wich vor mir zurück, als hätte er sich verbrannt.

»Nein«, sagte er. »Nein. Wenn es sein muß, gehe ich zu Fuß nach Stockholm.«
»Aber warum? Warum?« beharrte ich sanft. »Ich kann Ihnen das Geld geben. Es ist nichts.« Und als ich sein Gesicht sah: »Sie können es mir zurückschicken, wenn Sie nach Hause kommen. Ich gebe Ihnen meine Adresse.«
»Nein«, wiederholte er. »Ich gehe zu Fuß. Menschen müssen stark sein.«
Stockholm war mehrere hundert Kilometer entfernt. Ich biß mir auf die Lippen. Mir war klargeworden, daß ich mein Angebot zu früh gemacht und seinen Stolz verletzt hatte.
Wir zogen uns in Schweigen und in unsere jeweiligen Ecken zurück. Das Öffnen und Schließen von Türen kam noch näher. Jetzt war es nur noch zwei Abteile entfernt. Der Alptraum hinter den Mandelaugen trat deutlich aus dem Schatten.
»Ich kann nur beten, daß sie nicht die Polizei rufen«, sagte er mit dünner, gepreßter Stimme. Dann, mit einem hoffnungslosen Flüstern: »Aber Allah wird mich nicht hören.«
Plötzlich zog er seinen Schuh und dann seine Socke aus. »Das hat die iranische Polizei mir angetan. Sie haben es mit einer Säge gemacht und dann Salz in die Wunde gerieben.« Die Ferse seines Fußes war bis auf den Knochen durchsägt. »Dasselbe haben sie mit meiner Schulter gemacht, nur schlimmer. Und dann haben sie mich mit einer Peitsche geschlagen, 270 Hiebe. Das haben sie in den sechs Monaten, in denen ich ihr Gefangener war, dreimal gemacht.
Meine ganze Familie hat meine Freiheit erkauft. Sie mußten ihnen 120 000 Dollar geben. Ich ging zu Fuß zur türkischen Grenze. Das dauerte elf Nächte. Tagsüber konnte ich nicht gehen, sonst hätten sie mich gefunden und mich wieder ins Gefängnis geworfen und gefoltert.«
Die Abteiltür wurde aufgerissen, und der Kontrolleur, furchteinflößend und offiziell in seiner makellos gebügelten grauen Uniform mit roten Schulterstücken, streckte die Hand nach den Fahrkarten aus. Das finnische Mädchen und ich gaben ihm unsere. Der uniformierte Arm wandte sich dem Iraner zu und wartete.
Nach einem qualvollen Augenblick reichte der junge Mann ihm sein abgelaufenes Sonderticket sowie seinen Paß von den Vereinten Na-

tionen. Der Kontrolleur betrachtete all die Papiere und gab sie dann ohne ein Wort zurück. Er grüßte freundlich, und die Abteiltür schloß sich hinter ihm.
Der Iraner stieß heftig die Luft aus. »Er wird nicht die Polizei rufen.« Er lächelte schwach. Diesmal war ich sicher, daß er gleich in Ohnmacht fallen würde.
»Wann haben Sie zuletzt gegessen?« fragte ich leise.
Er schien zu zählen. »Vor drei Tagen.«
Neben mir auf dem Sitz lag eine Papiertüte mit Essen, die meine Freundin in Hamburg ein paar Stunden zuvor liebevoll gepackt hatte. Ich hielt sie ihm hin. »Bitte, nehmen Sie das. Ich habe schon gegessen.« Er hob abwehrend die Hand. Wieder dieser schreckliche, qualvolle, lähmende Stolz! Diesmal war ich darauf vorbereitet.
»Haben Sie Mitleid mit mir«, schrie ich ihn an. »*Ich bin eine Mutter!* Ich kann es nicht ertragen, Sie verhungern zu sehen!«
Er nahm das Essen. Fast abwesend wickelte er langsam ein Brötchen aus und nahm mühsam kleine Bissen, während er fortfuhr, uns seine Geschichte zu erzählen. Sein Bruder war von der Polizei des Schahs ins Gefängnis geworfen und gefoltert worden. Nachdem die Familie endlich seine Freiheit hatte erkaufen können, war er in die Vereinigten Staaten geflohen und hatte viele Jahre im Exil in Los Angeles gelebt. Als der Ayatollah an die Macht kam, kehrte er in den Iran zurück. Binnen Stunden lag er wieder im gleichen Polizeigefängnis, aus dem er viele Jahre zuvor entkommen war, und wurde zu Tode geprügelt.
Unser Freund Mohammed – das war sein Name – wurde am nächsten Tag verhaftet. Er war gerade zweiundzwanzig geworden und hatte im Vormonat geheiratet. Als er schließlich in die Türkei und von da nach Schweden entkam, hinterließ er eine schwangere Frau, zwei Schwestern und eine alte Mutter. Er hat seine Tochter, jetzt sieben Jahre alt, nie gesehen. Seine Familie kann den Iran nicht verlassen. Sein Paß von den Vereinten Nationen erlaubt ihm die Einreise in jedes Land der Welt, nur nicht in den Iran, denn wenn er je versucht, wieder nach Hause zu gehen, wird ihn die Polizei töten, ganz gleich, wer dann an der Macht ist.
Sanft fragte ich ihn nach den Folgen der Folter. Der Schmerz in

seinem Rücken und seinen Schultern besteht noch immer, und er kann nicht schlafen.

Das Schlimmste aber ist, daß er seine Familie vermißt und wenig oder keine Hoffnung hat, sie je in seinem Leben wiederzusehen. Das ist die nie endende Folter des Exils, die Verurteilung zu einem Leben von Einsamkeit, Sehnsucht und Heimweh ohne Hoffnung auf Vergebung oder Begnadigung.

Es gibt Dinge, über die Folteropfer nur selten sprechen, außer untereinander. Zu den vielen Qualen, die für junge Männer wie Mohammed erdacht werden, gehört fast immer auch sexuelle Folterung. Und während sie diese Taten begehen, machen die Folterer sich lustig und höhnen: »Danach wird dich keine Frau mehr anrühren wollen. Du wirst nie Kinder haben, und wenn doch, werden sie alle Ungeheuer sein.«

Niederträchtig tun sie ihr Schlimmstes, um ihren Opfern nichts zu lassen. Das einzige, was die Folterer in ihnen nicht zerstören können, ist ein hartnäckiger, wilder und unerschütterlicher Stolz auf ihre eigene ungebrochene Anständigkeit, Stärke und Überlebensfähigkeit. Das ist alles, was ihnen bleibt.

* * *

Auch ich kenne das Exil. Ich kenne die Qualen, die es auferlegt, wenn mein Exil auch selbstgewählt war.

Ich kann die Alpträume ihr bizarres Ballett hinter den mandelförmigen Augen deshalb so deutlich tanzen sehen, weil auch ich die Folter der Sehnsucht nach meinen Kindern gespürt habe, als es keine Hoffnung auf Vergebung oder Begnadigung von meinem selbstauferlegten Urteil zu geben schien.

Warum habe ich mich dann selbst diesem Exil unterworfen? Ein Leben bar jeder Freiheit war mir so verhaßt geworden, daß ich nicht mehr leben wollte. In einer letzten Anstrengung, mich zu retten, hatte ich alle Fesseln und Konventionen abgeschüttelt und war eine Zigeunerin, eine Wandernde, eine Abenteurerin geworden. Ich suchte nach meinem wahren Selbst. In dieser Existenz war Freiheit wichtiger als ein Heim, wichtiger als Sicherheit, wichtiger als Liebe, wichtiger als das Leben selbst. Aber die Freiheit kostete einen hohen Preis.

Es gab Perioden von bis zu einem Jahr, in denen ich keine feste Adresse hatte, keine Möglichkeit, Post zu empfangen oder festzustellen, ob meine Briefe meine Kinder je erreichten. Die meisten taten es nicht. Ich litt heftig unter dem Wissen, daß die Wahrscheinlichkeit, krank zu werden und irgendwo in einem entlegenen, namenlosen afrikanischen Dorf, auf einem endlosen Wüstenpfad oder in einem stinkenden Loch von Gasthof, in dem ich Zuflucht gesucht hatte, zu sterben, ziemlich hoch war. Ich lebte mit der ständigen Angst, daß ich meine Kinder nie wiedersehen würde und daß sie nie erfahren würden, was mit mir passiert war, wenn ich nicht zurückkehrte.

Auch ich konnte nicht schlafen, und es kam eine Zeit, da ich merkte, daß das aufhören mußte, oder ich würde verrückt werden. Und so schrieb ich in einer schlaflosen Nacht ein Gedicht und setzte es in Musik. Ich pflegte es mir laut vorzusingen, wenn die Sehnsucht mich überwältigte. Ich weinte, wenn ich es sang, meine Stimme brach, und ich konnte nicht weitermachen. Dann versuchte ich, es von neuem zu singen, und das tat ich, bis ich es zweimal hintereinander konnte, ohne zusammenzubrechen und zu weinen, einmal für jedes meiner Kinder. Danach konnte ich dann schlafen. Ich nannte es »Stephanies Lied« und sang es, wo immer ich ging und wo immer ich mich zum Schlafen niederlegte.

Stephanies Lied

Stephanie, Stephanie,
Mein heller Engel!
Wie ich mich unter diesem grenzenlosen Himmel nach deinem Lächeln sehne!
Unter den dahinsegelnden Vögeln gehe ich über die Erde,
Und wenn die kühle Nacht herabsinkt, liege ich auf dieser Erde.
Warum weine ich so um dich?
Und warum ist die Leere meiner Arme so groß?
Wenn dieses Afrika mich ruft, mein ganzes Leben lang zu bleiben,
Wenn Frieden in meinem Herzen ist und meine Tage Freude versprechen,
Muß ich dich doch wieder,

Noch einmal,
In meinen liebenden Armen halten.

Über die Zeile »Und warum ist die Leere meiner Arme so groß?« kam ich nie hinweg, ohne zu weinen. Sogar noch heute, da meine Arme voll sind vom beständigen Wunder der Liebe, kann ich sie nicht singen, ohne zu weinen.
Ich habe dies gestanden, weil Menschen mich oft überlebensgroß sehen. Ich bin überhaupt nicht überlebensgroß, denn mein Mut kam aus Verzweiflung und der Überzeugung, mein Leben sei völlig wertlos. Und doch wollte ich es nicht sinnlos wegwerfen. Ich wollte mehr als alles in der Welt frei sterben, das tuend, was ich tun wollte, und mit den Stiefeln an den Füßen.
Die dauernde Gefahr war mir sehr bewußt. Was mich weitermachen ließ, war ein überwältigendes Gefühl von Sinn und Bestimmung, und so schrieb ich, um die ständige Gegenwart des Todes abzuwehren, ein weiteres Gedicht. Ich nannte es »Anrufung«.
Irgendwo in den Büchern von Carlos Castaneda sagt Don Juan, man habe seinen Tod immer bei sich. Man kann ihn über die linke Schulter hinweg erspähen, wenn man sehr schnell hinschaut, und man braucht sich nicht zu beunruhigen, denn man ist nicht gemeint. Wenn man ihn aber zu seiner Rechten sieht, dann *ist* man gemeint, und er ist gekommen, einen zu holen.

Anrufung

Gehe zu meiner Linken, o Tod,
Gehe zu meiner Linken
Und komm nicht zu nahe,
Denn es gibt vieles, das ich tun muß.

Ich sehe, daß du da bist.
Du bist da.
Ja, ich sehe, du bist immer da.
Ich kann dein Ungesicht
Über meine linke Schulter sehen, wenn ich gehe.
Ich weiß, daß du da bist,
Aber es gibt vieles, das ich tun muß.

Hörst du die Schreie?
Hörst du die wilden, gequälten Schreie
Kleiner afrikanischer Mädchen
Mit zarten, hilflosen Armen,
Wenn sie sie
Auf dem Boden festhalten,
Ihnen die Sexualorgane herausschneiden
Und sie zunähen?

Ich sehe dich zu ihrer Rechten sitzen,
Und sie betrachten dich mit wild rollenden Augen,
Während sie bluten
Und bluten
Und bluten
Und bluten
Und bluten,
Und es gibt vieles, das ich tun muß.

Ich weiß, daß du, während ich gehe,
Bei mir sein wirst
Als mein Weggefährte,
Aber ich werde dich nicht Freund nennen.

Also geh zu meiner Linken, o Tod,
Geh zu meiner Linken und komm nicht zu nahe.
Du wirst nicht mein Freund sein,
Denn es gibt vieles,
Das ich
Tun muß.

Nachdem ich diese Anrufung geschrieben hatte, steckte ich sie irgendwo ganz unten in meinen Rucksack und vergaß, daß sie da war. Ich brauchte sie damals nicht. Ich war nicht ambivalent. Sie definierte nur die Richtung, in die ich gehen mußte, und mein Weg lag direkt vor mir. Viele Monate später fand ich sie wieder und räumte sie mit einigen anderen Papieren beiseite. Ab und zu ist sie wieder an die Oberfläche gekommen, und hier ist sie also.
Ich hatte noch ein anderes Mittel, um nicht den Verstand zu verlie-

ren, und das war meine Litanei. Ich vergaß nie, meinem Knie Dank auszusprechen, das unter der Belastung der total unsinnigen Anforderungen, die ich an es stellte, irgendwie zusammenhielt. Ich war auch meinem traurig verbogenen und verletzten Hals unbeschreiblich dankbar. Durch irgendein Wunder überlebte er immer wieder die Anschläge der Fahrten auf der harten und oft kantigen Fracht überfüllter Lastwagen durch endlose Schlaglöcher und weglose Wüsten, dahinrutschend auf profillosen Reifen und mit Stoßdämpfern, die nur noch verblassende Erinnerung waren.

Ich war mir des Übermaßes meiner Reichtümer deutlich bewußt. Ich besaß ein Paar gut eingelaufener Wanderschuhe, in denen ich bequem gehen konnte. Für kein Geld der Welt war dergleichen im ganzen Sudan zu kaufen. Ich trug meine Ausrüstung in einem stabilen schwedischen Rucksack, der meine überforderte Wirbelsäule nur minimal belastete. Als schließlich der Rahmen brach und ich meine Sachen wie die Eingeborenen in einem Sack tragen mußte, war ich binnen einer Woche fast verkrüppelt und hatte keine andere Wahl, als nach Europa zurückzukehren. Ich besaß eine Sonnenbrille und eine Lesebrille. Dieser enorme Reichtum war fast obszön in seiner Großartigkeit.

Jeden Abend, wenn ich mich zur Ruhe legte, zählte ich meine Segnungen und schlief ein, während ich meine Litanei aufsagte:

»Segne mein Knie. Segne meinen Hals. Segne meine Wirbelsäule. Segne meine Füße. Segne meinen Rucksack. Segne meine Schuhe. Segne meine Sonnenbrille. Segne meinen Schlafsack.«

Dann schlief ich wie ein Baby, bis die Sonne aufging und ein neuer Tag begann.

Requiem für einen Goliathreiher

Neben der Rollbahn in El Fasher und innerhalb des verfallenden Rechtecks von Gebäuden, die die Büros der Flughafenverwaltung beherbergen, liegt ein Hof, vollkommen kahl bis auf zwei magere Bäume, die um ihr Überleben kämpfen. Unter einem dieser Bäume sitzt jeden Morgen eine Geisteskranke und bringt einer imaginären Schulklasse das Lesen bei.
Wenn man sie beobachtet, wird deutlich, daß ihre kleinen Phantomschüler äußerst lebhaft und aufgeschlossen sind, wie die meisten sudanesischen Schulkinder, und daß sie ihren Unterricht mit gespanntester Aufmerksamkeit verfolgen. Sie sagt mit ihnen Multiplikationstabellen auf, bringt ihnen Lieder bei, stellt ihnen Fragen und ruft alle Kinder nacheinander auf. Wenn sie die richtige Antwort geben, lächelt sie sie mit offensichtlicher Zufriedenheit an; tun sie es nicht, so bemüht sie sich sanft und liebevoll von neuem, sie zum Verständnis dessen zu führen, was sie ihnen beizubringen versucht.
Ich sitze unter dem anderen Baum am entfernten Ende des Hofes und versuche, so unauffällig wie möglich zu wirken, während ich sie verstohlen beobachte, und sie nimmt meine Gegenwart zur Kenntnis, indem sie ihrer Klasse auf englisch vorzählt: »*One, two, three, four, five.*« Dann weist sie sie an, die seltsamen Wörter zu wiederholen. Obwohl nur sie allein das Echo des Chors aus zirpenden Phantomstimmen hören kann, weiß ich, daß die Kinder sich ihrer Aufgabe perfekt entledigen, denn sie schaut triumphierend in meine Richtung, um sich zu vergewissern, daß ich die gute Leistung bemerkt habe.
Sie ist eine Frau von nicht mehr als dreißig Jahren, gepflegt und angenehm anzusehen. Man sagt mir, sie sei einmal Direktorin einer Grundschule in einer anderen Stadt gewesen. Als sie ihrem Ehe-

mann, den sie leidenschaftlich liebte, nach fünf Jahren noch keine Söhne geboren hatte, zwangen seine Angehörigen ihn, sie zu ihrer Familie zurückzuschicken und dann eine andere Frau zu heiraten.
Danach saß sie ein ganzes Jahr lang in ihrer Hütte und starrte vor sich hin. Dann stand sie eines Morgens auf, nahm ihre Bücher und ging hinaus zum Flughafen. Dort setzte sie sich unter den Baum im Hof, wo sie auch jetzt sitzt, während ich sie beobachte, und fing an, ihre imaginäre Klasse zu unterrichten.
Geisteskrankheit ist im Sudan nicht häufig zu sehen, und wenn doch, dann tritt sie meist in so harmloser Form auf, daß niemand sich weiter darum kümmert. Das Leben unter den Einwohnern eines Landes, das von gnadenlos sengender Hitze, öden Wüsten und ständigen Entbehrungen beherrscht wird, bringt vielleicht diejenigen von uns, die aus anderen Kulturen kommen, zu der Schlußfolgerung, daß hier zwangsläufig alle mehr als nur ein bißchen verrückt sind. Es ist schwer, die unbezähmbare Lebenslust der Menschen zu begreifen, ihr spontanes, unbefangenes, fröhliches Lachen, die freudige Erregung, mit der sie selbst eine so bescheidene Präsenz wie meine ständig zu erfüllen scheint, ihre eifrige Gastfreundschaft und uneingeschränkte Großzügigkeit und ihre totale, selbstverleugnende Hingabe an den Gehorsam gegenüber Allah.
Jeden Tag werde ich mehr als einmal gefragt, ob der Sudan nicht wahrhaft wundervoll sei, und weil es sie so prompt glücklich macht, antworte ich stets, der Sudan sei wirklich wundervoll. Der Sudan ist öde, zermürbend und unsäglich hart für diejenigen, deren Überleben in der brutalen Unwirtlichkeit seiner Wüstensiedlungen und Städte immer auf Messers Schneide steht. Doch wegen der einzigartigen Eigenschaften derselben Menschen ist er tatsächlich der wundervollste Ort auf Erden, den ich je besucht habe.
Manchmal frage ich mich, ob nicht vielleicht ich und die Kultur, aus der ich komme und in der nichts je genug zu sein scheint, wo kaum jemals jemand mit dem zufrieden scheint, was das Leben bietet, total verrückt sind. Vielleicht leben auch alle diese Menschen im Sudan ständig in jener anderen Realität, wo Worte unwichtig sind, wo das individuelle Überleben keine Rolle spielt, wo Schmerz nicht existiert, wo materieller Besitz bedeutungslos ist, wo nur Gefühl und Glaube mit Wahrheit verbunden sind und wo das Paradies den

wahrhaft Gläubigen erwartet. Wahnsinn ist wohl lediglich eine Frage der kulturellen Definition.

* * *

El Fasher liegt in der Provinz Darfur im westlichen Sudan, nicht weit entfernt von der Grenze zum Tschad. Wasser rinnt durch diese von Palmen beschattete Oase, die jahrhundertelang zahllose Pilger angezogen hat; sie reisten in Kamelkarawanen, die Hunderte von anstrengenden Wüstenmeilen zur heiligen Stadt Mekka zurücklegten. Es ist eine Außenstelle der Regierung, von der aus die westlichen Provinzen verwaltet werden. Ich fand dort gelangweilte Regierungsbeamte, die von kaum etwas anderem redeten als ihrem brennenden Wunsch, von diesem Posten erlöst und rasch zu den in ihren Augen kosmopolitischeren Vergnügungen Khartums zurückversetzt zu werden.
El Fasher ist auch der letzte Punkt im Westen, von dem aus man im Sudan per Flugzeug reisen kann. Will man weiter, muß man über Land nach Nyala, das eine Tagesreise durch die Wüste südlich von El Fasher liegt. Von Nyala aus kann man seinen Weg zu den kühlen, üppigen Bergen von Jebel Marra fortsetzen, die bis zu dreitausend Meter hoch sind, die höchsten im Sudan.
Nyala, das knapp hundertfünfzig Kilometer von der Grenze zum Tschad entfernt ist, ist eine farbenfrohe, pulsierend lebendige Marktstadt von explosiver Energie, die wie ein erregter Bienenstock unter der gleißenden Sonne liegt. Es gibt Unmengen von saftigem Obst. Stand um Stand schimmert verführerisch mit vielfarbigen Stoffen. Auf dem menschenwimmelnden Kamelmarkt wiehern an den Füßen gefesselte und mit Stricken angebundene Kamele. Potentielle Käufer schlängeln sich scharfäugig prüfend zwischen ihnen durch und halten gelegentlich inne, um mit von der Wüste abgehärteten Kameltreibern wild zu feilschen.
Das Rasthaus der Regierung, in dem ich aufgrund der einbrechenden Dunkelheit Zuflucht suchen mußte, war ein stinkendes Pestloch, in dem mir sogar das Atmen widerstrebte. Ich schreckte davor zurück, die unsägliche, verkrustete Obszönität von einem Bett anzurühren, und warf meinen Schlafsack in der entlegensten Ecke auf den staubigen Boden. Nach zwei solchen Nächten konnte ich es

nicht mehr aushalten. Obwohl Nyala mich faszinierte, zwang mich die schreckerregende Aussicht, die verpestete Luft des Rasthauses noch eine Nacht lang einzuatmen, so schnell wie möglich aus der Stadt zu fliehen. Ich suchte mir einen Lastwagen nach Nyertete, einer Bauernsiedlung am Fuße von Jebel Marra.
Nyertete erwies sich als geruhsames, freundliches Dorf, durch das klares Wasser aus den Bergen in die Bewässerung von Gemüsegärten und Feldern floß. Dankbar füllten sich meine Lungen mit der süßen, reinen Luft, und mein Herz schlug wieder gemächlicher. Ich schlenderte müßig über den hübschen Markt, kaufte hier eine Mango und dort eine Tomate und beobachtete die Leute. Schließlich zog ich sogar vorsichtig meine kleine Kamera heraus, und als dies keinen sichtbaren Unwillen erregte, machte ich hin und wieder ein Foto.
An einem der Stände verkaufte eine hübsche junge Frau Getreide. Zwischen ihren Plastikbehältern erspähte ich einen kunstvoll gewebten Korb, der zum Tragen mit geflochtenen Lederriemen versehen war. Offensichtlich war er ziemlich alt, doch bestens erhalten. Die prachtvolle Handarbeit fiel dem geübten Auge sofort auf. Noch ehe ich ihn berührt hatte, konnte ich erkennen, daß der Webdeckel so geschickt gemacht war, daß er fast luftdicht schloß.
Das war der erste Korb vergleichbarer Qualität, den ich außerhalb eines Museums sah. Auf den vielen Märkten, die ich besucht hatte, hatten die eingeborenen Frauen ihre Waren lieber in Ölkanistern aus Plastik, in Säcken oder aufgeschnittenen Benzinfässern transportiert, die ihnen zweckmäßiger erschienen. Die meisten von ihnen mieden, ja verachteten die alten Eingeborenengerätschaften und maßen ihnen nicht den geringsten Wert bei.
Ich gab der Frau zu verstehen, ich wolle den Korb kaufen. Sie konnte nicht glauben, daß jemand einen so wertlosen Gegenstand zu besitzen wünschte, und lachte mißbilligend, vielleicht etwas verlegen, weil sie ihre Waren in einem so altmodischen »Großmutter«-Behälter darbot. Doch ich beharrte darauf, also breitete sie ein Tuch auf den Boden und schüttete das Korn darauf. Dann reichte sie mir mit fragendem Blick den Korb. Sie hatte keine Ahnung, was sie dafür verlangen sollte. Ich nahm soviel Geld heraus, daß sie sich davon drei oder vier Plastikbehälter kaufen konnte, und sie lächelte breit,

nickte und streckte die Hand aus. Ich fügte noch eine Münze hinzu und reichte ihr das Geld. Glücklich trennten wir uns, beide zufrieden mit einem großartigen Handel.
Ich kaufte duftende Früchte und dampfendes Brot und trug sie in meinem neuerworbenen Schatz zum Rasthaus. Am nächsten Tag brachte ich ihn zur Hütte des Rasthauswächters und ließ ihn in der Obhut seiner Frau. Dann füllte ich meine Wasserflasche, schulterte meinen Rucksack und schlug den ansteigenden Weg ein, der zum nächsten Dorf führte.
Als ich zwei Stunden später das Dorf erreichte, fühlte ich mich fiebrig, und das Gewicht des Rucksacks ließ meine Beine beim Anstieg zittern. Ich wußte, das nächste Dorf lag in den Bergen, viele Gehstunden entfernt. Zum Glück sah ich auf dem kleinen Marktplatz einen Mann neben einem Kamel hocken, das seiner Größe nach ein noch nicht geschlechtsreifes Tier zu sein schien.
Ich grüßte ihn, und er lud mich ein, im Schatten neben ihm zu rasten. Wir tauschten ein paar höfliche Worte, und ich bewunderte sein junges Kamel, auf das er verständlicherweise stolz war. Er habe es erst kürzlich gekauft, erklärte er und streichelte liebevoll seine flaumige Flanke. In einer dörflichen Welt, in der Frauen und Esel die schwere Arbeit tun, sind Kamele ein Luxus, den sich nur wenige Glückliche leisten können. Das Tier sah gut genährt aus, und so wagte ich die Frage, ob er mich mit seinem Kamel in die Berge führen würde.
Zuerst zeigte er Widerstreben, denn im Dorf war kein zweites Kamel zu finden, und obwohl ein ausgewachsenes Kamel schrecklich schwere Lasten tragen kann, waren die Beine seines eigenen Jungtiers noch zu zart, um gefahrlos das Gewicht von zwei Menschen auszuhalten. Dann willigte er ein; das Kamel könne mein Gepäck tragen, während er auf seinem Rücken in die Berge reite. Ich müsse zu Fuß folgen. Der Aufstieg sei nicht schwierig, sagte er, und der Pfad sicher genug für ein Kamel, also auch sicher genug für mich.
Der Preis, den er verlangte, war nicht unvernünftig. Wir handelten ein paar Minuten, eher der Form halber als aus anderen Gründen. Weil er so rücksichtsvoll zu seinem Tier war, beschloß ich im stillen, ihm die volle ursprünglich verlangte Summe zu zahlen, wenn

wir am Ziel wären, obwohl wir uns auf einen geringeren Preis geeinigt hatten.

Mein Rucksack, der sich auf meinen Schultern so hoffnungslos schwer angefühlt hatte, wirkte sogar auf dem umfänglichen Leib des erst halb erwachsenen Kamels winzig. Ich hatte keine Bedenken, es ihn tragen zu lassen, und das Kamel schritt mühelos dahin, als spüre es die zusätzliche Last neben dem mageren, sehnigen Führer gar nicht. Immer noch etwas schwindlig und benommen ging ich hinter dem Kamel den sanft ansteigenden Weg entlang.

Die Sonne, die bei unserem Aufbruch noch tief gestanden hatte, stieg nun heiß mitten in den Himmel, während wir bergauf gingen. Der Pfad wurde immer steiniger und steiler und verschwand dann fast ganz. Das Kamel suchte sich kundig seinen Weg zwischen den zerklüfteten Felsbrocken, während ich stolpernd und immer benommener folgte. Mein Führer sah sich stirnrunzelnd nach mir um. Trotz meiner Anstrengung, Schritt zu halten, fiel ich noch weiter zurück. Endlich ließ er sein Kamel kehrtmachen, kam dahin zurück, wo ich mich schwitzend und den Tränen nahe abmühte, ließ das Tier niederknien und saß ab. Wortlos half er mir in den Sattel, das Kamel stand wieder auf, und er führte es auf dem steinigen Pfad leichtfüßig höher in die Berge.

Schwindelnd vor Erschöpfung thronte ich hoch oben im Sattel, den Höcker des Kamels fest zwischen die Knie geklemmt. Bei jedem seiner Schritte schwankte ich passiv und sinnlich vor und zurück. Es war eine beruhigende, wellenförmige Bewegung, der ich mich bereitwillig überließ. Es war, als würde ich eins mit dem Kamel. In meinem fiebrigen Zustand fühlte ich mich, als sei ich ein Zweig an einem biegsamen Baum, der sich in einer sanften Brise bewegt. Während mein Kopf vom Fieber immer benommener wurde, kehrten meine Gedanken wieder und wieder zu der Milde des Mannes zurück, der sein Kamel liebte und es gerade und stark heranwachsen sehen wollte. Dann wurde mir dankbar bewußt, daß dieser Mann mit seinem Besitzerstolz gekämpft und gesiegt hatte, denn nun führte er sein Kamel in die Berge und gestattete mir, es zu reiten, während er leichtfüßig und mit sicherem Tritt vor uns herging.

Es war später Nachmittag, als wir das Dorf erreichten. Der schmale, steinige Pfad weitete sich wieder zum Sandweg. Wir stießen auf eine

buntgescheckte Gruppe von Reisenden, die unter mehreren üppigen Bäumen neben etwas hockten, das ein Rasthaus zu sein schien. Sogar auf den ersten Blick waren sie beeindruckend erfahren und abgehärtet. Das Rasthaus war eine fensterlose Lehmhütte, die anscheinend hauptsächlich als Lagerraum diente.
Wieder kniete das Kamel nieder, und ich glitt wie im Traum aus dem Sattel und wankte auf einen Baum zu, den ich mir aneignete. Dann bezahlte ich meinem Führer den vollen Betrag, den er ursprünglich verlangt hatte, und legte noch einen zusätzlichen Schein in seine Handfläche. Er lächelte zufrieden, bot mir *salaam* und verschwand mit seinem Kamel den Berg hinunter.
Zu schwach, um die anderen Reisenden mehr als flüchtig zu begrüßen, legte ich mich auf die nackte Erde und fiel augenblicklich in einen betäubungsähnlichen Schlaf. Einige Stunden später wachte ich unter einem bleichen Mond auf, steif und vor Kälte zitternd. Völlig elend kroch ich in meinen Schlafsack und suchte nach einem Trost in dem überwältigenden Einsamkeitsgefühl, das mich plötzlich überflutete. Ich fand keinen und schloß die Augen.
Ein paar Augenblicke später spürte ich die leichte Berührung einer Hand an meiner Schulter. Ich öffnete die Augen und sah ein japanisches Mädchen in bäuerlicher Kleidung mit fröhlichen Augen neben mir hocken. Ihr Haar war in einem Tuch fest um ihren Kopf gewunden, und sie sah aus wie eine Erscheinung aus einem vergangenen Zeitalter. In der Hand hielt sie eine Schale mit dampfendem Reis, die sie mir mit einer Verbeugung anbot. Einen Moment fragte ich mich vage, wohin in Zeit und Raum mich meine Fieberträume getragen haben mochten. Dann setzte ich mich auf und sah, daß ein halbes Dutzend Reisender um ein Feuer versammelt waren, auf dem zwei kleine Kessel erhitzt wurden. Das energische Nicken der Japanerin gab mir zu verstehen, ich solle mich zu ihnen gesellen.
Ich folgte ihr an das Feuer und nahm dankbar den Trost von Nahrung und menschlicher Gesellschaft an. Ein Blechbecher mit glühendheißem Tee wurde mir in die Hand gedrückt, und ich schlürfte ihn selig seufzend, während das Zittern allmählich nachließ und Kraft in meinen Körper zurückzukehren begann.
Nur der erfahrenste Afrikareisende durchwandert Jebel Marra. Unter denen, die sich um dieses Feuer versammelt hatten, waren zwei

holländische Jungen, die kürzlich auf einem Trampschiff das Horn umrundet hatten. Es gab zwei umherziehende australische Botaniker und ein paar japanische Rucksackwanderer, die die entlegensten Weltgegenden besuchten. Solche Weggefährten begegneten einander wie Schiffe in der Nacht, und unter ihnen herrschte eine mühelose und tolerante Kameradschaft, die alle Unterschiede von Alter, Hintergrund und Lebenssituation transzendierte. Sie maßen den Wert eines Menschen im wesentlichen am Mut eines Individuums, das Unbekannte zu suchen, an seiner Unempfindlichkeit gegen Entbehrungen und an der Intensität, mit der es seinen ureigenen Weg verfolgte.

Vier Tage lang lag ich wie im Traum unter meinem Baum und erholte mich von dem Fieber. Es war ein seltsames Unwohlsein, denn ich fühlte mich zwar lethargisch, schwach und unentschlossen, hatte aber keine großen Schmerzen.

Die fensterlose Lehmhütte diente, wie ich bald entdeckte, nicht nur als Rasthaus, sondern auch als Krankenstation. Der Schullehrer des Dorfes verfügte darüber. Die medizinische Versorgung bestand aus nicht viel mehr als einigen Schachteln Malariatabletten, die der Lehrer, wie ich beobachtete, an alle Patienten ausgab, ungeachtet ihrer Beschwerden.

Ein kleiner Junge kam und setzte sich schweigend in die Astgabelung eines Baumes neben meinem eigenen. Von diesem Aussichtspunkt aus musterte er mich gelassen. Nach einer Weile ging er fort und kehrte ein paar Augenblicke später zurück, vier noch kleinere Schwestern im Gefolge. Alle setzten sich dicht beieinander hin, und ihre großen, ruhigen Augen beobachteten mich unverwandt. Nach vielleicht einer halben Stunde glitt der Junge vom Ast, kam zu mir und betrachtete mich ein oder zwei Minuten lang aus der Nähe. Dann verschwand er und ließ seine Schwestern zurück, die wie zerbrechliche kleine Spatzen in der Biegung des Baumastes sitzen blieben.

Ein paar Minuten später kam er mit einer Schale Wasser zurück und stellte sie vor mich hin. Als ich das Wasser getrunken hatte, lächelte er, nahm die Schale, zeigte auf seine Brust und sagte: »Mohammed.« Dann verschwand er mit der leeren Schale wieder. Weitere fünfzehn Minuten vergingen, während die Vögelchen fortfuhren,

mich zu betrachten. Als Mohammed dann zurückkam und erneut eine Schale hinstellte, war sie zur Hälfte mit Weizen gefüllt. Er hockte sich vor mir nieder und wartete.
Ich nahm ein Korn und stellte fest, daß es hart und roh war. Pantomimisch goß ich Wasser über den Inhalt der Schale, gab ihn in einen Topf, zündete ein Feuer an und kochte ihn. Dann nahm ich eine Münze heraus und reichte sie Mohammed. »Lightfoot«, sagte ich und wies auf meine Brust. Er versuchte mehrmals, den Klang nachzuahmen. Als er es fast geschafft hatte, nickte ich. Gemessen schritt er zu seinen kleinen Schwestern hinüber, setzte die Schale ab und verkündete feierlich: »Lah-ee-ah-foo.«
Das bis dahin fast unnatürliche Schweigen der kleinen Mädchen explodierte sofort zu einem zwitschernden Gelächter. Sie fingen an, immer wieder »Lah-ee-ah-foo, Lah-ee-ah-foo« zu intonieren, wobei sie alle paar Augenblicke in Kichern ausbrachen, bis Mohammed sie zum Schweigen brachte. Als sie wieder still waren, nahm er die Schale und entfernte sich sehr würdevoll. Wieder überkam mich Lethargie, und während ich döste, hörte ich nur vage das gelegentliche Gezirpe unterdrückten Lachens und ein hinter vorgehaltenen Händchen leise gepiepstes »Lah-ee-ah-foo« in meine Richtung wehen.
Als Mohammed erneut zurückkam, war die Schale mit warmem, frisch gekochtem Weizen gefüllt. Einer nach dem anderen glitten die kleinen Spatzen von ihrem Baum und kamen näher. Als ich ihnen die Schale hinhielt, kamen sie noch näher, und ich gab jeder eine Handvoll von dem süß duftenden Getreide. Dann saßen wir alle zusammen da und aßen.
In den folgenden vier Tagen brachte Mohammed mir jeden Morgen eine Schale Weizen, und ich lag unter dem Baum und sammelte Kräfte. Bei Einbruch der Dunkelheit pflegten sich die Reisenden um das Feuer zu sammeln und über das zu sprechen, was sie an diesem Tag gesehen hatten. Das Dorf lag in der Nähe eines riesigen Vulkankraters, den zu durchqueren einen ganzen Tag dauerte. Wenn man aufwärts stieg, donnerten aus großer Höhe Wasserfälle herunter, und weiter entfernt sprudelten heiße Quellen aus der Erde, in denen man baden konnte. Der bloße Gedanke, einen solchen Reichtum an Wasser zu sehen, machte mich ganz aufgeregt.

Auf unsicheren Beinen begann ich, im Dorf umherzugehen und nach einem Ort zu suchen, wo ich frisches Gemüse und Obst kaufen konnte. Das einzige sichtbare Ladenlokal war ein winziger Anbau an einer Hütte, der das örtliche Kaufhaus zu sein schien. Sein Warenlager bestand aus zwei staubigen Ballen Stoff, einem halben Dutzend kleiner Pakete mit Waschpulver, etlichen Sandalen aus Gummireifen, ein paar leeren Motorölflaschen und zwei Plastikkrügen. Auf dem Boden standen fast leere Säcke mit winzigen, vertrockneten Zwiebeln und irgendeiner Art von entmutigend aussehendem Getreide. Nach einigem Herumstöbern fand ich einen weiteren Sack, der ein paar Überreste von winzigen Erdnüssen enthielt.
Mir wurde plötzlich bewußt, daß ich ungeheuren Hunger hatte. Ich reichte dem Ladenbesitzer eine Münze und kratzte alle Erdnüsse zusammen, die ich finden konnte. Es war nicht ganz eine Handvoll. Kauend setzte ich meinen Weg fort.
Etwas später auf dem Weg sah ich drei schwerbeladene Frauen, die mir aus der anderen Richtung entgegenkamen. Sie balancierten Schüsseln mit *kissera*, einem papierdünnen Sauerteigbrot, auf den Köpfen. Unsere Blicke trafen sich, und wir musterten einander neugierig.
In der Hoffnung, ein paar Stücke *kissera* kaufen zu können, nahm ich einige Münzen heraus und zeigte auf das Brot. Die Frauen lachten. Eine von ihnen sagte etwas in einer Sprache, die ich nicht verstand. Ihr Ton war eindeutig verächtlich. Welche Frau, die ihr Salz wert war, konnte nicht ihr eigenes *kissera* backen? Die beiden anderen Frauen lachten wieder, und alle gingen an mir vorbei. Nach ein paar Schritten drehte sich eine von ihnen um und sah, daß ich immer noch dastand und sie beobachtete. Sie sagte etwas zu den anderen, blieb stehen, griff nach oben, nahm einen zusammengefalteten *kissera*-Fladen unter dem Tuch, das die Schüssel bedeckte, hervor und streckte ihn mir entgegen. Dankbar nahm ich ihn an. Als ich versuchte, ihr die Münzen zu geben, die ich in der Hand hatte, lehnte sie achselzuckend ab. Die anderen lachten schallend, und dann verschwanden sie plaudernd den Weg hinunter.
An diesem Abend drehte sich die Diskussion am Feuer um den wöchentlichen Markt, der am nächsten Tag auf einer großen Lichtung in der Nähe des Dorfes abgehalten werden sollte. Nahrung war bei

allen knapp geworden, und sie sahen der Gelegenheit, frische Vorräte einzukaufen, mit Freude und Eifer entgegen. Am folgenden Tag brachten wir die frühen Morgenstunden damit zu, unsere Früchte und Gemüse für die Woche auszuwählen. Danach, als wir damit fertig waren, in den Teeküchen ein frisches Joghurt nach dem anderen zu essen, begannen wir mit dem Aufstieg zu den heißen Quellen.

Unterwegs kamen wir an einigen kleinen Wasserfällen vorbei, die zwischen den Felsen herunterrauschten, und etwa gegen Mittag hörten wir allmählich das anwachsende Donnern aus großer Höhe herabstürzender Wassermengen. Als wir näher herankamen, wurde es so laut, daß wir uns nur noch schreiend unterhalten konnten.

Ich schaute nach der Stelle, wo die Wassermassen herabzustürzen begannen, und sah eine einsame Hütte, von einem riesigen Baum beschattet, am Rand des Abhangs stehen. Natürlich war das eine herrliche Aussichtslage in nächster Nähe ständig fließenden, klaren, frischen Bergwassers, aber ich fragte mich doch unwillkürlich, was für ein Mensch dort seine Hütte gebaut haben mochte. War er vielleicht so taub, daß er das unablässige Donnern des Wassers nicht hören konnte? Oder hatte er sich diese Nähe ausgesucht, weil das intensive Geräusch in ihm eine Art Ekstase auslöste? Ich versuchte mir vorzustellen, ich lebte selbst in dieser Hütte, Tag und Nacht ganz in das Brüllen des Wasserfalls eingehüllt. Der Gedanke erschien mir sowohl wundervoll als auch bizarr.

Wir setzten unseren Aufstieg an seltsam geformtem Vulkangestein und exotischer Vegetation vorbei fort, bis wir ein Plateau erreichten. An seinem Rand stieg Dampf zwischen dunklen Steinen auf, und in der Nähe brodelte ein Teich aus heißem, klarem Wasser. Darin saßen, bis zum Hals eingetaucht, einige Eingeborene. Sie hießen uns willkommen, und als wir sahen, daß sie alle bis zur Taille entkleidet waren, taten wir dasselbe und gesellten uns, Männer und Frauen, zu ihnen ins Wasser.

Die Gelassenheit, die von den Insassen des Teichs ausging, schien durch unser Eindringen in keiner Weise gestört. Sie zeigten auf die Steine, auf denen man am bequemsten sitzen konnte. Dann sahen wir alle uns mit müßigem Interesse an, während wir den Genuß des Bades teilten.

Wo ich saß, gleich neben einem der Zuflüsse, konnte ich Sand und kleine Steinchen spüren, die zwischen meinen Beinen durch die Kraft der sprudelnden Quelle aus der Erde getrieben wurden. Die Hitze des Wassers und der späten Vormittagssonne tauchte meine Glieder in eine köstliche Lethargie. Ein Kürbis, mit dem man sich Wasser über den Kopf gießen konnte, wurde von Hand zu Hand gereicht, und ich ließ die sanft kühlende Brise auf dem Plateau über meinen Kopf wehen. Dankbar überließ ich meinen Körper den heilenden Wassern, diesem Geschenk der Berge, und spürte, wie die letzten Reste von Krankheit mich verließen.
Als die Sonne am höchsten stand, schlossen wir uns den Eingeborenen an, die still im Schatten eines alten Baumes ruhten. Ehe wir gingen, um unseren Aufstieg fortzusetzen, dankte ich dem Berg, wie ich es mir angewöhnt hatte.
Nach zwei weiteren Stunden Aufstieg erreichten wir den Rand des Kraters, der sich tatsächlich als unwirtlich erwies. Seine zerklüftete Oberfläche war so schmerzhaft für die Füße und die Sonne inzwischen so heiß und glühend, daß ich sofort wußte, ich würde auf den Versuch verzichten, ihn zu durchqueren, was ich innerhalb der nächsten paar Tage hatte tun wollen. Ich hatte zwei andere Reisende aus dem Krater heraustaumeln sehen, halb verrückt vor Dehydration und mit zerschnittenen und blutenden Füßen. Auf diese Art brauchte ich mich nicht zu beweisen.
Ich hatte gehört, die schönste Bergregion sei eine Gegend namens Sunni, und nach ein paar weiteren seligen Nachmittagen im Wasser der heißen Quellen bereitete ich mich auf den Abstieg ins Tal vor, um sie zu suchen.
Ich ging zu dem Lehrer im Rasthaus und fragte ihn, ob er verhandeln und für mich einen Führer mit einem Esel finden könne, der auf dem Rückweg ins Tal mein Gepäck trug. Der Lehrer sagte mir, wenn ich einen anderen Weg nähme, käme ich auf eine Straße, auf der ich ein anderes Rasthaus erreichen könne. Von da aus führe ein Weg in Richtung Sunni. Die Gegend solle tatsächlich schön sein, sagte er mir. Nicht viele Reisende gingen diesen Weg. Die Reise sei zu lang, um sie allein und zu Fuß zu unternehmen, aber es würde vielleicht möglich sein, Kamele anzuheuern.
Man fand einen Führer, der mich den Berg hinunter begleitete. Der

Abstieg war lang und mühsam und brachte mich schließlich nach vielen Stunden zu einer Lastwagenstation an einer vielbefahrenen Straße. Sie lag auf dem Weg in den Tschad, dessen Grenze nicht weit entfernt war. Als ich Fragen zu stellen begann, merkte ich, daß die Abzweigung zu dem Rasthaus, das ich suchte, noch mehrere Fahrstunden entfernt war. Ich fand einen Lastwagen, der in die Richtung fuhr, die ich für die richige hielt, stieg auf und hoffte das Beste.
Wir hatten unser Ziel noch nicht erreicht, als die späte Nachmittagssonne dem Horizont zustrebte, und ich fragte mich vage, wo und wie ich die Nacht würde verbringen müssen. Als der Lastwagen eine kleine Siedlung am Straßenrand erreichte, war es vollkommen dunkel. Die Männer, die auf der Fracht des Lastwagens gekauert hatten, stiegen rasch ab, zerstreuten sich und wurden sofort von der Dunkelheit verschluckt. Ich konnte dem Fahrer gerade noch die Auskunft entlocken, daß wir unser eigentliches Ziel noch nicht erreicht hatten und der Wagen bei Sonnenaufgang wieder abfahren würde, ehe er ebenfalls verschwand. Ich blieb allein bei dem verlassenen Fahrzeug zurück und fragte mich, was ich als nächstes tun sollte.
In der Nähe lag ein kleiner Markt. Zwei rohe, aus Brettern gezimmerte Tische lehnten unter einem verrosteten Blechdach aneinander und bildeten so etwas wie eine notdürftige Zuflucht. Ich kroch darunter, legte mich auf meinen Rucksack und fiel sofort in erschöpften Schlaf.
Ich erwachte in der Kälte der grauen Morgendämmerung. In der Nähe kauerten drei in Decken gehüllte alte Männer um ein Feuer, auf dem ein verbeulter Kessel erhitzt wurde. Als ich aus meiner Zuflucht kroch, lächelten sie mich an und winkten mir eifrig, ich solle zu ihnen kommen. Ich kramte in meinem Rucksack, fand eine Dose wie einen Schatz gehütetes holländisches Milchpulver und brachte sie mit ans Feuer. Als der Tee fertig war, fügten wir eine reichliche Portion Milchpulver dazu, und nachdem die Männer ein großes Glas für mich eingegossen hatten, schlürften sie genießerisch den ungewohnten Trank mit lautem Grunzen und Kopfnicken. Wir plauderten und beobachteten den Sonnenaufgang. Es war eine schöne Art, den Morgen zu beginnen.
Als die Sonne aufging, erwachte der Markt allmählich zum Leben.

Leute erschienen mit Körben voller Obst und Gemüse. Eine Frau mit einem großen Tablett *kissera* ging vorbei. Von meinem Lastwagenfahrer war einstweilen noch nichts zu sehen. Ich kaufte etwas Obst und *kissera* für den Rest der Reise und wartete. Die anderen Passagiere hatten bereits die besten Plätze auf der Ladung des Lastwagens eingenommen und warteten ebenfalls geduldig.
Zwei Stunden später erschien der Fahrer. Bei ihm waren vier neue Mitreisende, alle vier Frauen und dünn wie Bleistifte. Er gab mir zu verstehen, für eine geringe zusätzliche Summe sei noch Platz für einen Passagier in der Führerkabine des Lastwagens. Ich bezahlte, und wir alle stiegen nacheinander ein und saßen auf der Weiterfahrt zu sechst nebeneinander so dicht gedrängt, daß wir uns kaum bewegen konnten.
Nach einstündiger Fahrt erreichten wir eine andere, noch kleinere Siedlung am Straßenrand, von wo aus ein Weg zu meinem Ziel führte, wie der Fahrer sagte. Verwirrt und verlassen stand ich mitten auf der Straße und sah den Lastwagen in der Ferne verschwinden. Wieder hatte ich absolut keine Ahnung, wie es weitergehen sollte.
Ich betrat eine winzige Teeküche und setzte mich, um mir die Sache zu überlegen. Ein junger Mann löste sich aus einer Gruppe anderer, sprach mich auf englisch an und fragte, wonach ich suchte. Höchst erleichtert erzählte ich ihm, ich suchte das Rasthaus, das hier in der Nähe sein sollte. Ich äußerte Überraschung über sein müheloses Englisch. Er sagte mir, er arbeite als Fahrer für eine europäische Forschungseinrichtung, die in einiger Entfernung an der Straße zu finden sei. Er war unterwegs in sein Dorf, das in der gleichen Richtung lag wie das Rasthaus, nicht weiter als eine Gehstunde entfernt. Er würde mit mir gehen und mir den Weg zeigen. Er freute sich über die Gelegenheit, sein Englisch zu üben. Leichtfüßig nahm er meinen Rucksack, schwang ihn auf den Rücken und gab mir zu verstehen, er sei zum Aufbruch bereit.
Nach anderthalb Kilometern Weg erreichten wir einen Pfad, der durch eine ausgedehnte, halbtrockene Ebene nach rechts abzweigte. In der Ferne konnte ich den Anfang der bewaldeten Hügel sehen, die die Ebene säumten. Wir schlugen diesen Weg ein. Mein Führer schien sich über die raffinierte Konstruktion meines Rucksacks zu

freuen, und nachdem ich ihm gezeigt hatte, wie er ihn um die Hüften festschnallen konnte, stolzierte er damit einher. Als ich mich nach einer Weile erbot, ihn jetzt zu übernehmen, lehnte er ab und sagte, das Gewicht mache ihm nichts aus.

Er erzählte, er sei der älteste von zehn Kindern, und wie zu erwarten war sein Name Mohammed. Der älteste Sohn wird im Sudan fast immer Mohammed genannt. Immer, wenn eine Stimme auf irgendeiner Straße oder einem Markt irgendwo im Lande »Mohammed!« rief, habe ich mich insgeheim darüber amüsiert, wie viele Köpfe herumfuhren.

Wir gingen viele Stunden lang bis weit in die Hitze des Nachmittags hinein. Nach einiger Zeit kamen die Hügel näher, der Boden begann ganz leicht anzusteigen, und die Vegetation wurde dichter. Ich hörte das leise Meckern von Ziegen und sah eine kleine Gruppe von Hütten mit Strohdächern in der Ferne.

»In der Hütte meiner Mutter machen wir Rast«, sagte Mohammed zu mir. »Meine Mutter ist eine sehr alte Frau, genau wie du.«

Eine solche Betrachtung meiner selbst hätte mir in meinem eigenen Land einigen Kummer verursacht. In Afrika jedoch gilt Alter nicht als Verbrechen. Unter Frauen sind es nur die Alten, die Überlebenden, denen man in der Gemeinschaft Respekt zollt. Man betrachtet sie als schützend und weise wie alte Bäume. Sie haben die Jahreszeiten kommen und gehen sehen, und sie wissen vieles über das Leben.

Mohammeds Mutter war eine gebrechliche, gebeugte, verbrauchte Frau, die aussah wie etwa Ende Sechzig. Es würde noch viele Jahre dauern, bis meine eigene Lebensspanne diese hohe Zahl erreicht hatte. Doch ich wußte sehr gut, daß junge Menschen notorisch das Alter derer überschätzen, die nicht zu ihren Altersgenossen gehören, und daß jeder, der mehr als fünfzehn Jahre älter ist als sie, von ihnen leicht in die allgemeine Kategorie »sehr alt« eingeordnet wird.

»Wie alt ist deine Mutter?« fragte ich Mohammed. Er dachte einen Augenblick nach und zählte lautlos im Kopf. »Sie ist dreiundvierzig«, sagte er. Dann korrigierte er sich: »Nein, sie ist erst zweiundvierzig.« – »Das Leben war nicht leicht für sie«, meinte ich traurig, insgeheim schockiert über ihre unerwartete Jugend. »Nein«, stimmte er zu. »Sie hatte ein hartes Leben.«

Als die Tageshitze wich, gingen wir zum nächsten Dorf und noch ein

Stück weiter. Das Rasthaus lag geschützt in einem idyllischen Hain aus Bäumen an einem flachen Felsrücken, über den funkelnd ein klarer Süßwasserbach perlte.

Das Rasthaus war groß und relativ gepflegt. Es gab mehrere weitere Bewohner, ein ruhiges sudanesisches Paar aus Khartum und ein englisches Mädchen, das mich mit ihrem auffallend gutaussehenden, aber mürrischen sudanesischen Verlobten bekannt machte. Sie schien sich verzweifelt nach einem Gespräch zu sehnen und führte mich bei erster Gelegenheit nach draußen, um mir anzuvertrauen, ihr seien Bedenken wegen der herannahenden Heirat mit dem jungen Mann gekommen. Ali, ihr Verlobter, der die zwischen ihnen wachsenden Spannungen zweifellos ebenso deutlich spürte, blieb verdrossen im Haus sitzen und kaute an seinen Fingernägeln.

Ich fragte sie, was sie zu der Entscheidung veranlaßt habe, ihn zu heiraten. Sie antwortete, ursprünglich habe sie das nicht vorgehabt. Sie hatte ihn in Khartum kennengelernt und eigentlich nur mit ihm reisen wollen. Seine Familie war verhältnismäßig wohlhabend, und er hatte eine europäische Universität besuchen können. Er war ziemlich verwestlicht, zumindest hatte sie das am Anfang gedacht. Dann hatten sich die Dinge irgendwie weiterentwickelt, wie es oft geschieht, und sie hatte eingewilligt, ihn nach ihrer Rückkehr nach Khartum zu heiraten. Sie sagte, sie liebe ihn zwar, aber ihre Beziehung sei schrecklich schwierig. Er schien keine Vorstellung davon zu haben, was sie eigentlich für ein Mensch war; wenn sie es ihm beizubringen versuchte, wurde er bloß wütend. Während er vorher sanft und um sie bemüht gewesen war, verhielt er sich nun bitter und sarkastisch, wann immer sie versuchte, mit ihm über dieses Thema zu reden.

Ich dachte an all die europäischen Frauen, die mit gebildeten sudanesischen Männern verheiratet waren und sich regelmäßig an einem Tisch im Amerikanischen Club in Khartum trafen. Sie saßen zusammen, und jede beklagte sich bitterlich und ausführlich über die Gleichgültigkeit ihres Mannes gegenüber ihren Gefühlen und Wünschen. Diese Ehemänner verbrachten den größten Teil ihrer Freizeit fern von ihren Frauen, da sie die Gesellschaft männlicher Freunde bevorzugten, und von den Ehefrauen wurde erwartet, daß sie ihre Interessen und ihre emotionale Unterstützung zu Hause und bei anderen Frauen fanden. Es war eine bipolare Struktur, an die westliche Frauen sich schwer anpassen konnten, und die meisten von ihnen waren ganz offensichtlich unglücklich.

Im allgemeinen hatten sie ihre Männer als Studenten an europäischen Universitäten kennengelernt und als charmante, höfliche und aufmerksame Liebhaber empfunden. Erst wenn sie mit ihnen in den Sudan zurückgingen, veränderte sich das Muster, denn dann bekehrten sich ihre Ehemänner wieder zu Verhaltensweisen, die in ihrer eigenen Gesellschaft die Norm waren. Die westlichen Frauen, fern von daheim und gefangen in einem System, das für sie fremd und unerträglich einengend war, konnten sich nur gegenseitig trösten. Das war bestenfalls ein sehr ärmlicher Ersatz für die warmherzige Beziehung zu einem liebevollen Ehepartner, die sie erwartet hatten.

Ich riet dem englischen Mädchen, die Heirat mit dem jungen Mann um mindestens ein Jahr aufzuschieben. Die Zeit, sagte ich, würde die Differenzen zwischen ihnen entweder einebnen oder ihr klarmachen, daß sie eine unvorteilhafte Wahl getroffen hatte. Für mich war offensichtlich, daß sie bereits ernste Zweifel hegte, aber ich wußte auch, daß junge Mädchen sich oft aus keinem anderen Grund als dem in die Ehe treiben lassen, daß sie verheiratet sein wollen. Das führt oft zu tragischen Mißgriffen.

In der Nacht hörte ich die beiden in ihrem Zimmer streiten, und am nächsten Morgen waren sie fort. Das sudanesische Paar brach kurz danach auf, und ich blieb in dem leeren Rasthaus allein zurück.

Auf dem Markt des benachbarten Dorfes kaufte ich einige frische Bananen und getrocknete Datteln. Ich war zum Rasthaus zurückgegangen und kochte mir über einem offenen Feuer einen einsamen Tee, als plötzlich Mohammed erschien. Er sei unterwegs, um Verwandte in einem entfernteren Dorf zu besuchen, sagte er, und gekommen, um mich mitzunehmen. Ich freute mich und war erleichtert, mit jemandem reden zu können, und nachdem ich meine Ausrüstung im Rasthaus verstaut hatte, machten wir uns auf den Weg.

Zwei Stunden später, als wir in die Hügel aufstiegen, hörte ich allmählich das Geräusch von Trommeln und das hohe Trillern von Frauenstimmen. Es wurde immer lauter und intensiver, als wir uns

dem Dorf näherten. Wir traten aus dem Gebüsch auf eine große, flache Lichtung, wo eine Gruppe von Menschen ekstatisch tanzte. Einige sprangen immer wieder hoch in die Luft wie menschliche Kolben. Andere drehten sich wie Derwische, während mehrere Trommler sie umkreisten und dabei mit kräftigen, gemessenen Schlägen trommelten. Alle paar Augenblicke brachen die Frauenstimmen in ein langes, durchdringendes Trillern aus.
Ich fragte Mohammed, was die Dorfbewohner feierten. »Es ist ein Beschneidungsfest«, sagte er. »Sie haben heute morgen sämtliche Kinder beschnitten, und alle sind glücklich.«
»Wo sind die Kinder?« fragte ich.
»Sie liegen in ihren Hütten«, antwortete Mohammed.
»Und sind sie auch glücklich?« fragte ich höhnisch.
Er lachte. »Nein, natürlich nicht. Sie sind heute überhaupt nicht glücklich. Heute weinen sie alle. Aber sie werden zu weinen aufhören, und dann werden sie auch sehr glücklich sein.«
Wir sahen den Tänzern eine Zeitlang zu und setzten dann unseren Weg fort. Als wir an einer Gruppe von strohgedeckten Hütten vorbeikamen, hörte ich einen gedämpften Chor von kindlichem Wimmern und Schluchzen. Grimmig eilte ich weiter, aber die jammervollen Kinderstimmen verfolgten mich auch noch, als ich schon außer Hörweite war.
»Werden hier Jungen und Mädchen beschnitten?« fragte ich Mohammed.
»Sie machen es bei allen Kindern, damit sie für die Ehe vorbereitet sind«, antwortete er.
»Ist das hier immer gemacht worden?« fragte ich.
Er schüttelte den Kopf. »In den alten Zeiten war es nicht immer so«, sagte er. Dann fügte er stolz hinzu: »Als meine Schwestern beschnitten wurden, hat meine Mutter mir erzählt, sie selbst sei unter den ersten Mädchen in ihrem Dorf gewesen.«
»Muß das Mädchen, das du zur Frau nimmst, beschnitten sein?« fragte ich. Er äußerte Überraschung, daß ich ihm eine solche Frage stellte.
»Natürlich muß sie das«, sagte er. »Kein Mann würde ein unreines Mädchen heiraten. Alle würden ihn auslachen.«
Geistig verdaute ich das, was ich gerade erfahren hatte. Moham-

meds Mutter war erst zweiundvierzig Jahre alt. Das bedeutete, daß sich die Praxis vor nicht mehr als dreißig Jahren in diesen Dörfern zu verbreiten begonnen hatte. Inzwischen war sie allgemein üblich. So schnell ging das.
Mohammed führte mich zu einer Hütte, die schon von außen stark nach fermentierendem Getreide roch. Mehrere Männer und Frauen saßen im Inneren auf dem Boden um eine hölzerne Wanne herum, aus der ein schäumendes Getränk geschöpft wurde. Eine Kalebasse ging von Mund zu Mund und kam dann zu mir. Ich trank einen Schluck von der körnigen Flüssigkeit, die trotz ihres schlammigen Aussehens nicht unangenehm schmeckte, ungefähr wie warmes Bier.
Bald wurde klar, daß dies die örtliche Barszene war und alle in der Hütte Anwesenden, einschließlich Mohammeds, sich dort zu einem ausgedehnten Trinkgelage versammelt hatten. Trotz der exotischen Umgebung hatten solche Situationen für mich keinen großen Reiz. Nach ein paar Minuten stand ich auf, bedankte mich bei Mohammed und verließ die Hütte, da ich wußte, daß ich den Rückweg zum Rasthaus allein finden konnte. Ich kehrte auf die Lichtung zurück, sah noch ein Weilchen den Tänzern zu und ging dann hügelabwärts.
Ich erreichte das Rasthaus am späten Nachmittag, müde und schweißnaß von der langen Wanderung unter brennender Sonne. Ich hatte mich nach der kühlen Stille des Hains gesehnt und war begierig darauf, mich in den Schatten seiner Bäume zu legen und auszuruhen. Als ich näher kam, sah ich, daß im Hain geschäftige Aktivität herrschte. Eine Gruppe sudanesischer Männer entlud einen Lieferwagen. Drei Schafe wurden an Bäume in der Nähe gebunden. Auf dem Boden hatte man bereits einen großen Gebetsteppich ausgebreitet.
Ich hielt mich in einiger Entfernung versteckt und sah zu, wie die Männer im Bach ihre rituellen Waschungen vornahmen. Dann, als sie in ihre Gebete versunken waren, schlich ich mich unbemerkt an ihnen vorbei ins Haus, schloß leise die Tür zu meinem Zimmer und legte mich schlafen.
Als ich erwachte, war es dunkel. Ein berückend köstlicher Duft stieg mir in die Nase und erinnerte mich daran, daß ich seit dem Morgen

nichts gegessen hatte. Ich goß eine Tasse Wasser aus meinem Kanister, wusch mich damit von oben bis unten ab, zog frische Kleider an und bereitete mich auf das vor, was, wie ich wußte, ein großer Auftritt werden würde. Aus dem in meinem Zimmer zurückgebliebenen Rucksack hatten die Männer zweifellos geschlossen, daß das Rasthaus noch einen Bewohner hatte. Er hatte ihnen jedoch keinerlei Hinweis auf meine Identität oder mein Geschlecht gegeben.
Meine Erwartungen sollten nicht enttäuscht werden. Mein plötzliches Erscheinen am Lagerfeuer der Gruppe rief etwas hervor, das man nur als absolut elektrisierte Reaktion bezeichnen kann. Sie sprangen regelrecht, um mich willkommen zu heißen, ich mußte mich auf den bequemsten Platz setzen, ein Kissen wurde mir in den Rücken gestopft, und wie durch Zauberei materialisierte sich ein mit üppigen Speisen hochbeladenes Tablett.
Sie waren zu elft. Zehn von ihnen waren Jugendfreunde, die nach vielen Jahren beschlossen hatten, sich zu treffen und zusammen eine Reise in die Berge zu machen. Alle sahen aus wie Anfang Vierzig. Unter ihnen waren ein islamischer Gelehrter, der ausgezeichnet Englisch sprach und der Besitzer des Lieferwagens zu sein schien, ein Arzt und ein Silberschmied. Die anderen Männer waren Kaufleute. Der elfte Mann, ihr Koch, war erheblich jünger als die anderen.
Sie stellten mir viele neugierige Fragen, und ich erzählte ihnen von meinen einsamen Reisen durch den Sudan und andere Teile der Welt. Sie staunten sehr über meinen Lebensstil und die Erfahrungen, von denen ich ihnen berichtete. Dann fragten sie mich, was mein nächstes Ziel sei. Ich sagte, ich hoffte, eine Möglichkeit zu finden, nach Sunni zu gelangen. Ich hätte gehört, Sunni sei der interessanteste und schönste Teil des Marra-Gebirges. Ein seliges Lächeln trat auf das Gesicht des Gelehrten, und er übersetzte den anderen Männern, was ich gesagt hatte. Während er sprach, sah ich ein hoffnungsvolles Lächeln auf allen Gesichtern erscheinen, und dann nickten sie zustimmend mit den Köpfen.
Die ganze Gruppe sah mich an, als der Gelehrte sich zeremoniell an mich wandte: »Wir sind auf dem Weg nach Sunni. Willkommen. Wir würden uns alle ganz besonders freuen, wenn Sie unser Gast sein würden.«

Das war natürlich unwiderstehlich. Bezaubert von dieser Vorstellung sagte ich ihnen, ich würde ihr freundliches Angebot ernsthaft in Erwägung ziehen. Sie sagten, sie seien aus El Obeid gekommen, etliche hundert Kilometer entfernt, und drei Tage lang durch die Wüste gefahren. Sie wollten im Rasthaus wieder Kräfte sammeln und nach eintägigem Aufenthalt nach Sunni weiterreisen.
Am nächsten Morgen arbeiteten sie geschäftig am Bach, wo sie ihre Kleider wuschen. Als sie fertig waren, hängten sie sie zum Trocknen an Bäume und Büsche. Fünfmal täglich unterbrachen sie, was immer sie gerade irgendwo taten, und verneigten sich vor Allah.
Ich war völlig bezaubert von ihrer offensichtlichen Freude, einen so exotischen Gast zu haben. Es war mehr als klar, daß sie mich wie eine Königin behandeln würden. Nach einer Weile wurden unsere Diskussionen freier und die Themen vielfältiger. Ich erkannte, wie fasziniert sie waren, nicht nur von einer Kultur zu erfahren, die ihnen völlig fremd und seltsam war, sondern auch, sich mit einer sachkundigen Frau zu unterhalten. Mir war bewußt, daß viele Fragen in der Luft lagen, aber nicht gestellt wurden.
Wir verbrachten den Tag damit, die Gegend zu durchstreifen und Vorräte für die bevorstehende Reise anzulegen. Bei Sonnenaufgang am nächsten Morgen traf ich sie dabei an, ihre erstaunliche Menge von Gepäck auf den Lieferwagen zu laden, und fragte mich vage, wie zwölf Leute darin unterkommen sollten. Die drei Schafe standen schon zusammengedrängt und geduldig hinten auf der Ladefläche.
Einer der Kaufleute nahm den Fahrersitz ein, und ich saß nicht allzu unbequem zwischen dem Arzt und dem Gelehrten eingezwängt, der seinen Platz am Beifahrerfenster hatte. Die anderen kamen irgendwie auf der offenen Ladefläche unter, und dann ging es los. Unser erstes Ziel war ein Dorf namens Lum Lum auf halber Höhe der Berge.
Wir verließen die beruhigende Üppigkeit der Gegend, in der das Rasthaus stand, und begannen eine riesige, trockene Ebene zu durchqueren. Nach zwei Stunden war die Sonne schon so heiß und brennend, daß ich im stillen demjenigen der Männer dankte, der so liebenswürdig und selbstlos den angenehmen, schattigen Platz aufgegeben hatte, auf dem ich saß, und statt dessen die unbequeme

Enge und den erstickenden Staub der Ladefläche auf sich genommen hatte. Als ich später herauszufinden versuchte, wer das gewesen war, lächelten alle und zuckten mit den Schultern.
Am späten Nachmittag hatten wir Lum Lum noch immer nicht erreicht. Der Lieferwagen hielt an, und die Männer bereiteten sich darauf vor, die Nacht in der Ebene zuzubringen. Der Gelehrte zog unter der Gepäckmenge auf der Ladefläche eine riesige Donnerbüchse von Gewehr hervor. Als nächstes wurde irgendwie ein ungeheures Zelt zutage gefördert, das überraschend schnell Gestalt annahm, als sie es in gemeinsamer Arbeit aufstellten.
Die Schafe wurden abgeladen. Zwei wurden am Boden festgepflockt, während der Koch das dritte davonführte. Es folgte ihm ohne Protest, doch die zurückbleibenden Schafe blökten traurig, als sie es verschwinden sahen. Kurz darauf erhob sich eine frühe Abendbrise, und sanft wurde der Duft von schmorendem Fleisch in unsere Richtung geweht.
Nach dem Abendessen setzte sich der Koch neben mich. Er lächelte, und ich unterhielt mich mit ihm, so gut ich konnte. Er sprach irgendeinen fremdartigen Dorfdialekt, den ich mit meinem dürftigen Arabisch nicht verstehen konnte, und sein englischer Wortschatz umfaßte nicht mehr als ein halbes Dutzend Vokabeln.
Die Nacht senkte sich herab, und ich spürte, daß die Männer darauf warteten zu sehen, wo ich schlafen würde. Ich zog mich von der Gruppe zurück, wählte eine Stelle auf der anderen Seite des Lieferwagens in einiger Entfernung vom Zelt, packte meinen Schlafsack aus und kroch hinein. Der Wind frischte auf und ließ den Wüstenstaub herumwirbeln. Ich band ein Tuch fest um Kopf und Gesicht und legte mich schlafen.
Es muß tiefe Nacht gewesen sein, als eine grobe Hand an meiner Schulter rüttelte. Verblüfft setzte ich mich auf und sah, daß der Koch neben mir hockte. »Segiss!« murmelte er ungeduldig und versuchte, mich aus meinem Schlafsack zu schälen.
»Laß mich in Ruhe!« fauchte ich. Mit gebleckten Zähnen drängte er sein Gesicht an meines. »Segiss!« zischte er und versuchte noch einmal sein Glück an meinem Schlafsack, dessen Kordel ich vorsorglich gegen den eindringenden Wind verknotet hatte. Frustriert

von meinem Schutzpanzer fing er jetzt an, mich zu schütteln, und schrie mir dabei »Segiss! Segiss!« ins Ohr.

Ich begann zu fluchen. Zu dem vielfältigen Repertoire meines Vaters an zweifelhaften und minderen Talenten hatte auch gehört, geschlagene fünf Minuten lang ununterbrochen fluchen zu können und sich dabei kein einziges Mal zu wiederholen. Diese beneidenswerte Fähigkeit hatte er zweifellos bei der rauhbeinigen Kavallerie des Kaisers erworben, wo er während des Ersten Weltkrieges fast fünf Jahre gedient hatte. Meine eigene diesbezügliche Begabung verblaßte im Vergleich mit der Virtuosität meines Vaters, doch als seine bewundernde Schülerin hatte ich genug lernen können, um selbst eine ziemlich eindrucksvolle Vorstellung zu geben. Als ich mich für meine Aufgabe erwärmte, fand ich mich in der Lage, willkürlich und wortreich vom Englischen ins Deutsche und wieder zurück zu wechseln.

Der Koch wich überrascht zurück. Offensichtlich war ihm die Sprache zwar fremd, die Bedeutung aber durchaus klar. »Segiss!« krächzte er unsicher noch ein einziges Mal, und dann trat er hastig den Rückzug an. Ein paar erlesene Schimpfnamen brodelten plötzlich vulkangleich aus meinem tiefsten Unbewußten, und keuchend unter der Flut von Erinnerungen, die mich überschwemmten, brüllte ich sie ihm nach, als er in die Dunkelheit floh.

Als ich schließlich aufhörte, war die Stille fast greifbar. Ich konnte spüren, wie die Männer im Zelt den Atem anhielten. Ein paar Augenblicke später vernahm ich gerade noch eine leise Stimme, die ruhig, aber mit Autorität sprach. Ich erkannte den vollen Bariton des Arztes, und mir war sofort klar, daß ich keine weiteren Schwierigkeiten mit dem Koch haben würde. Ich glättete mein gesträubtes Gefieder, fühlte, wie mein Herzschlag allmählich wieder normal wurde, lag in meinem schützenden Kokon und betrachtete die Sterne.

»Segiss«, dachte ich bei mir. »So nennen sie das also in den Dörfern.« Doch plötzlich wurde mir die wirkliche Bedeutung des Wortes klar, und ich lachte in der Dunkelheit. Ach, die Mysterien von Sprache aus dem Mund derer, denen ein Wort fremd ist! Was der Koch mir so beharrlich ins Gesicht geblökt hatte, war natürlich »Sex«!

Am nächsten Morgen wurde ein weiteres Schaf still seinem Schicksal zugeführt. Verändert hatte sich wenig, nur, daß der Koch nicht mehr lächelte. Einen Tag lang starrten wir uns gegenseitig wütend an, und dann geriet die Episode nach und nach in Vergessenheit. Die übrigen Männer benahmen sich, als sei nichts geschehen. Die einzig wahrnehmbare Veränderung bestand darin, daß der Arzt es übernahm, mich beim Frühstück und auf der ganzen weiteren Reise zu bedienen.

Das Zelt wurde abgebaut, und wir setzten unsere Fahrt durch die scheinbar endlose Ebene fort. Am späten Vormittag wurde die Vegetation dichter, und fast unmerklich ging es aufwärts. Der Gelehrte hatte jetzt seine Donnerbüchse über die Knie gelegt und hielt Ausschau nach Wild. Bis zum Nachmittag hatten wir mehrere Wachteln aufgescheucht, die der Lieferwagen erbarmungslos verfolgte, bis der Gelehrte sie ohne Ausnahme geschickt abgeschossen hatte. Der Koch sammelte sie zu einem Bündel, das aussah wie ein Strauß rötlicher Wildblumen, und hielt das gefiederte Bouquet hoch, damit alle es sehen konnten. Die Männer auf der Ladefläche sprangen vor Erregung auf und nieder, erstaunt über die Schießkünste ihres Freundes.

Am Spätnachmittag hatten wir Lum Lum erreicht, ein isoliertes kleines Dorf auf halber Höhe eines Berghanges. Während einer der Kaufleute Verhandlungen über einen neuen Schafsvorrat führte, schaute ich in die beiden winzigen Läden, die einiges zu versprechen schienen. Es gab wenig zu kaufen, doch an der Wand des einen Ladens erspähte ich mehrere Münzenbeutel, wie ich sie Marktfrauen hatte tragen sehen. Ich kaufte einen davon.

Es schien unwahrscheinlich, daß auf dem Speiseplan der Gruppe von jetzt an etwas anderes als Fleisch stehen würde, und da ich wußte, daß mein Körper nur gelegentliche Portionen von Fleisch vertrug, suchte ich nach Alternativen, die der Markt vielleicht zu bieten hatte. Alles, was ich finden konnte, waren ein paar getrocknete Datteln, und vorsorglich kaufte ich sie und stopfte sie in meinen Rucksack.

Wir schlugen unser Lager unweit des Dorfes auf. Alle waren guter Dinge, während wir auf die gebratenen Vögel warteten, denn Sunni war jetzt nur noch ein paar Stunden entfernt. Als wir um das Lagerfeuer saßen, zog ich meinen soeben erworbenen Münzenbeutel hervor. Auf beiden Seiten war ein geknoteter Lederriemen befestigt, so daß man ihn um den Hals tragen konnte. Mich erstaunte die Länge der Riemen, und da ich den Beutel in Brusthöhe tragen wollte, schickte ich mich an, sie zu kürzen.

Der Arzt, der neben mir saß, schüttelte den Kopf, drohte mit dem erhobenen Zeigefinger und nahm mir den Beutel sanft aus den Händen. Er hängte ihn sich um den eigenen Hals und ließ ihn in sein Gewand und außer Sicht gleiten. Dann setzte er sich hin wie eine Marktfrau. Er hob den Saum seines Gewandes, um mir zu zeigen, daß der Münzenbeutel nun zwischen seinen Beinen auf dem Boden lag, erreichbar, aber gut geschützt.

Er zog ihn wieder aus seinem Gewand und steckte mehrere schwere Münzen hinein. Dann reichte er ihn mir wieder und machte mir Zeichen, ich solle ihn mir um den Hals hängen und unter mein Kleid schieben. Nachdem ich das getan hatte, stellte ich fest, daß der schwere Beutel nun genau in Höhe meiner Klitoris hing. Der Doktor nahm meine Hand und zog mich mit sich, so daß ich neben ihm hergehen mußte.

Ich lachte laut, als ich begriff, was er mir hatte beibringen wollen. Bei jedem Schritt, den ich tat, schlug der schwere Beutel weich und sinnlich gegen meine empfindsamsten Stellen. Mit einem subtilen Lächeln führte der Arzt mich rund um das ganze Lagerfeuer. Plötzlich griff er hinter meinen Kopf, zog mit einem Ruck den Münzenbeutel aus seiner Position, und schockartig und abrupt hörte das angenehme Gefühl auf.

Es war eine meisterhafte Lektion. Die Gründe für die eigenartige Beschaffenheit meines Beutels und die langen Riemen waren jetzt vollkommen klar. Ein fleißiger Tag auf dem Markt brachte mehr als monetären Lohn, und außerdem mußte der Besitzer des Beutels seinen Verlust immer sofort bemerken. Ich beschloß, die Riemen nicht zu kürzen.

Wir lagerten bequem um das Feuer herum und plauderten über die Ereignisse des Tages und die bald bevorstehende Ankunft in Sunni. Als der Diener die hoch auf eine Platte gehäuften gebratenen Vögel brachte, wählte der Arzt zwei davon aus und trug sie zu mir. Während der ganzen Reise wurde ich getrennt bedient, bekam immer die

besten Stücke, und mein Anteil an den Speisen war stets größer, als es der Fairneß entsprochen hätte. Die Männer aßen alle zusammen, im Kreis um eine gemeinsame Schüssel sitzend.
Bei Sonnenaufgang waren wir wieder unterwegs. Wir hielten kurz in Lum Lum, wo zwei der Kaufleute drei frisch erworbene Schafe zu dem einsamen überlebenden Tier luden. Aus der Tiefe einer der Hütten erschien ein gehäuftes Tablett voller *kissera* und wurde irgendwie ebenfalls auf der Ladefläche verstaut.
Nicht weit von Lum Lum wurde die Straße ins Gebirge felsiger. Unser überladener Lieferwagen hatte Mühe, die geneigten Kurven zu bewältigen, und der Aufstieg wurde immer schwieriger. Zweimal kamen wir an schwerbeladenen Kamelkarawanen vorbei, die gemächlich und mühelos auf dem gewundenen Pfad abwärts wanderten und deren Treiber sinnlich auf den Rücken der großen Tiere schaukelten. Sehnsüchtig sah ich ihnen nach und erinnerte mich an meinen eigenen traumartigen Ritt auf einem solchen Geschöpf.
Plötzlich fanden wir nach einer Kurve den Weg völlig versperrt. Auf der rechten Seite erhob sich ein massiver Felsblock fast zehn Meter hoch, und auf der linken Seite war der Pfad durch weiteres riesiges, halb im Boden steckendes Gestein verengt. Ein Wagen mit schmalen Achsen hätte sich gerade noch hindurchzwängen können, aber unser Lieferwagen war etwa einen halben Meter breiter als die Durchfahrt.
Alle Männer stiegen aus, um sich die Lage anzusehen. Unter der unglaublichen Gepäckmenge auf der Ladefläche wurden irgendwie eine Schaufel und eine Brechstange hervorgeholt, und sie begannen mit dem Versuch, den kleineren der Felsblöcke auszugraben. Energisch schaufelten sie eine Zeitlang darum herum. Doch als sie ihn dann herausstemmen wollten, rührte er sich nicht, während die Brechstange sich verbog und unbrauchbar wurde.
Die Männer begannen wieder zu schaufeln, und nach einer Weile kamen vier Eingeborene auf Eseln den Berg herunter. Sie nahmen die Situation sorgfältig in Augenschein und betrachteten erst den Lieferwagen und dann den teilweise ausgegrabenen Felsblock. Es wurde eifrig hin und her diskutiert, und nach einiger Zeit ritten sie davon, und die Männer setzten ihre Bemühungen fort. Kurze Zeit später kamen die Eingeborenen zurück, jeder mit einer langen,

schweren Stange. Inzwischen war der Felsblock teilweise freigelegt. Die Stangen wurden in strategischen Winkeln angesetzt, an jeder Stange packten mehrere Männer zu, und auf ein Zeichen begannen alle zu stemmen. Widerstrebend hob sich der Felsblock und rollte zur Seite. Jubelnd stiegen die Männer wieder in den Lieferwagen, und wir fuhren weiter.

Sunni lag auf einem Plateau oben auf dem Berg und bestand aus wenig mehr als einem überraschend gut erhaltenen Rasthaus, das die Engländer offensichtlich zu ihrer eigenen Erholung gebaut hatten. Es unterschied sich subtil von den meisten anderen Rasthäusern, die ich gesehen hatte, indem es nicht ganz kunstlos war, trotz der üblichen zweckmäßigen Zementkonstruktion. Das überraschendste und mysteriöseste Merkmal war Elektrizität, auf einem Außenposten im Sudan ein total absurdes Phänomen. Obwohl jeder Raum eine Fassung für eine Glühbirne besaß, hatte nur eine einzige überlebt, die jedoch bewies, daß das System noch funktionierte. Ein isoliertes Kabel lag neben dem Rasthaus auf dem Boden und verschwand über das Plateau hinweg irgendwo in den Bergen.

Es war schon fast Abend, als wir ankamen, und nachdem wir das ungewohnte fließende Wasser benutzt hatten, um uns vom Staub der Reise zu reinigen, versammelten wir uns auf der Veranda des Rasthauses und warteten auf das Abendessen. Meine Aufmerksamkeit war geteilt zwischen dem halbherzigen Kritzeln lange überfälliger Eintragungen in mein Tagebuch und dem Beobachten der Männer, die sangen und Spiele spielten. Als einer der Kaufleute auf einen umgedrehten Kochtopf zu trommeln begann und der Arzt sich tanzend zu winden anfing, legte ich das Tagebuch weg und widmete dem, was sie da taten, meine ganze Aufmerksamkeit.

Der Vorgang, der sich abspielte und an dem alle teilnahmen, schien einer festgesetzten Form zu folgen, gut geprobt und ihnen allen vertraut. Jeder Mann spielte seine eigene Rolle. Ich hatte den deutlichen Eindruck, daß es sich um etwas handelte, das sie als Kindheitsfreunde zusammen gelernt hatten, oder daß es vielleicht etwas war, das alle männlichen Kinder ihrer speziellen Herkunft lernen. Zusammen sangen sie die Worte eines Liedes, zuerst langsam und in einem komplizierten, sinnlichen Rhythmus. Es war ganz anders als andere Lieder, die ich im Sudan gehört hatte und die immer monoton intonierte Wiederholungen von Worten zum Lobe Allahs waren.

Der Gelehrte saß mit gewollter Lässigkeit in der Mitte des Kreises, während der Arzt sich schlagenartig um ihn herumwand und eindeutig die sinnlich verführerischen Bewegungen einer sexuell erhitzten Frau imitierte. Er umkreiste ihn dichter und dichter, während das Trommeln immer wilder und der Gesang des Chors immer erregter wurde. Das Gesicht des Gelehrten blieb während des ganzen Vorgangs völlig ausdruckslos und unergründlich.

Jetzt umkreise der Arzt ihn so dicht, daß er den Gelehrten beinahe berührte, und wand seinen Körper mit unglaublicher Geschmeidigkeit um die Schultern des sitzenden Mannes. Endlich, als der Trommelwirbel seinen Höhepunkt erreichte, sank er vor ihm auf die Knie, hob die Arme, neigte den Oberkörper zum Schoß des sitzenden Mannes, wand sich noch näher heran, öffnete weit den Mund, verharrte – und dann hörte das Trommeln abrupt auf. Die Vorstellung war vorbei.

Ausdruckslos stand der Arzt wieder auf und bewegte sich auf seine normale männliche Art. Ich sah zweifellos etwas benommen aus. Er bürstete sich den Staub von seinem Gewand und lächelte mich rätselhaft an. Alle benahmen sich, als habe sich nichts Besonderes abgespielt, und unterhielten sich beiläufig, bis der Koch das Abendessen brachte.

Am nächsten Tag kletterten wir zu den terrassierten Feldern hinauf, die den Berg umgaben, und in einiger Entfernung vom Rasthaus klärte sich das Geheimnis des elektrischen Lichts auf. In einem schmalen, vergitterten Kasten traf ein Wasserfall auf ein Wasserrad und aktivierte einen kleinen Generator. Die Gitter des Kastens waren mit einem enormen Messingschloß gesichert, wie man sie im neunzehnten Jahrhundert häufig in britischen Gefängnissen benutzte.

Während der nächsten drei Tage wanderten wir auf dem üppig terrassierten Berg umher und suchten jeden einzelnen Wasserfall auf. Der Anblick dieses unaussprechlichen Reichtums an Wasser, das von hohen Abhängen in funkelnde Teiche rauschte, übte unfehlbar

eine fast hypnotische Wirkung auf die Männer aus. Sie hatten ihr ganzes Leben in einer kahlen Region verbracht, wo das Wasser nur widerwillig und in dünnen Rinnsalen an die Oberfläche trat.
Jeden Morgen brachen wir zu neuen Abenteuern auf. Jeden Abend kehrten wir nur unwillig zu dem Rasthaus zurück, wenn die strafende Sonne dem Horizont entgegensank.
Der vierte Tag fand uns an einem eisigen, kristallenen Teich, der von einem sanft niederrauschenden Wasserfall gespeist wurde. Die Männer legten ihre Gewänder ab und wateten in ihren Shorts ins Wasser, wo sie ekstatisch eintauchten. In Wüstenregionen wie El Obeid mußte man ein Bad nur mit einer Schüssel voll Wasser bewerkstelligen. Das Untertauchen des ganzen Körpers war ein unvorstellbarer Luxus, von dem Wüstenbewohner nicht einmal träumen konnten.
Die Männer tummelten sich im Wasser und blieben dabei am flachen Ufer, denn keiner von ihnen konnte schwimmen. Ich beobachtete sie eine Weile, und dann, da ich ihnen allen inzwischen vertraute, zog ich ebenfalls mein Kleid aus und trat ins Wasser, nackt bis zur Taille. Mit starken, sicheren Zügen schwamm ich gemächlich durch den Teich bis an den Rand des Wasserfalls und wieder zurück.
Sie ließen mich keinen Augenblick aus den Augen, während sie in gedämpftem, ehrfurchtsvollem Ton miteinander sprachen. Als ich tropfend aus dem Wasser stieg, waren ihre Blicke auf meinen Körper so entzückt, als sähen sie einen Wasserfall aus großer Höhe heruntertdonnern.
Ich erinnerte mich an das, was mir ein Gynäkologe in Port Sudan erzählt hatte. Er war Ende Zwanzig gewesen, als er zum ersten Mal den nackten Körper einer Frau sah. Die meisten Männer in seiner Kultur, fügte er hinzu, würden in ihrem ganzen Leben keinen nackten weiblichen Körper sehen, nicht einmal den ihrer Ehefrauen.
Langsam und nonchalant zog ich mir mein Kleid wieder über den Kopf. Der Gelehrte seufzte beseligt. »Du kannst schwimmen«, murmelte er träumerisch. »Wir haben noch nie jemanden schwimmen sehen.« Ich lächelte ihn rätselhaft an. Nun war es an mir, so zu tun, als sei nichts geschehen.

Als wir am fünften Tag am frühen Nachmittag zum Rasthaus zurückkehrten, begann mein Kopf schmerzhaft zu pochen. Während der überwältigenden Mittagshitze lag ich schwach im Schatten und bemühte mich, meine schmerzhaft verbrannte Haut zu kühlen, die die ständige brutale Sonne immer mehr versengte. Unsere einseitige Fleischdiät wirkte auf mich wie ein Gift, denn mein Körper war seit Jahren an vorwiegend vegetarische Kost gewöhnt. Ich fühlte mich unerklärlich verzweifelt und deprimiert und dachte an die in der Hütte weinenden Kinder. Ohne Vorwarnung schossen mir plötzlich heiße Tränen aus den Augen und begannen über meine Wangen zu laufen.

Die Männer bereiteten sich auf unsere Abreise am nächsten Morgen vor, und während sich der Kaufmann, der den Lieferwagen fuhr, am Motor zu schaffen machte, begannen sie ihre Ausrüstung aufzuladen. Der Arzt, der den gefalteten Gebetsteppich trug, sah mich und lief sofort los, um einen Eimer Wasser zu holen. Er gab ihn einem der Kaufleute, der ihn rasch über ein Feuer stellte. Dann setzte er sich neben mich und wischte mit einem Schwamm mein Gesicht ab, bis das Wasser heiß war. Er trug es in den Waschraum, faßte sanft meine Hand, ließ mich neben dem dampfenden Eimer niedersitzen und trug einen weiteren Eimer herbei, diesmal mit kaltem Wasser gefüllt. Er gab mir zu verstehen, ich solle meinen ganzen Körper abwechselnd mit dem Inhalt beider Eimer abwaschen, bis alles Wasser verbraucht sei.

Fleißig folgte ich seiner Vorschrift eine Stunde lang, weinte noch ein bißchen und stellte dann fest, daß es mir merklich besser ging. Als ich aus dem Waschraum kam, lächelte ich wieder und war gerührt, auf allen Gesichtern Erleichterung zu sehen.

Der Fahrer hantierte noch eine Weile am Motor herum und erklärte dann, wir müßten ihn in der nächsten erreichbaren Stadt reparieren lassen. Wir würden in Lum Lum nach Westen abbiegen und durch die Wüste in Richtung auf die Straße, die nach El Geneina führt, fahren, nicht mehr als dreißig Kilometer von der Grenze zum Tschad entfernt.

Bei Sonnenaufgang am nächsten Morgen beteten die Männer gemeinsam auf der Veranda, während ich still dem Berg dankte und Lebewohl sagte. Wir füllten unsere Wasserflaschen und begannen

mit der Abfahrt. Der Gelehrte hatte seine Donnerbüchse frisch geladen und hielt sie leicht zwischen den Knien.
Die Luft wurde trocken, als wir auf die Ebene zufuhren. Bald nahm die Vegetation immer mehr ab, und wir erreichten eine Gegend, in der nur verkümmertes Wüstengestrüpp wuchs. Die Hitze war lähmend und drückend. Wir hatten den Ausgang aus unserem Paradies erreicht.
Wir stellten fest, daß es eine letzte Schlucht gab, die wir passieren mußten, ehe sich nur noch flache, kahle Wüste vor uns erstreckte. Auf diesem Stück wuchsen noch einige Büsche und blättrige Gräser. Als wir durch die Schlucht fuhren, hörten wir plötzlich den Schlag großer Flügel, und wie eine Traumvision oder wie durch eine Art Zauber erhob sich ein riesiger, phönixartiger Vogel in die Luft. Ehe ich Atem holen konnte, spürte ich eine prompte, reflexartige Bewegung neben mir und fühlte mehr, als daß ich es sah, wie der Gelehrte sein Gewehr hochriß. Noch während ich einen Protestschrei ausstieß, traf ein einzelner, hallender Schuß mein ungläubiges Ohr wie ein großes Totengeläute.
Der Vogel stürzte auf die Erde, und über das Brausen meines Blutes hinweg hörte ich den wilden Jubel der Männer, als der Diener aus dem Wagen sprang, um ihn zu holen.
Einen Augenblick verschwamm das, was ich sah, und das Bild des abstürzenden Vogels war ausgeblendet. Ich bedeckte mein Gesicht mit den Händen, und als ich sie gleich darauf entschlossen wieder sinken ließ, schleppte der Koch den verwundeten Vogel an uns vorbei. Der lange, gebrochene Fächer seines Flügels schleifte nutzlos über den Boden. Der anmutig gebogene Hals hielt den eleganten, langschnabeligen Kopf hoch aufrecht. Das Auge des Tieres war groß, gelb und merkwürdig wach. Es war ein Auge, das geheimnisvollerweise nicht vom Schock verdunkelt war, das Gesicht eines Geschöpfs, das noch Lebenswillen hatte.
Der Silberschmied reichte dem Koch sein langes Küchenmesser, es gab einen kurzen Todeskampf, und dann war alles still. Der Lieferwagen startete wieder, und wir fuhren in das Inferno der Wüste hinab.
Als ich Monate später in die Vereinigten Staaten zurückkehrte, ging ich in die Bibliothek und blätterte eine Reihe von Büchern

durch, um festzustellen, welche Art Vogel es gewesen war. Nach einiger Suche fand ich ihn. Es war ein Goliathreiher, der irgendwie den Weg aus seinem üblichen Habitat in die Schlucht gefunden hatte. Er war nicht nur wirklich einzigartig schön von Gestalt, sondern gehörte auch zur abnehmenden Zahl einer gefährdeten Spezies.

Ich hatte einige Freunde, die Mitglieder der Audubon Society sind. Seltsamerweise sind sie mir aus dem Weg gegangen, seit ich ihnen diese Episode erzählt hatte. Es konnte nicht der Tod des Reihers sein, an dem sie mir die Schuld gaben, denn ich machte sehr deutlich, daß ich dafür in keiner Weise verantwortlich war. Vielleicht ist das, was sie mir nicht verzeihen können, die Tatsache, daß ich ihn mit allen anderen zusammen gegessen habe.

Verschiedene Völker haben im Laufe der Zeiten viel seltsamere Dinge gegessen als Goliathreiher. Die anthropologische Forschung erweist, daß in Gegenden, in denen die Ernährung zu proteinarm war, um das Überleben eines Volkes zu sichern, der Kannibalismus häufig zur einzig möglichen Alternative und diese Praxis daher in dessen Bräuche und Religion verwoben wurde. In mineralarmen Gebieten, wo die Menschen an Mangelkrankheiten der Knochen litten, entwickelte sich eine andere Art von Homophagie. Diese Völker begruben ihre Toten, und nach einer Reihe von Jahren wurden die Knochen zeremoniell wieder ausgegraben. Sie wurden gemahlen, und beim heiligsten Ritual der Kommunion mit den Geistern der Vorfahren tranken die Menschen das aufgelöste Knochenmehl. Es bewahrte sie vor dem Aussterben und hielt sie zweifellos bei wesentlich besserer Gesundheit, als sie sonst gewesen wären.

Doch was hat all das mit dem Goliathreiher zu tun? Die traurige Tatsache ist, daß bereits viel zu viele menschliche Wesen unseren Planeten bevölkern, während der Goliathreiher, um den ich noch immer weine, wenn er in meinen verstörten Träumen zur Erde stürzt, am Rande des Aussterbens steht.

Warum habe ich dann ebenfalls von ihm gegessen? Diese Frage finde ich schwer zu beantworten, wenn der Fragende jemand ist, der Afrika nicht erlebt hat. Zu meiner Verteidigung kann ich nur sagen, daß der Vogel bereits tot war und man sonst nichts weiter mit ihm hätte tun können. Als prachtvolle, mythische Kreatur existierte er nicht mehr. Der Tod hatte ihn in Nahrung verwandelt.

* * *

El Geneina liegt dicht an der Grenze zum Tschad, von dem es heißt, er sei sogar noch ärmer als der Sudan. Er gilt als am wenigsten entwickeltes Land der Welt, was immer das bedeuten mag. Seine größte Plage ist Flußblindheit, eine Krankheit, die im Wasser durch einen wurmähnlichen Organismus übertragen wird, der in das Auge eindringt und es zerstört.
Auf El Geneinas ärmlichem, staubigem Markt gab es nicht viel zu kaufen. Ein paar ausgetrocknete, winzige Erdnüsse, etwas welker Spinat und ein paar überreife, in der Sonne verfaulende Tomaten schienen alles zu sein, was er zu bieten hatte. Die Metzgerei war an ihrem aufdringlichen Gestank schon zu erkennen, ehe ich sie sah, und so konnte ich sie geflissentlich umgehen. Die Männer hatten bereits das trostlose kleine Speisehaus der Stadt gefunden und Essen bestellt, und jetzt saßen sie auf dem kahlen, baumlosen Platz und warteten darauf, daß unser Fahrzeug aus der Reparaturwerkstatt kam.
Ich verbrachte die Zeit damit, die Gassen in der Nähe der Werkstatt zu erforschen, und traf auf eine kleine Gruppe von Menschen, die still im Schatten eines nahegelegenen Schuppens hockte. Es waren Männer, Frauen und Kinder. Als ich näher herankam, wurde mir plötzlich klar, daß sie bis auf eine Person alle blind waren. Sie schienen zu einer Familie zu gehören, und das einzige Mitglied, das noch ein wenig sehen konnte, war ein junges Mädchen.
Ich setzte mich leise in die Nähe und beobachtete sie eine Zeitlang. Sie bewegten sich kaum. Hin und wieder tastete eine Hand nach einem anderen Familienmitglied, um sich zu vergewissern, daß es noch da war, und kehrte dann still in ihre ursprüngliche Position zurück. Die Gesichter drückten nichts als Geduld und Resignation aus.
Verstört kehrte ich dahin zurück, wo die Männer saßen, und berichtete ihnen, was ich gesehen hatte. Sie sprachen ein paar Augenblicke leise untereinander, und dann stand der Arzt auf und zog etwas Geld aus der Tasche. Einer der Kaufleute tat es ihm rasch nach,

dann alle anderen. Der Doktor als ihr Sprecher ließ sich von mir den Weg zeigen. Er setzte sich zu der Familie und sprach leise deren Patriarchen an, einen zerbrechlichen Greis mit dem Aussehen eines Heiligen. Während der alte Mann lauschte, trat allmählich ein glückliches Lächeln auf sein sanftes Gesicht, und er hob die Hände zum Himmel und pries inbrünstig Allah den Ernährer, Allah den Allgnädigen für den großen Segen, den er gleich empfangen sollte. Als er fertig war, ließ er die verwitterten Hände wieder sinken, und der Arzt schob ihm eine Rolle Banknoten in die Handfläche. Der alte Mann sprach kurz mit seiner noch nicht ganz erblindeten Enkelin. Er gab ihr das Geld zur Aufbewahrung, und es verschwand in den Falten ihres *tope*.

Die Männer waren recht großzügig gewesen. Die Summe, die sie gemeinsam der flußblinden Familie geschenkt hatten, reichte aus, um sie zwei oder drei Monate lang zu ernähren. Doch was würden sie tun, wenn das letzte noch sehende Familienmitglied das Augenlicht ganz verlor? Was würde dann aus ihnen werden? Es war ein zu grausames Schicksal, um darüber nachzudenken.

Unser Fahrer kam, um uns zu sagen, der Lieferwagen sei wieder funktionstüchtig. Wir verabschiedeten uns und fuhren zurück in Richtung Nyala.

Am späten Nachmittag erreichten wir unser Ziel. Einer der Kaufleute, ein unauffälliger, zurückhaltender Junggeselle, wohnte im Stadtzentrum von Nyala dicht beim Hauptmarktplatz. Er war Besitzer eines verfallenden, aber geräumigen Hauses, in dessen großem, kahlem Innenhof auf der nackten Erde ein einziger vernachlässigter Baum seinen vergeblichen Überlebenskampf noch nicht ganz aufgegeben hatte. Die Abendmahlzeit stand schon bereit, stoisch an einen seiner blattlosen Äste angebunden.

Rasch floh ich auf den Markt, um das Tier nicht sterben sehen zu müssen. Ich kam eine Stunde später zurück, glücklich mit Früchten beladen. Ich zwang mich, nicht in die Ecke zu schauen, wo die Kochstelle war und von wo ich das konzentrierte Summen zahlreicher Fliegen hörte. Ich wußte, dort lagen Kopf und Haut des toten Schafes.

Nachdem sie am nächsten Morgen zum letzten Mal alle gemeinsam gebetet hatten, stiegen die anderen zehn Männer wieder in den Lie-

ferwagen, auf dessen Ladefläche bereits drei neu erworbene Schafe standen. Wir alle schüttelten uns die Hände, und der Silberschmied schenkte mir einen Ring, den er angefertigt hatte. Ich dankte den Männern und sagte ihnen wahrheitsgemäß, unser gemeinsamer Urlaub sei der schönste meines ganzen Lebens gewesen und sie alle hätten dazu beigetragen, ihn unvergeßlich zu machen. Ich sagte, ich würde mich immer an sie und an unsere gemeinsame Reise erinnern. Ich schaute in jedes der dankbaren Gesichter, und ihr Ausdruck verriet mir deutlich, daß die Erfahrung auch für sie einmalig gewesen war.
Der Fahrer ließ den Motor an. Für einen kurzen Augenblick traf der Blick des Arztes meinen, und wir lächelten einander bedauernd an. Dann war es, als falle eine Maske über sein Gesicht, und seine Augen wurden wieder undurchdringlich. Der Wagen begann zu rollen, und ich stand da, die Hände auf mein Herz gepreßt, und sah zu, wie er in der Ferne verschwand. Mit ihm wich auch aller Zauber.
Mein Gastgeber sah etwas verloren aus und wanderte einige Minuten lang ziellos im Haus herum. Dann lehnte er sich auf einer der Pritschen zurück, die auf seiner Veranda herumstanden, und begann Verse aus dem Koran zu singen. Ich fand einen Eimer, entlockte dem Wasserhahn auf dem Hof ein dünnes Rinnsal und wartete, bis der Eimer halbvoll war. Dann zog ich mich in den Waschraum zurück.
Als ich eine halbe Stunde später wieder herauskam, unterhielt sich mein Gastgeber mit einigen jungen Männern, die sich als Studenten vorstellten. Einer von ihnen verkündete mir feierlich, der Kaufmann wünsche mich zu heiraten, könne sich aber nicht über die Logistik des Brautpreises klar werden, da ich der Männergruppe erzählt hatte, ich gehöre niemand anderem als mir selbst. Wenn ich ihm sagen könne, wieviel Brautgold ich wolle, werde er es mir beschaffen.
Ich sagte dem Sprecher, das Angebot seines Freundes bewege mich tief und ich dankte ihm, aber eine Ehe sei nicht das, was ich an diesem speziellen Punkt meines Lebens wolle. Mein Verehrer schien über meine Weigerung einigermaßen erstaunt. Er wollte wissen, warum ich nicht zu heiraten wünsche. Wollten nicht alle Frauen einen Ehemann, der für sie sorgte?
Ich versuchte zu erklären, daß ich nicht wisse, was ich in Nyala mit

mir anfangen solle. Das schuf nur noch mehr Verwirrung. Ich bräuchte überhaupt nichts zu tun, wenn ich ihn heiratete, behauptete er. Ich würde einfach in seinem Haus wohnen und seine Frau sein. Ich bräuchte nicht zu fürchten, daß er eine zweite Frau nehme. Eine Frau sei völlig ausreichend für seine Bedürfnisse, und daher wolle er auch nur eine.

Ich dankte ihm so anmutig, wie es mir möglich war, und fügte hinzu, ich müsse mich nun auf den Weg machen. Ich ginge noch einmal ins nahe Nyertete, um etwas zu holen, das ich dort zurückgelassen hätte, und würde aufbrechen, sobald ich eine Transportmöglichkeit gefunden hätte. Der Kaufmann zuckte mit den Schultern und akzeptierte dann meine Entscheidung, obwohl ich sehen konnte, daß sie ihn noch immer verwirrte. Er schickte den jungen Mann, der für ihn gesprochen hatte, um einen Lastwagen für mich zu suchen. Nach vielleicht einer Stunde kam er zurück und sagte mir, alles sei arrangiert.

In Nyertete holte ich mir meinen teuren Korb wieder ab und erfuhr von seinem Hüter, das Rasthaus sei geschlossen worden, weil sich dort einige Reisende schlecht benommen hätten. Mehr Einzelheiten wollte er nicht verraten, aber er nahm mich mit zu seinem eigenen Grundstück, wo ich mit seiner Frau und seiner Mutter in der Frauenhütte wohnen konnte.

Beide Frauen hatten riesige Kröpfe aufgrund des Jodmangels in ihrer Nahrung. In Jebel Marra war das häufig zu sehen. Ich blieb mehrere Tage bei der Familie, und als ich aufbrach, um nach El Fasher zurückzukehren, schenkte ich ihnen meine Flasche mit jodierten Wasserreinigungstabletten. Ich gab mir große Mühe, ihnen zu erklären, wie genau sie sie benutzen sollten, und versuchte ihnen einzuschärfen, daß sie, wenn sie sich exakt an meine Instruktionen hielten, von ihrem Zustand geheilt würden. Ich habe mich oft gefragt, ob sie es getan haben.

Das erinnert mich an eine Geschichte, die mein Vater mir erzählte, als ich ein Kind war. In seiner Jugend gab es noch kein jodiertes Salz zur Vorbeugung gegen Kropfbildung aufgrund von Jodmangel. Ein Mann wandert also mit seinem Sohn durch die Berge, und sie treffen auf dem Weg einen Fremden. »Oh, schau, Vater«, flüstert der Junge aufgeregt. »Dieser Mann hat keinen Kropf!« – »Hör auf, ihn anzustarren!« schimpft der Vater. »Sei dem Himmel dankbar, daß du all deine gesunden Glieder hast!«

Irgendwo ist darin eine Lektion enthalten. Wenn es nur ein bißchen einfacher wäre, die Leute zu überreden, das zu tun, was gut für sie ist! Aber wie gewinnt man sie für seine Denkweise, wenn sie eine eigene Definition dafür haben, was normal ist?

Karen Blixen kehrte nie nach Afrika zurück

> Oh, mein Freund, nicht das, was sie dir wegnehmen, zählt,
> sondern was du mit dem machst, das du übrig hast.
> *Hubert Humphrey*

In den sechziger Jahren, zu Beginn der Bürgerrechts- und der feministischen Bewegung, machte folgende humorige Geschichte die Runde:
Ein Matrose wurde über Bord gespült, und als man ihn aus dem Wasser fischte, war er ertrunken. Nachdem man sich aber große Mühe gegeben hatte, ihn wiederzubeleben, begann er erneut zu atmen. Er öffnete die Augen und schaute höchst verwundert drein. »Ich habe Gott gesehen«, sagte er. »Erzähle«, drängten seine Retter, »erzähl uns schnell, wie Gott aussieht!« – »Das ist sehr seltsam«, antwortete der Matrose. »Erstens einmal: Sie ist schwarz.«
Ich hatte diese Geschichte immer gern, einfach wegen ihrer Kühnheit und der Hoffnung auf bessere Zeiten, aber mittlerweile sehe ich sie in einem anderen Licht. Ich betrachte sie nicht mehr als lustige Geschichte, sondern als Erzählung von mythischer Größe.
Warum sollte die archetypische Gottheit keine Frau sein, und warum sollte sie nicht schwarz sein? Wir wissen heute, daß der *homo sapiens* seinen Ursprung im Rift Valley in Ostafrika hatte, und DNS-Untersuchungen legen nahe, daß möglicherweise jeder Mensch, der heute auf der Erde existiert, Nachkomme eines einzigen mutierten humanoiden Individuums ist. Sie dürfte höchstwahrscheinlich eine nahe Vorfahrin von Lucy gewesen sein, die bei Johansons Ausgrabungen gefunden wurde.
Das würde bedeuten, daß wir alle unsere DNS beispielsweise mit der Jungfrau Maria, Jesus von Nazareth, den Pharaonen, dem Pro-

pheten Mohammed, Buddha, Adolf Hitler, Hirohito und anderen vergöttlichten oder halb vergöttlichten Gestalten der Menschheitsgeschichte teilen. Ganz unten am Stammbaum dieser zu Idolen erhobenen Individuen hockt eine kleine humanoide Afrikanerin, die unser aller Gott-Heit ist – unsere Mutter Erde. Sie ist diejenige, die in der ekstatischen Vision des Matrosen erscheint, als er vom Tod wieder ins Leben zurückkehrt.

Ich gestehe, daß ich mich zeitweise auch einer Art von Idolatrie schuldig gemacht hatte. Es war nur eine vorübergehende Angelegenheit, und es geschah, als ich ein Opfer von Gewalt geworden war und seltsame Anfälle von Wahnsinn hatte, daher muß man es in dem Kontext verstehen, in dem es auftrat. Doch es passierte.

Ich erinnere mich noch, wie ich sie zum ersten Mal sah. Ich hing halb aus einem total überfüllten afrikanischen Eingeborenenbus. Er bog mit quietschenden Reifen um eine scharfe Ecke des Touristenmarktes von Melindi in Kenia. Ich war auf dem Weg zum Flughafen, wo es einen klapprigen Viersitzer gab, der zwischen dem Festland und der dreißig Flugminuten entfernten Insel Lamu hin und her pendelte.

Melindi ist ein kleiner, attraktiver Badeort mit luxuriösen und nur mäßig teuren Einrichtungen für unverhältnismäßig reiche Europäer. Sie werden von einer wahren Armee uniformierter, ständig lächelnder Afrikaner gnadenlos verhätschelt, umsorgt und bedient. Gäste werden gewarnt, den Strand zu meiden und nur in den riesigen, makellos gepflegten Swimmingpools zu baden. Der Strand selbst, so sagt man ihnen, sei nicht sicher, und man warnt sie vor Haien, Unterströmungen und giftigen Quallen. Da die meisten dieser Touristen auf andere Abenteuer aus sind und der Strand ohnehin mit Abfall übersät ist, haben sie wenig Grund, sich hinzuwagen.

Melindi repräsentierte alles, was ich an den Touristenexzessen in Afrika verachtete. Es stimmte tatsächlich, der Strand war gefährlich, aber nicht aufgrund von Haien, Unterströmungen oder giftigen Quallen.

Auf dem Touristenmarkt von Melindi gab es einen Stand nach dem anderen mit immer der gleichen Art von billigen Souvenirs, hastig gearbeiteten Holzschnitzereien, grellbunten Körben und

dünnen, schlecht gewebten »Kanga«-Stoffen. Die Händler bemühten sich eifrig und oft verzweifelt um Geschäfte.
Auf dem Touristenmarkt von Melindi sah ich sie. Sie stand auf der Straße vor einem dieser Stände, fremdartig wie ein Kamel auf dem Mond. Sie besaß eine unverkennbare Präsenz, königlich in ihrer Einmaligkeit, und wartete ruhig auf Anerkennung. Der Bus fuhr keine dreißig Meter von ihr entfernt vorbei, und ich sah sofort, daß sie eine Persönlichkeit von unermeßlicher Würde und Bedeutung war. Ich schrie, man solle mich herauslassen, und nachdem ich mich zwischen vielleicht dreißig dampfenden, dichtgedrängten Körpern durchgezwängt hatte und die hintere Tür erreichte, sprang ich in die Freiheit.
Ich zwang mich, langsam und ganz lässig zu den Ständen zurückzugehen. Ich versuchte, meinen Eifer nicht zu zeigen, wandte aber kein Auge von der Stelle, wo ich sie gesehen hatte. Als ich sie erreichte, stand sie noch da, an einen Baumstumpf gelehnt, die Füße mit getrocknetem Schlamm bedeckt, wo sie aus der Erde gerissen worden waren.
Sie war eine Ahnenfigur, vielleicht siebzig Zentimeter hoch. Sie war mit großer Kunstfertigkeit aus schwerem Ebenholz geschnitzt und unterschied sich von allem, was ich je zuvor in Museen, Galerien mit afrikanischer Kunst oder privaten Sammlungen im Westen gesehen hatte. Der rote Schlamm an ihren Füßen ließ erkennen, daß sie erst kürzlich von da gestohlen worden war, wohin sie gehörte, irgendwo im Busch.
Beiläufig betrachtete ich die schäbigen, unscheinbaren Waren des Händlers, nahm ein oder zwei mittelmäßige Gegenstände zur Hand, um sie zu prüfen, legte sie zurück und drehte mich um, als wolle ich gehen. Verzweifelt um einen Verkauf bemüht, folgte mir der Mann, und ich blieb vor der Figur stehen und betrachtete sie ausdruckslos. »Was für ein seltsames Ding. Hast du es gemacht?«
»Nein, nein«, sagte der Mann hastig.
»Nun, wer hat es dann gemacht?« fragte ich, als sei ich ärgerlich.
»Es ist nicht von hier. Es ist aus Tansania«, sagte er.
»Und du bist den ganzen Weg nach Tansania gereist, um ein solches Ding hierher zu bringen?«

»Nein, nein. Ich habe es von meinem Vetter bekommen, der Lastwagenfahrer ist.«

Sie war also in Tansania von jemandes Grab gestohlen worden. Ihre Füße waren schön ausgearbeitet, also war sie eindeutig eine der Toten, die wandeln. Wo ihre Hände hätten sein sollen, verschwanden die Arme im Vagen. Ohne Hände konnte sie nicht allein essen, und jemand hatte sie gefüttert. Ihr dargebotene Nahrung war von der Sonne in das Holz um ihren Mund eingebrannt worden. Sie war jung gewesen und hatte lange, elegante Beine gehabt. Ihre Zähne waren groß, stark und vollkommen ebenmäßig. Ihre Arme und Beine waren ausgedörrt, aber nicht verwest, ebenso wie ihr Rumpf. Sie hatte einen kleinen, runden Bauch und war anscheinend schwanger, als sie starb. Vielleicht starb sie im Kindbett. Bei hochschwangeren afrikanischen Frauen sind die Bäuche oft nicht dicker als dieser.

Die Demütigung, sich an einem Ort wie diesem Markt zu befinden, muß sie verletzt haben, und sie tat auch mir weh. Darum sagte ich zu dem Mann. »Dieses Ding gehört nicht auf einen Markt. Es gehört an einen Bestattungsort.«

Er begann zu schwitzen. Etwas anzurühren, das den Toten gehört, wird in Afrika, wo die Geister machtvolle Rache üben können, nicht leichtgenommen. Es war klar, daß er sie loswerden wollte, daß ihre Anwesenheit ihn sehr, sehr nervös machte.

»Nehmen Sie es«, sagte er. »Ich mache Ihnen einen guten Preis.« Er nannte eine absurd hohe Zahl, und ich sagte, er könne ja verlangen, was er wolle, aber ich könne ihm nicht mehr geben als vierzig Dollar. Er schwitzte noch etwas mehr, und ich konnte sehen, wie es ihm in den Fingern juckte, eine so hohe Geldsumme in die Hände zu bekommen. Er beriet sich dringlich mit einigen Freunden, die ihm sagten, er solle sechzig verlangen. Ich lächelte grausam. »Für vierzig Dollar nehme ich dieses Begräbnisding von hier weg«, sagte ich.

»Geben Sie mir das Geld«, flüsterte er heiser. Ich zählte es ab und wartete darauf, daß er die Figur aufheben und mir geben würde. »Nehmen Sie es«, sagte er. Er wollte sie nicht selbst anfassen. Zärtlich nahm ich sie in die Arme und trug sie fort.

Später am Tag stand ich mit ihr unter einem Strom kühlenden Wassers und wusch unsere beiden Körper von den Demütigungen, die sie erlitten hatten, rein.

* * *

Einige Jahre später, als ich wieder in Tucson, Arizona, war, sah ich den Film *Out of Africa*. Er handelt vom Leben der dänischen Erzählerin Karen Blixen, die ich sehr bewunderte. Der Film beginnt mit einer Frauenstimme voll kontrollierter Emotion, die den Anfang einer Geschichte erzählt: »Ich hatte eine Farm in Afrika.« Die Stimme stockt und beginnt dann von neuem: »Ich hatte eine Farm in Afrika.« Wieder kämpft sie um Beherrschung, und dann versucht sie es zum dritten Mal und kann endlich weitersprechen. Das ist der höchst effektvolle Beginn eines schön konzipierten und fotografierten Films, der mich in das unglaubliche Wunder der ostafrikanischen Landschaft zurücktrug. Er dokumentiert den Kampf einer jungen Frau, ihre Farm unter allen möglichen ungünstigen Umständen zu erhalten; schließlich verliert sie sie und kehrt mit gebrochenem Herzen nach Dänemark zurück.

Der Film endet mit einem geschriebenen Kommentar, der so anfängt: »Karen Blixen kehrte nie nach Afrika zurück.« Ich las diesen Satz und konnte nicht weiterlesen. Tränen strömten mir über die Wangen, und ich weinte herzzerreißend und unkontrollierbar. Während ich mit zitternden Händen mein Gesicht verdeckte, hörte ich Leute das Kino verlassen. Als ich die Hände schließlich von den Augen nahm, sah ich, daß ich allein war. Mein Herz schmerzte, als wolle es brechen, und endlich sah ich meinem großen Verlust ins Gesicht. Afrika, wie ich es gekannt hatte, war mir für immer unerreichbar geworden.

* * *

An der Küste der Insel Lamu erstreckt sich fünfzehn Kilometer weit hinter jeder Ansiedlung ein makellos weißer Sandstrand. Er fällt so allmählich ab, daß man etwa zweihundert Meter weit hinauswaten muß, ehe das Wasser tief genug zum Schwimmen ist. Wenn Ebbe herrscht und der Sand glattgespült ist, kann eine einsame Joggerin barfuß an diesem Strand entlanglaufen und nichts hören als das Rauschen der Brandung, ihren eigenen Herzschlag und die Schreie der Seevögel.

Ein wenig höher als der glattgespülte Sand liegen Dünen, in die sich Räuber oder schlimmere Leute eingraben können, den Kopf hinter Büschen versteckt, um den Strand zu beobachten. Da liegen sie und warten, lauern wie Spinnen im Netz, ihr Buschmesser an der Seite.
Oh, gnädige Herrin, Göttin, warum war ich zum Laufen nie geboren?
Genau betrachtet, war die Vergewaltigung keine große Sache. Auf einer gewissen Ebene war sie einfach beleidigend banal und äußerst uninteressant. Die eigentliche Ausübung von Gewalt lag ganz in diesem gigantischen und rasierklingenscharfen Messer. Es wurde schnell klar, daß der Zweck der Sache nur die Penetration und Vergewaltigung meiner Person war, auf die eine oder die andere Art, mit dem Penis oder mit dem Messer, welches von beiden, schien keine große Rolle zu spielen.
Ich war bereits neun Kilometer gelaufen, und meine Energie war verbraucht. Er war viel jünger als ich und drahtig, und ich erkannte sofort, daß ich keinerlei Chance hatte, ihm davonzulaufen, weder am Strand noch im Wasser, oder auch nur den Versuch zu machen, ohne ihn zu noch mehr Gewalt anzustacheln.
Alle Ambiguität und Ambivalenz in bezug auf den Wert des Lebens fielen von mir ab. Noch nie hatte ich so verzweifelt leben wollen. Ich erkannte, wie leicht es für ihn wäre, meine Leiche in den weichen Sanddünen zu vergraben, viele Kilometer von jeder Ansiedlung entfernt. Sie würde nie gefunden werden.
Irgendwo in meinem Kopf lief quälend langsam ein Film ab: das Flattern großer Schwingen, ein Schuß, der Sturz des verwundeten Vogels auf den Boden, der Koch, der ihn triumphierend hochhält, sein über die Erde schleifender Flügel, das Messer, dann Stille.
»Das ist eine zu dumme und sinnlose Art zu sterben. *Auch das geht vorbei*!« Der Gedanke wiederholte sich wie ein Mantra in meinem Kopf, minderte aber mein Entsetzen nicht. Das Messer an meiner Kehle wurde zur einzigen Realität.
Sein privater Apparat gehorchte ihm nur widerstrebend, und gnädigerweise war alles sehr schnell vorüber. Ich erkannte, daß dies der Augenblick für die große Lüge war, die ihn daran hindern würde, zum Andenken mein Gesicht zu zerschneiden. Ich grinste wie eine betörte Närrin und sagte ihm, er sei ein so wundervoller Liebhaber,

daß ich am nächsten Tag wiederkommen und ihm Geld bringen würde. Er war ganz zu Unrecht derart mit sich zufrieden, daß er das Buschmesser von meiner Kehle nahm, mir großzügig bedeutete, ich dürfe meine Laufshorts behalten, und mich unverletzt gehen ließ.

Nachdem er wieder in den Dünen verschwunden war, lief ich weit, weit ins Wasser hinein, tauchte bis zum Hals ein und rieb hektisch alle Spuren seiner Existenz von meiner juckenden Haut. Über die Brandung hinweg hörte ich zum ersten Mal, was meine Stimme die ganze Zeit geschrien hatte: »Es ist nichts passiert! Gar nichts! Nichts! Nichts! Nichts!«

Doch es *war* passiert, liebe Herrin, Göttin, wie sehr ich es auch zu leugnen versuchte, und das Messer wollte mir nicht aus dem Kopf gehen.

Irgendwie schaffte ich den Rückweg. In meinem Nervensystem spielte sich ein Aufruhr ab. Ich wußte, daß ich schon angefangen hatte, wahnsinnig zu werden, und ich konnte nichts dagegen tun. Aber wie war das möglich? Es war so eine kleine, winzige, unbedeutende Vergewaltigung gewesen!

Eine vergewaltigte Frau hat im wesentlichen drei Sorgen: Sie ist möglicherweise geschwängert worden; ihr Ehemann, ihr Liebhaber oder ihre Familie könnte sie verlassen; vielleicht ist auch eine Geschlechtskrankheit in ihren Blutkreislauf gezwungen worden. Wir schrieben das Jahr 1983, und eine Krankheit von pestähnlichen Ausmaßen war in die westliche Welt eingedrungen. Zu diesem Zeitpunkt betraf sie noch vorwiegend männliche Homosexuelle, obwohl ein relativ kleiner Prozentsatz von Frauen sich die Krankheit auch zugezogen hatte, und zwar durch gemeinsame Benutzung der Injektionsnadeln infizierter Drogenkonsumenten. Einige glaubten, die Krankheit habe ihren Ursprung in Afrika gehabt, und ob diese überaus strittige Theorie nun stimmte oder nicht, in Zentralafrika war jedenfalls ein besonders virulenter Stamm des Virus aufgetreten, und Kenia (und Lamu) gehörten dazu. Dieser Stamm unterschied sich von der westlichen Art darin, daß er Männer und Frauen in gleich großem Maße angriff.

Ich war über das gebärfähige Alter hinaus, ungebunden und meiner Fortpflanzungsorgane beraubt. Meine Familie und meine Freunde würden, wenn sie später von der Episode hörten, nur Schmerz und

Mitgefühl mit mir äußern; meine einzige große Sorge war also die Wahrscheinlichkeit, daß der Vergewaltiger eine oder mehrere der Geschlechtskrankheiten hatte, die in Afrika grassieren und nicht behandelt werden oder unbehandelbar sind.
Ich verkroch mich für achtundvierzig Stunden in meine Hütte und wusch und schrubbte meine Haut so oft, daß sie ganz wund wurde. Dann machte ich mich grimmig auf den Weg zur Krankenstation der Insel, wo ich, wie ich wußte, irgendeinen lokalen Sanitäter antreffen würde. Ein rascher Rundblick zwang mich, sofort meine Meinung zu ändern. Hastig traf ich Vorbereitungen, nach Mombasa zu reisen, einen Tag von der Küste entfernt, wo ich hoffte, einen Arzt zu finden, der mich untersuchen und alles Notwendige veranlassen würde.
Im Fahrkartenbüro in der Nähe der Fähre bekam ich eine Platzreservierung für die viersitzige Maschine nach Melindi am nächsten Tag. Als ich am Dock vorbeiging, sah ich fünf Mädchen um die Zwanzig, die untröstlich an die Mauer gelehnt dahockten. Ihre Ausrüstung war rings um sie verstreut, und sie sahen aus, als seien sie gerade mit der Fähre vom Festland gekommen. Getrieben von einem unwiderstehlichen Drang, sie zu warnen, ging ich zu ihnen hinüber. Weil sie so jung waren, wußte ich, daß sie sich als erstes auf den Weg zum Strand machen würden, und ich mußte sie daran hindern, allein über belebte Gebiete hinauszugehen.
Ich stellte fest, daß sie Mitarbeiterinnen des Peace Corps aus dem Landesinneren waren und man ihnen soeben ihr gesamtes Geld geraubt hatte. Sie waren am frühen Morgen auf der Insel eingetroffen und, wie vorherzusehen, gleich an den Strand gegangen. Sie waren noch keine halbe Stunde dort, als ein Mann, auf den die Beschreibung des Messerträgers paßte, sich ihnen genähert hatte, als wolle er sich mit ihnen unterhalten, und als er nahe genug war, hatte er eine von ihnen gepackt und ihr sein Messer an die Kehle gesetzt. Sie und die anderen waren gezwungen, ihr ganzes Geld herauszugeben. Als ein paar Männer am Strand auf die Gruppe zukamen, machte der Angreifer sich in die Dünen davon.
Sie hatten gerade ihren Lohn für sechs Monate erhalten und waren nach Lamu gekommen, weil sie dringend Ruhe und Erholung brauchten. Jetzt besaßen sie nur noch ein paar Münzen und suchten

verzweifelt nach einer Möglichkeit, wieder nach Hause zu kommen. Als sie den Vorfall gemeldet hatten, hatten die Polizisten die üblichen schnalzenden Laute von sich gegeben, alles aufgeschrieben und sich dann nicht weiter darum gekümmert.
»Ihr hattet Glück, daß nicht mehr passiert ist«, sagte ich eiskalt, und eine wilde Wut wallte plötzlich in mir auf. »Es hätte euch sehr viel schlimmer ergehen können.« Als ich ihnen erzählte, was mir wenige hundert Meter von der Stelle entfernt passiert war, wo man sie beraubt hatte, starrten sie mich entsetzt an. Ich gab ihnen die paar Shilling, die ich bei mir hatte, und stapfte zurück zu meiner Hütte, um die ganze Nacht schlaflos auf den Morgen zu warten.
In der Morgendämmerung ging ich an Bord der Fähre zum Flughafen. Mein Weg führte mich mit dem Buschflugzeug nach Melindi und von dort aus mit dem Bus weiter nach Mombasa. Am Nachmittag kam ich an und ging zum Bahnhof, wo ich meinen Rucksack bei der Gepäckaufbewahrung unterbrachte. Dann fand ich ein Taxi und ließ mich zu einem Krankenhaus fahren.
Der Chauffeur brachte mich zum Aga Khan Hospital, einem ziemlich imposanten Gebäude, und ich brauchte nicht lange, um die gynäkologische Abteilung zu finden. Am Empfang tat ich mein Problem kund, und nachdem ich einige Formulare ausgefüllt hatte, sagte man mir, ich solle warten. Leute kamen und gingen, und nach einer Zeit, die mir ungebührlich lang vorkam – das Wartezimmer war jetzt völlig leer –, wurde ich in das Sprechzimmer gerufen.
Die Ärztin war eine Inderin in den Dreißigern. Sie hatte ein säuerliches, verkniffenes Gesicht, das aussah, als rieche sie Exkremente. Rasch erklärte ich mein Problem und bat neben der Diagnose um eine prophylaktische Gabe von Antibiotika.
Sie sah mich mit unverhülltem Widerwillen an. »Sie haben vielleicht Nerven, hierherzukommen. Raus mit Ihnen! Ich habe keine Zeit für Sie. Sie sind ein Fall für die Polizei. Ich habe keine Zeit, vor Gericht zu gehen.«
Ich konnte nicht glauben, was ich gerade gehört hatte. »Sind Sie Ärztin?« fragte ich, da ich dachte, ich hätte irgendeinen Fehler gemacht.
»Wie können Sie es wagen, mich das zu fragen? Sofort raus! Sie haben hier nichts zu suchen.«

Ich versuchte zu begreifen, was da geschah. »Die Polizei hat damit nichts zu tun«, sagte ich. »Man wird Sie nicht auffordern, vor Gericht zu erscheinen. Alles, was ich brauche, ist eine Untersuchung und ein paar Labortests, um festzustellen, ob ich infiziert worden bin.«
Ihr Gesicht wurde noch härter.
»Raus mit Ihnen, bevor ich die Wachen rufe. Ich werde Sie nicht anrühren, und Labortests lasse ich für Sie auch nicht machen. Raus hier!«
Ich stand auf. »Sie sind keine Ärztin«, sagte ich. »Sie sind nicht mal ein menschliches Wesen.« Ich verließ den Raum, verließ die Station, verließ das Krankenhaus. Ich hatte das Gefühl, innerlich zu bluten. Ich war von neuem vergewaltigt worden, diesmal von einer Frau, und es war viel, viel schlimmer gewesen.
Es war mir kein Trost zu wissen, daß ich nicht allein war. Tausende unschuldiger Frauen, die während des Krieges zwischen Bangladesch und Indien vergewaltigt worden waren, waren von ihren Familien rücksichtslos verstoßen worden.
Ich fand ein anderes, kleineres Krankenhaus. Dort war wieder ein indischer Arzt, diesmal ein Mann. Ich erwähnte die Vergewaltigung nicht. Mit niedergeschlagenen Augen gestand ich, ich suchte ihn auf, weil mein Ehemann jedem Rock nachliefe und mit Frauen von fragwürdiger Moral verkehre. Seine neueste Eroberung sei eine bekannte Prostituierte, von der es hieß, sie habe eine Geschlechtskrankheit.
Er schüttelte mitfühlend den Kopf und riet mir, in Zukunft den sexuellen Avancen meines Mannes zu widerstehen. Als ich ihn um eine Antibiotikaspritze bat, sagte er, er könne mir keine geben, da nicht bekannt sei, welchen Krankheiten ich ausgesetzt gewesen war. Es könnte die falsche Medizin sein. Schließlich gab es in Afrika so viele Krankheiten. Da noch keine Zeit für die Entwicklung irgendwelcher Symptome gewesen war, konnte er nichts weiter für mich tun, als einen Bluttest durchführen zu lassen. Eine Syphilis würde sich in jedem Falle erst nach sechs Wochen bemerkbar machen, und ich müßte auf das Erscheinen der Symptome warten. Ich sagte, in sechs Wochen würde ich verrückt, aber er ließ sich nicht erweichen.

Das Blut wurde mir von einer reizenden, rehäugigen Krankenschwester abgenommen, deren seidiges Haar am Hinterkopf zu einem einzigen Zopf zusammengefaßt war und ihr bis auf die Knöchel reichte. Man sagte mir, ich solle in zwei Tagen wiederkommen, um meine Resultate zu erfahren.
In schwer verstörtem Zustand fand ich irgendwie den Rückweg zur Gepäckaufbewahrung. Ich holte meinen Rucksack ab und wollte mir ein Zimmer suchen, wo ich die zwei Tage abwarten konnte.
Als ich den Bahnhof verließ, kam eine zierliche kleine Gestalt aggressiv auf mich zu und versperrte mir den Weg. Zuerst dachte ich, es sei ein Junge, aber dann erkannte ich, daß es eine junge Frau in Männerkleidern war. Ihr Haar war über den Ohren in bizarrem Punk-Stil ausrasiert, und sie gab sich rauhbeinig wie ein junger Halbstarker, aber ihre riesigen, verwundeten Augen straften dieses Gehabe Lügen. »Taxi?« fragte sie.
Ich sagte ihr, ich sei auf der Suche nach einem bezahlbaren Zimmer. Sie hievte meinen Rucksack in den Kofferraum und half mir auf den Vordersitz ihres klapprigen Autos. »Was ist los?« fragte sie leise, und ich fing an zu weinen. Die Geschichte meiner Vergewaltigung und von allem, was ich an diesem Tag erlebt hatte, strömte aus mir heraus. »Das sind Schweine«, sagte sie. »Die haben kein Herz.«
Ihr Name war Rocky, sie war achtzehn Jahre alt, und sie sagte mir, sie sei Lesbierin. Ihre Mutter, sagte sie, sei eine ungewöhnlich schöne Engländerin, ihr Vater ein Eingeborener von den Seychellen, wo Rocky und ein Bruder geboren worden waren. Der Vater hatte, wenn er betrunken war, Anfälle wütender Eifersucht, bei denen er sowohl seine Frau als auch seine Kinder prügelte.
Als Rocky sechs Jahre alt war, gelang es Sheila durch die scheinbar glückliche Fügung eines großzügigen Schicksals, diesem Mann zu entkommen, und zwar mit Hilfe ihres Arbeitgebers Klaus, eines erstaunlich gutaussehenden Deutschen, der behauptete, sie anzubeten. Der Hauptsitz von Klaus' ausgedehnten geschäftlichen Operationen befand sich in Nairobi, und Sheila lebte dort mit ihm in großem Luxus. Ihre neue Beziehung nahm sie so in Anspruch, daß sie sich immer weniger um ihre Kinder kümmerte. Rocky warb ver-

zweifelt und vergeblich um die Liebe ihrer Mutter, und auf der Suche nach etwas Nähe und Wärme verbrachte sie schließlich mehr und mehr Zeit in den Dienstbotenquartieren.

Zwei Jahre später ging der Frieden von Sheilas Leben in die Brüche, als sie unerwartet von einem Einkaufsbummel zurückkehrte, das Kinderzimmer betrat und den prächtigen, bronzefarbenen Körper ihres Liebhabers auf dem ihrer achtjährigen Tochter sah.

Zur Rede gestellt, lachte Klaus sie bloß aus. Es sei das Kind, das er die ganze Zeit gewollt habe, erklärte er spöttisch. Sheila habe ihm nie irgend etwas bedeutet. Sie sei eine Närrin. Und Rocky sei ohnehin eine Schlampe, er habe ihr nichts Neues beigebracht. Er sei nicht der erste gewesen, dafür hätten schon einer oder mehrere der Hausboys gesorgt.

Sheila war von diesem Mann derartig besessen, daß sie noch weitere vier Jahre bei ihm lebte, während er ganz offen fortfuhr, Rocky sexuell zu mißbrauchen. Unfähig, sich selbst zu befreien, litt Sheila unter quälender, wütender Eifersucht und beschuldigte Rocky, ihr Klaus weggenommen zu haben. Rocky, verwirrt und verletzt, sehnte sich nur nach der Mutterliebe, die sich ihr weiterhin entzog.

Schließlich wurde Klaus der häuslichen Zwistigkeiten müde und Rocky zu alt für seine höchst ausgefallenen Vorlieben, und er fing an, seine Zeit mit einer charmanten italienischen Witwe zu verbringen, die eine fünfjährige Tochter hatte. Da faßte Sheila sich ein Herz und floh zusammen mit Rocky nach Mombasa, wo ihr sechzehnjähriger Sohn bereits als Taxifahrer arbeitete. Er half seiner Mutter, einen Job als Buchhalterin zu bekommen, und zu dritt suchten sie sich eine kleine, aber angenehme Wohnung, die auf einen Uferwald hinausging. Von ihren Schlafzimmerfenstern aus konnten sie Affen durch die Bäume turnen sehen.

Einen Monat vor meinem Zusammentreffen mit Rocky waren die beiden Frauen um neun Uhr vormittags über eine belebte Durchgangsstraße gegangen. Plötzlich war hinter ihnen ein Afrikaner aufgetaucht und hatte Sheila ein Messer in den Rücken gestoßen. Sie fiel um wie tot, und Rocky verfolgte den Angreifer noch etwa hundert Meter weit, packte ihn und zwang ihn zu Boden. Eine wütende Zuschauermenge fiel über ihn her und bewarf ihn mit Steinen, und er entging dem Lynchtod nur durch die Ankunft der Polizei, die, wie bei Verhaftungen üblich, den inzwischen bewußtlosen Mann auf die Ladefläche ihres Wagens stieß, die Tür zuschlug und ihn ins Gefängnis fuhr.

Rocky hob die blutende Sheila auf ihre Arme und rannte mit der Kraft der Verzweiflung den Kilometer bis zu einem nahen Krankenhaus. Dort schimpfte, schrie und fluchte sie, bis das Personal der Notaufnahme sich endlich um ihre Mutter kümmerte und die massive innere Blutung zum Stillstand brachte. Eine Woche lang schwebte Sheila zwischen Leben und Tod, von Rocky Tag und Nacht umsorgt wie von einem Engel. Dann schien es ihr langsam besser zu gehen, und nach weiteren zwei Wochen brachte Rocky sie nach Hause.

Seither war Sheila invalide. Weil ihre Speiseröhre von dem Messer durchstochen worden war und nicht heilen wollte, hatte sie so viel Gewicht verloren, daß Rocky erneut um ihr Leben fürchtete. Sheila konnte keine Nahrung bei sich behalten und verhungerte langsam.

Der Täter war inzwischen in Haft und spielte den Wahnsinnigen. Sein Motiv blieb ein Geheimnis. Keiner schien zu wissen, wer er war. Seine Papiere wiesen ihn als Bürger von Tansania aus, und die Behörden Kenias wollten ihn nach Tansania ausweisen. Weder Rocky noch ihr Bruder, noch sonst jemand konnte etwas dagegen tun. Er würde freikommen.

Rocky nahm mich mit zu sich nach Hause in die Wohnung an den Uferwäldern mit den Affen, die schnatternd und kreischend durch die Bäume hinter dem Haus turnten. Ihre Mutter war noch immer sehr schön und hatte die zarte, ätherische Aura eines Menschen, dessen Leben allmählich verebbt. Sie sagte mir, sie wolle unbedingt weiterleben, und sei es nur, um bei Rocky noch eine Chance zu haben, die, wie sie vielleicht zu spät erkannt habe, ein Engel sei. Sie wußte, daß sie ihr als Kind bitter unrecht getan hatte, und wünschte sich mehr als alles in der Welt, das wiedergutzumachen. Ich sagte, Rocky habe mir ihre Geschichte erzählt und liebe sie offenkundig mehr als das Leben selbst. Das größte Geschenk, das Sheila ihr machen könne, sei, die Kraft zu finden, sich an ihr Leben zu klammern.

Ich verbrachte die nächsten beiden Tage in der Wohnung, während Freunde vorbeikamen und abwechselnd Sheila versorgten. Eine war eine königliche, gefühlsstarke Afrikanerin in den Dreißigern, offenbar Rockys Geliebte. In ihrer Gegenwart schien etwas von der Verwundung aus den unglaublich großen, gequälten Augen zu weichen, und der angespannte kleine Körper wurde weich, kindlich und feminin. Ein anderer war ein linkischer Mann mittleren Alters mit wunderbar gütigem Gesicht, der kleine Leckerbissen mitbrachte, um Sheilas Appetit anzuregen. Rocky sagte mir, er sei zufällig vorbeigekommen, als auf Sheila eingestochen wurde, und habe sie jeden Tag im Krankenhaus besucht. Er war ein Mann, der über beträchtliche Mittel verfügte, und hatte stillschweigend all ihre Arztrechnungen bezahlt.

Nach Ablauf der beiden Tage ging ich zum Krankenhaus zurück, um meine Testergebnisse zu erfahren. Eine Angestellte am Empfang wußte nichts davon und konnte nicht einmal meine Akte finden. Sie sagte, ich solle in einer Stunde wiederkommen, und inzwischen werde sie sie aufzuspüren versuchen. Ich ging auf dem Gelände des Krankenhauses spazieren und kam nach einer Stunde zurück. Jetzt saß eine andere Angestellte am Schreibtisch. Ich erklärte, was ich wollte, und sie machte sich auf die vergebliche Suche nach der ersten Angestellten und später nach meiner verschwundenen Akte. Erneut wurde ich für eine Stunde weggeschickt. Als ich wiederkam, war die Akte noch immer nicht gefunden. Ich verlangte, den Arzt zu sehen, der meine Tests angeordnet habe, und man sagte mir etwas erregt, er sei an diesem Tag nicht im Krankenhaus. Ich wollte den für das Labor Verantwortlichen sehen. Im Hinterzimmer gab es einige Diskussionen, dann hörte ich das Klappern einer Schreibmaschine, und eine Frau mit einem Judaslächeln kam heraus und verkündete, sie hätten meine Testergebnisse gefunden. Alle seien negativ. Sie reichte mir ein Papier.

Es hatte keinen Zweck. Ich entschied, daß ich keine andere Alternative hatte, als nach Nairobi zu fahren und dort einen Arzt aufzusuchen. Vom Postamt aus rief ich einen Mann an, den ich in dieser Stadt kannte. Er war ein unbedeutender Bankangestellter, ein typischer britischer Kolonialbeamter, und wir mochten einander nicht sonderlich. Wie die meisten seinesgleichen hatte er aufgrund seiner

Stellung ein prachtvolles, luxuriöses Haus im europäischen Viertel und ein halbes Dutzend afrikanischer Dienstboten. Er nahm meinen Anruf an seinem Swimmingpool von olympischen Ausmaßen entgegen.
Ich berichtete ihm kurz, weshalb ich nach Nairobi gekommen war, und bat ihn um Zuflucht. Ob aus Anstand oder aus Neugier, er gestattete mir jedenfalls, eine Woche lang sein Gästezimmer zu benutzen, allerdings mit der Einschränkung, er sei nicht bereit, die Rolle des Gastgebers zu spielen. Ich versicherte ihm, die Möglichkeit des Alleinseins sei mir nur willkommen.
Als ich zu seinem Haus kam, wurde bald klar, daß sein Hauptmotiv Neugier gewesen war – Neugier und eine Art klassenbesessener Chauvinismus, der gebot, mir klarzumachen, inwiefern ich nachlässig gewesen sei.
»Sie hätten den Mistkerl an seinen Platz verweisen müssen«, erklärte er. »Ein Blick hätte genügt. Sie müssen ihm direkt in die Augen starren und ihm zu verstehen geben, wer das Sagen hat.«
»Natürlich«, sagte ich, »aber dazu muß man auch eine Waffe im Halfter und Patronen in der Waffe haben. Dann ist es gar kein Problem, den ›Mistkerl an seinen Platz zu verweisen‹, nicht? Aber angenommen, Sie haben keine Waffe? Angenommen, Sie haben nicht einmal Schuhe an, mit denen Sie ein Messer abwehren könnten, und angenommen, er hat ein Messer... Was machen Sie dann?«
»Die Fähigkeit muß man einfach haben«, sagte er. »Manche Frauen wissen, wie man das macht. Ein einziger Blick genügt, um zu zeigen, wer der Herr ist.«
War sein Gedächtnis so kurz, daß er den Mau-Mau-Aufstand gegen das britische Kolonialsystem um 1950 in Kenia schon vergessen hatte? Hatten alle englischen Frauen, die in diesem Unabhängigkeitskampf von Afrikanern vergewaltigt und massakriert worden waren, vergessen, »wie man es macht«? Vielleicht waren sie im Schlaf überfallen worden, bevor sie diese bezwingenden Augen öffnen und den einen Blick tun konnten, der die Angreifer auf die Knie zwang und ihnen zeigte, wer der Herr war. War es möglich, daß sie einfach belagert worden waren und ihnen schließlich die Munition ausgegangen war? Ich war zu erledigt, um zu argumentieren, gab meinem überwältigenden Bedürfnis nach Zuflucht nach, blieb

friedlich und zog mich in meine Unterkunft zurück. Wieder verbrachte ich den Rest des Tages im Bad und wusch und schrubbte immer wieder jeden Zentimeter meiner juckenden Haut.
Am nächsten Tag suchte ich einen schottischen Arzt auf, an den mich mein Gastgeber verwiesen hatte. Dieser freundliche Mann hielt es allerdings nicht für notwendig, mich zu untersuchen, da ich noch keinerlei Symptome entwickelt hatte. Er war jedoch bereit, mir eine Antibiotikaspritze zu geben, die, wie er sagte, so ungefähr gegen alles bis auf Syphilis wirksam sei. Dann schickte er mich in ein Labor, das von einer Frau aus Britisch-Kanada geführt wurde, um mein Blut testen zu lassen.
Ich stellte mich vor und spürte wieder den Drang, meine Vergewaltigung zu erwähnen. Die Frau sah mich mit hochfahrendem Widerwillen an und schnaubte dann: »Das macht fünfzig Shilling.« Ich reichte ihr das Geld, und ohne ein weiteres Wort zu sagen, schrieb sie eine Quittung aus, legte sie übertrieben vorsichtig vor mich hin, wählte eine Spritze, stach die Nadel in meinen Arm, entnahm Blut und übertrug es in zwei Glasröhrchen. Danach wies sie wortlos auf die Tür.
Ich starrte sie einen Augenblick an, dann verließ ich mit ungläubigem Kopfschütteln den Raum. Allmählich wurde es mehr, als ich ertragen konnte.
Ziellos wanderte ich einige Stunden in der Stadt herum, während sich in meinem Nervensystem irgendein ernsthafter Kurzschluß ereignete. Meine Leistengegend fühlte sich inzwischen wund und empfindlich an. Ich war sicher, daß ich die Symptome einer Krankheit entwickelte.
Meine Erregtheit und Panik wuchsen immer weiter. Ich hatte das Gefühl, mein Kopf würde platzen. Endlich beschloß ich, die amerikanische Botschaft darüber zu informieren, daß gewisse Leute in Lamu mich umzubringen versuchten, weil ich zuviel über ihre frevelhaften Aktivitäten wußte. Falls ich plötzlich verschwinden sollte, würde die Akte über meine Aussage in der Botschaft wenigstens dazu führen, daß meine Mörder verhaftet würden.
Der Beamte in der Botschaft hörte mir zuerst mit etwas wie Besorgnis zu, schien aber rasch zu dem ganz zutreffenden Schluß zu kommen, er habe es mit einer Verrückten zu tun. Unter ungeduldigem

Kopfnicken machte er sich auf einem Zettel Notizen, und nach ungefähr zehn Minuten sagte er, er habe eine Verabredung zum Mittagessen. Als ich ihn fragte, ob es einen Botschaftsarzt gebe, den ich konsultieren könne, verneinte er. Er könne mich jedoch an einen belgischen Arzt verweisen, den die Europäer im allgemeinen aufsuchten.
Ich rief in der Praxis des Arztes an und sprach mit seiner Sekretärin. Mein Anfall von Wahnsinn schien vergangen zu sein, und ich bat sie ganz vernünftig, den Doktor zu fragen, ob er etwas dagegen habe, eine Frau zu sehen, die vergewaltigt worden sei und eine Untersuchung brauche. Nach einem Augenblick des Schweigens antwortete sie mit besorgter Stimme, die sich so anhörte, als gebe sie *wirklich* etwas darum, ob ich lebte oder starb: »Natürlich empfängt er Sie.«
»Fragen Sie ihn zuerst«, beharrte ich.
Einen Augenblick später kam der Arzt selbst an den Apparat. Seine Stimme war ruhig, freundlich und tröstend. Er wies mich an, gleich in seine Praxis zu kommen. Er werde mich sofort empfangen.
Ich nahm ein Taxi und war zwanzig Minuten später in der Praxis. Etwas in meinem Gesicht muß der mütterlich aussehenden Empfangssekretärin verraten haben, wer ich war. Ohne weitere Umstände führte sie mich sanft in ein Behandlungszimmer.
Der Arzt war ein jüngerer Mann mit warmen blauen Augen in einem ehrlichen Gesicht. Er setzte sich zu mir und bat mich, ihm zu erzählen, was geschehen sei und was er für mich tun könne. Ich hatte gedacht, das würde einfach sein, aber ich stockte bei jedem Wort.
»Ich glaube, ich entwickle Symptome«, sagte ich. »Keiner will mich untersuchen. Sie sagen, ich müßte sechs Wochen warten, ob sich Symptome von Syphilis entwickeln. Ich *will* keine Symptome entwickeln. Ich möchte *jetzt* gegen Syphilis behandelt werden, ob ich sie habe oder nicht. Ich werde verrückt. Ich bin ganz allein und mit den Nerven am Ende, und viel mehr halte ich nicht aus. Wenn das noch länger so geht, werde ich mir nicht mehr helfen können. Ich werde mich vor einen Bus werfen.«
»Ich verstehe«, sagte er. »Kümmern wir uns zuerst um diese Symptome. Ich werde Sie untersuchen und so sanft wie möglich vorge-

hen.« Nachdem er mich untersucht hatte, sagte er leicht verwirrt: »Ich kann soweit nichts feststellen, was nach einer Krankheit aussieht, aber der ganze Bereich ist etwas aufgeschürft. Wissen Sie, wie das passiert ist?«
»Ja, das weiß ich.« Ich berichtete ihm von meinem hektischen Waschen und Schrubben. Die Wundheit, die ich gespürt hatte, war nichts weiter als der zornige Protest meiner mißhandelten Haut.
Er sagte, seiner Meinung nach sei die wichtigste Behandlung jetzt die, meine Angst zu lindern, und er werde mir eine doppelte Dosis Penicillin injizieren. Zum ersten Mal seit Tagen ließ meine Erregung nach, ich begann mich zu entspannen, und meine Haut wurde ruhiger.
Als er fertig war, fragte ich, was ich ihm schulde. Ich wußte, daß Penicillin in Afrika nicht leicht zu bekommen war und die Injektion kostspielig sein würde. Er sagte, ich schulde ihm nichts, und das sei das *mindeste*, was jemand für mich tun könne. Erfolglos versuchte ich mehrmals, ihm zu danken, und endlich brachte ich mit einem grotesken Krächzen heraus: »Danke, Doktor. Danke, daß Sie mir meinen Glauben an die Menschheit wiedergegeben haben.«
Ich kehrte in mein Zimmer zurück und schlief vierundzwanzig Stunden lang. Am nächsten Tag erschien mein Gastgeber und sagte mir, er fahre landeinwärts in die Nähe des Mount Kenia. Wenn ich wolle, könne er mich mitnehmen. Eine Abwechslung werde mir vielleicht guttun. Er könne mich bei einer Herberge gleich neben einem Touristenhotel am Fuß des Berges absetzen. Dort könne ich ganz billig ein Bett für die Nacht bekommen und am Morgen weitergehen. Es sei zum Klettern zwar etwas spät im Jahr, weil die Regenzeit bevorstehe, aber die Natur und die Dörfer in der Nähe seien interessant.
Die Dankbarkeit, mit der ich annahm, war echt. Der bloße Gedanke, nach Lamu zurückzukehren, erfüllte mich mit so irrationaler Wut, daß ich instinktiv begriff, ich mußte mich unbedingt nicht nur von der Aussicht auf diese Reise lösen, sondern von allen Städten, Häusern und Menschen. Allein die Natur würde mich heilen.
Die Herberge am Fuß des Mount Kenia war verlassen, und ich lag allein in meiner Koje und lauschte einer Vielfalt von afrikanischen Nachtgeräuschen. Den nächsten Tag verbrachte ich mit Lesen in

den prächtigen Gärten des Hotels. Ich ging auf den schmalen Pfaden am Ufer des kleinen Flusses daneben spazieren. Ein großer Waran schleppte seinen urtümlichen Rumpf an den Rand des Wassers und trank durstig. Drei Flußpferde lagen träge im schlammigen Wasser eines tiefen Teiches, eingetaucht bis auf die wachen Augen und die Schädeldecke. Hin und wieder hoben sie ihre riesigen, schimmernden Köpfe, rissen die höhlenartigen Mäuler auf und grunzten wie Mammutschweine. Dann zogen sie sich vor der mörderischen Sonne wieder ins Wasser zurück. Am späten Nachmittag erhoben sie sich gewichtig aus den Tiefen, watschelten am Ufer hinauf und verschwanden ins Unterholz, um zu grasen. Die Büsche waren voller Vögel, deren leuchtende Farben in der Sonne glänzten. Mit vielstimmigem Gesang flogen sie von Ast zu Ast.
Ich gönnte mir den teuren Luxus eines Abendessens im Speisesaal des Hotels und teilte einen Tisch mit einem kanadischen Ehepaar in mittleren Jahren. Sie wollten am nächsten Morgen zum Point-Lenana-Basislager, um ihre beiden Söhne abzuholen. Das Lager befand sich in dreitausend Metern Höhe, etwa eine Fahrstunde entfernt. Für die Jungen im Teenageralter war die Besteigung des Mount Kenia eine Art Übergangsritus. Die Lage des Camps, sagte die Frau, sei einzigartig schön mit spektakulärer Vegetation. Noch reizvoller sei, daß man dort eine seltene und ungewöhnlich zahme Affenart mühelos beobachten könne. Sie könnten in ihrem Landrover Platz für einen Passagier schaffen, sagten sie, und sie boten mir freundlicherweise an, mich mitzunehmen.
Der Aufstieg zum Point Lenana, der etwa fünftausend Meter hoch war, sei mühsam, sagten sie mir, vor allem um diese Jahreszeit so kurz vor der Regenperiode. Das Mittellager in viereinhalbtausend Meter Höhe sollte in ein paar Tagen geschlossen werden, weil die Wetterbedingungen das Klettern bald unmöglich machen würden. Es sei bereits jetzt extrem schwierig. Der Hauptteil des Anstiegs führe durch einen vertikalen Sumpf, und jeder, der um diese Jahreszeit den Point bestiegen habe, könne von nichts anderem reden als diesem alptraumhaften Sumpf.
Offensichtlich hatten sie die Wahrheit gesagt. Kurz nach unserer Ankunft im Basislager kam eine Gruppe robuster Teenager den Weg herunter, der zum Berg führte. Sie waren sichtlich erschöpft,

von Kopf bis Fuß mit schwarzem Schlamm bedeckt und strahlten vor Befriedigung. »Dieser senkrechte Sumpf«, sagten sie immer wieder. »Dieser senkrechte Sumpf ist unglaublich. Er ist endlos, und der Schlamm ist knietief.« Der ältere Sohn, ein großer, hübscher Neunzehnjähriger mit hartem, trainiertem Körper, setzte sich auf einen Baumstumpf und rieb seine zitternden Beine. »Das war so ungefähr das Härteste, was ich je gemacht habe«, seufzte er und schlürfte selig Kaffee.

Als sie ihr ganzes Gepäck in den Landrover geladen hatten und abgefahren waren, saß ich auf der Lichtung und wartete auf die Affen, die ich in einiger Entfernung aus den Bäumen hatte spähen sehen. Nach und nach wagten sich zwei von ihnen ins Freie, und wir betrachteten einander aus nicht mehr als zehn Metern Entfernung. Als ich ein Stück Brot aus der Tasche zog und daran zu kauen begann, kam das junge Weibchen, dem ein saugendes Baby am Körper hing, näher heran. Das größere Männchen ignorierte mich betont. Ich stand langsam auf, ging zu dem Baumstumpf hinüber und legte das Brot darauf. Dann trat ich drei Schritte zurück. Als sei ich gar nicht da, hüpfte das Weibchen gelassen zum Baumstumpf, nahm das Brot und zog sich damit zum nächsten Baum zurück, ohne das Männchen aus den Augen zu lassen.

Einige weitere Affen kamen aus den Bäumen und saßen wartend auf der Lichtung, anscheinend gar nicht gestört durch meine Anwesenheit. Nach einer Weile trat eine Frau aus der Küche an der Rückseite der Hütte und streute ihnen Essensreste hin. Sie sammelten alles ein, setzten sich und fraßen friedlich. Schließlich zogen sie sich gemächlich in die Bäume zurück.

In der Nähe des Äquators unmittelbar vor der Dämmerung sinkt die Sonne erstaunlich schnell zum Horizont. Ich saß auf der Lichtung und beobachtete die Bewegung der länger werdenden Schatten auf dem Boden. Mein Herz war schwer vor Einsamkeit, mein ganzer Körper sehnte sich nach einer sanften Berührung. Ich dachte an Pognons warme Hände, wie sie zärtlich mein Gesicht streichelten. Ich dachte an das süße Affenbaby in den Armen seiner Mutter und an den verwirrten Hunger in den verwundeten Augen von Rocky. Ein Gefühl der Verlassenheit und Entfremdung hüllte mich ein, so ungeheuer, daß es die ganze Erde zu bedecken schien. Ich hatte jedes

Sinngefühl, jede Richtung verloren. Alles, was ich fühlen konnte, war ungestillte, elementare Bedürftigkeit.
Als ich in der Dämmerung eine dunkle Gestalt auf mich zukommen sah, empfand ich plötzlich so überwältigende Panik, daß ich wegrannte und mich zwischen den Bäumen versteckte.
»Madam!« folgte mir eine Stimme. »Madam! Zeit zum Abendessen!« Es war der Hüttenwirt. Als ich in die Hütte stolperte, sah er, daß ich zitterte, und fragte, ob ich friere. Ich bejahte und kam mir vor wie eine Närrin. Meine Panik wurde noch intensiver, als er sagte, er werde mir eine Extradecke aufs Zimmer bringen. Hastig protestierte ich, das sei nicht nötig, ich hätte einen Schlafsack, und floh.
Es dauerte eine Weile, bis meine zitternden Nerven sich beruhigt hatten. Ich fing an, laut mit mir selbst zu reden, und sagte, so könne ich nicht weitermachen, das sei unmöglich. Nachdem ich eine Zeitlang geweint hatte, begann ich, mit mir zu reden wie ein wohlmeinender Onkel, und gab mir selbst folgenden Rat: »Wenn du dich nicht sehr bald zusammennimmst, dann bist du fertig, und du wirst dein ganzes Leben lang Angst haben. Du mußt etwas tun, das tapfer und unerhört und stark ist, und das wird dich retten. Du mußt den Berg besteigen.« Nachdem ich diesen Entschluß gefaßt hatte, ging es mir allmählich besser. Ich wusch mir das Gesicht und kehrte in den Speiseraum zurück, um mein einsames Abendessen zu verzehren.
Früh am nächsten Morgen traf ich Vorbereitungen für den Aufstieg. In der Nähe der Hütte bestand die Möglichkeit, einen Führer und Träger anzuheuern. Ein Schild wies auch darauf hin, daß man warme Kleidung und andere notwendige Ausrüstung mieten könne. Ich durchwühlte einen Behälter mit nicht zusammenpassenden Stiefeln ohne Schnürsenkel, zerrissenen Socken, schweißfleckigen Hemden und stinkenden, zerrissenen Schlafsäcken. Schließlich entdeckte ich eine wollene britische Armeehose aus dem Zweiten Weltkrieg. Ich probierte sie an. Die Beine endeten ungefähr auf der Mitte meiner Waden, und sie war mir in der Taille vielleicht zwanzig Zentimeter zu weit. Doch dies war nur von Vorteil, da ich sie leicht über meine Jeans ziehen konnte. Sie war mit einem Paar brauchbarer Hosenträger versehen, und ich entschied, daß sie genau das Richtige

war, um mich warm zu halten. Es gab keinen Spiegel, daher konnte ich glücklicherweise meine modische Erscheinung nicht bewundern.
Irgendwo in dem Haufen jämmerlicher Lumpen fand ich auch eine wollene Matrosenmütze, und als ich den nicht allzu wohlriechenden Raum verließ, freute ich mich, einen kräftigen Wanderstock an der Wand lehnen zu sehen. Ich hatte meine eigenen Wanderstiefel, mehrere Paar Socken, einen Pullover, Handschuhe, eine fadenscheinige Skijacke und einen leichten, nicht allzu warmen Schlafsack. An der Theke sah ich, daß T-Shirts mit der Aufschrift »I have climbed Point Lenana« zum Verkauf standen, und ich erwarb die drei letzten wegen der Wärme, die sie mir als zusätzliche Kleiderschichten geben würden.
Als ich auf dem Weg war, um mir einen Führer und einen Träger zu besorgen, näherte sich mir ein junger Afrikaner. Er sagte, er sei einer der offiziellen Führer, und fragte, ob ich viel Gepäck zu tragen hätte. Ich wies auf meinen Rucksack, und er sagte, er wäre bereit, sowohl als Führer wie auch als Träger zu fungieren, und zwar für eine geringere Summe, als beide zusammen mich sonst kosten würden. Da die Leihgebühr für meine großartige Bergausrüstung schon eine ziemliche Belastung für meine beschränkten Mittel gewesen war, fand ich diesen Vorschlag annehmbar, und nachdem wir uns beide im Büro eingeschrieben hatten, begannen wir mit dem Aufstieg.
Die ersten drei Kilometer führten über einen hübsch bewaldeten Fußweg, und ich fing an, mich ganz glücklich zu fühlen. Aber dann endete der Weg, und der Sumpf begann.
Ich habe nie einen Marathon gelaufen. In dem Jahr, in dem meine kurze Läuferkarriere begann und endete, lief ich nur einmal einen Halb-Marathon. Danach hatte ich solche Schmerzen, daß ich sehr bald fühlte, daß ich das nicht noch einmal tun durfte, wenn ich meinen von Natur aus anfälligen Füßen und Knien keinen irreparablen Schaden zufügen wollte. Trotzdem hat ein Marathonlauf etwas an sich, das noch heute all meine unerfüllten Träume und Sehnsüchte wachruft. Ich betrachte die Frauen, die daran teilnehmen können, vor allem ältere Frauen, mit erheblicher Ehrfurcht und nicht geringem Neid. Eine meiner größten Heldinnen ist eine

kleine vierundachtzigjährige Großmutter, die die Sportwelt zum Staunen gebracht hat. Sie hat eine beträchtliche Anzahl von Marathons durchgestanden und jedesmal Rekorde gebrochen. Noch ein oder zwei Jahrzehnte vor ihren Heldentaten durften Frauen überhaupt nicht an Marathonläufen teilnehmen. Man meinte, eine solche Strecke sei von ihnen physisch nicht zu bewältigen.
Der Sumpf war wie ein Marathon, in signifikanten Aspekten aber doch anders. Er bestand aus einem steilen, morastigen Hang mit tiefem, saugendem Schlamm. Um ihn zu ersteigen, mußte man von einem kleinen Grasbüschel zum anderen springen, um festen Halt zu finden, und auf der ganzen Strecke gab es keine einzige Stelle, wo man sich ausruhen, hinsetzen oder an einen Baum lehnen konnte. Es gab keinen Schatten, keinen Schutz vor der sengenden Sonne. So zog sich der Weg stundenlang hin, während die Abstände zwischen den winzigen Trittstellen immer größer wurden. Meine Angst, mir das geschädigte Knie zu verdrehen, wurde mit jedem Sprung größer. Es war tatsächlich ein Alptraum.
Bald war ich schlammbedeckt. Mein afrikanischer Führer, in Turnschuhen und bis zu den Waden hochgekrempelter Hose, trug meinen schweren Rucksack. Er sprang anmutig und in tadelloser Haltung von einer Trittstelle zur nächsten. Als wir die Hälfte der Schlammstrecke zurückgelegt hatten, wurden wir von mehreren schwer beladen aufsteigenden Trägern überholt, und er knurrte ärgerlich über unser langsames Fortkommen. Mein Kopf drehte sich von der Höhenkrankheit, mein Magen brannte vor Übelkeit. Ich biß die Zähne zusammen und schritt grimmig weiter, befeuert von der Erkenntnis, daß ich absolut keine Alternative hatte. Wenn ich aufgab und mich in den Schlamm setzte, würde niemand kommen, um mich vom Berg zu kratzen.
Nach einigen Stunden hörte der Sumpf endlich auf, und wir erreichten ein grünes Tal mit einer Vegetation, die nach Science-fiction aussah. Dann begannen wir wieder zu klettern, über die Baumgrenze, über die Buschgrenze, in gefrorenen Schnee. Und weiter und weiter und weiter. Die Sonne war fast schon an dem Punkt, an dem sie ihren Abstieg zum Horizont beginnt, und während ich eilig und blind dahinstolperte, fragte ich meinen Führer dauernd: »Wie weit noch? Wie weit noch?« Ich hatte schreckliche Angst, die Dunkel-

heit würde uns überfallen, ehe wir das Lager erreichten. »Es ist noch weit«, antwortete er jedesmal, wenn ich fragte, und wurde immer wütender über unseren langsamen Aufstieg.

Als die Sonne zum Horizont zu sinken begann, sah ich plötzlich Rauchschwaden vor uns und kurz darauf eine Gruppe von Zelten. Ich mußte vielleicht noch eineinhalb Kilometer auf gefrorenem Boden zurücklegen, und ich lief um die Wette mit dem schwindenden Licht. Es war eiskalt geworden. Irgendwo vor mir waren mein Führer und mein Rucksack verschwunden. Als die Sonne den Horizont berührte, erreichte ich das erste Zelt, stolperte hinein, sank zu Boden und weinte vor Erschöpfung.

Ein Afrikaner stand an einem Holzofen und kümmerte sich um einige Töpfe. Er sah mich neugierig an. Einige Minuten später, im hellen Mondlicht, trafen sechs weitere Kletterer ein. Es waren ihre Träger gewesen, die uns überholt hatten, und der Afrikaner, der eine Abendmahlzeit bereitete, war ihr Koch. Wir wärmten unsere kalten und ausgelaugten Körper mit zahllosen Tassen heißen Tees. Bald fühlte ich mich sehr gestärkt und akzeptierte ihre zwanglose Einladung, das überraschend raffinierte Abendessen mit ihnen zu teilen. Ich war noch immer zu krank und erschöpft, um mehr als ein paar Bissen zu essen, aber ich freute mich über ihre angenehme Kameradschaft.

In der jungen und augenscheinlich wohltrainierten Gruppe der Kletterer gab es einen Mann, der fast so fehl am Platze wirkte wie ich. Er war vielleicht fünfzig Jahre alt, und nichts an seiner Figur deutete auf den Sportler oder Bergsteiger hin. Ich stellte fest, daß er ein Dermatologe aus Boston war, der vor ein paar Jahren einen Herzanfall erlitten, sich aus einer gestörten Ehe gelöst und einen Job in Saudi-Arabien angenommen hatte. Im Augenblick war er in Urlaub und hatte, wie ich einem Augenblicksimpuls folgend, beschlossen, den Point Lenana zu ersteigen.

Kurz nach dem Abendessen zog sich die Gruppe in die Zelte zurück. Sie wollten den letzten Teil des Aufstiegs um halb vier Uhr morgens in Angriff nehmen, damit sie den Gipfel kurz nach Tagesanbruch erreichten. Um diese Zeit wurde ein vollkommen klarer Himmel erwartet. Später zogen gewöhnlich Wolken auf und verhinderten jede Aussicht. Ich litt noch immer akut unter Höhenkrankheit und

Erschöpfung und wußte, daß ich nicht fähig sein würde, mit ihnen zu gehen. Ein kalter Wind hatte zu heulen begonnen.
Ich wählte das kleinste Zelt in dem nahezu verlassenen Lager, um soviel Körperwärme wie möglich zu bewahren. Ich vermummte mich in sämtliche Kleidungsstücke, die ich im Rucksack hatte, einschließlich Mütze, Stiefeln und aller Socken, kroch in meinen Schlafsack, zog die Schnur über meinem Kopf zu und versuchte zu schlafen. Während eisige Windstöße an meinem Zelt rüttelten, lag ich zitternd in der trostlosen Finsternis und versuchte mich zu erinnern, was um Himmels willen über mich gekommen war, diesen gottverlassenen Ort aufzusuchen.
Die Nacht schien endlos, und als die Äquatorsonne schließlich aufging, kroch ich steif aus meinem Kokon, um mich aufzuwärmen. Ich hatte die Weitsicht gehabt, mir vor dem Schlafengehen einen Eimer Wasser vor das Zelt zu stellen, weil ich hoffte, mich am Morgen waschen zu können. Als ich ihn sah, lachte ich laut über meine Dummheit. Zuerst dachte ich, das Wasser im Eimer sei nur von einer Eisschicht bedeckt, doch als ich den Eimer kippte, stellte ich fest, daß der gesamte Inhalt zu einem festen Block gefroren war.
Mein Kopf war über Nacht wieder klar geworden, und das Brennen in meinem Magen wies nun auf Hunger hin, nicht auf Höhenkrankheit. Ich suchte meinen verstimmten Führer und sagte ihm, nach dem Frühstück würden wir zum Point aufbrechen. Der Himmel war noch immer klar, das Wetter schien günstig, und ich wußte, daß dies höchstwahrscheinlich meine einzige Chance sein würde.
Ich ging zum Küchenzelt, stellte fest, daß der Koch Tee zubereitete, und fand ein paar vom Vorabend übriggebliebene Stücke Brot. Ich setzte mich mit meinem Brot und einem Becher heißem Tee in die wärmende Sonne vor dem Zelt und beobachtete die umherstreifenden Klippschliefer, terriergroße Nagetiere. Sie suchten nach Nahrung und liefen systematisch von Zelt zu Zelt. Wo eine kleine Spalte in den senkrechten Zeltverschlüssen war, steckten sie die Schnauzen hinein und öffneten so sehr effizient die Reißverschlüsse. Dann betraten und durchsuchten sie die Zelte. Meines hatten sie noch nicht erreicht, und ich vergewisserte mich rasch, daß die Reißverschlüsse fest zugezogen waren und keine Lücke für ihre suchenden Nasen boten. Sie sahen seidig und wohlgenährt aus, und nachdem sie alle

Zelte durchschnüffelt hatten, kamen sie, setzten sich in meine Nähe und schauten mich mit vertrauensvoller Erwartung an. Ich hatte nicht das Herz, sie zu enttäuschen, und gab ihnen den Rest von meinem Brot.

Als ich meinen Führer beim Trägerzelt abholte, schien er alles andere als angetan von meinem Entschluß, zum Point weiterzusteigen, und brummte leise vor sich hin, während wir uns auf den Weg machten. Er trug seine übliche fleckenlose, aufgekrempelte Hose, drei dünne Polyesterhemden und eine Windjacke aus Baumwolle. Vielleicht war seine üble Laune nur auf die Tatsache zurückzuführen, daß er fror und sich darauf gefreut hatte, in der Wärme seines Zelts zu bleiben. Ich beschloß, ihm als Abschiedsgeschenk meine Skijacke zu geben, wenn wir ins Basislager zurückkehrten.

Der Anstieg begann mit einem langen, gefrorenen Feld, das zu einem steilen, engen Pfad durch eine Schotterhalde führte. Das Gehen wurde extrem gefährlich. Jeder meiner Schritte ließ eine Handvoll kleiner Steine herabrollen. Weiter und weiter gingen wir aufwärts. Ein feuchter Nebel kam auf und nahm uns die Sicht. Nach einer weiteren Stunde löste er sich teilweise auf. Wir bogen um eine Ecke, und zu unserer Linken tauchte ein riesiger Gletscher zwischen zwei Berggipfeln auf. Wieder hatte mein Kopf zu pochen begonnen. Jeder Schritt schien eine unglaubliche Anstrengung. Ich kämpfte gegen meine Übelkeit an und zwang mich, weiterzugehen. Plötzlich hob sich zu unserer Rechten der Nebel, und wie in einem Traum sah ich kilometerweit unter uns das breite Tal. Ich schaute hinunter in das eigentliche Herz Äquatorialafrikas, das in der Sonne buk, und genoß die weite, weite Fernsicht.

Dann sah ich Point Lenana gleich vor uns, aber irgendein Meß- und Wiegesystem in meinem Körper verriet mir, daß ich keine Kraft mehr übrig hatte und auf der Stelle umkehren mußte, sonst würde ich es nicht schaffen. »Es spielt keine Rolle, ob du den Point erreichst oder nicht«, sagte die Stimme in meinem Kopf. »Du hast deinen Berg *erstiegen*! Auf nichts anderes kommt es an.«

Ich begann meinen stolpernden Abstieg und fragte mich vage, ob meine Kraft wohl noch ausreichen würde, um bis ins Lager zu gelangen. Wieder wallte kalter Nebel auf, verdeckte das Tal, verdeckte den Berg und reduzierte die Sichtweite auf drei oder vier

Meter. Irgendwie schaffte ich es die Geröllhalde hinunter, aus dem Nebel heraus und in das Eisfeld, wo ich in der Ferne die Zelte sehen konnte. Wieder verschwand mein Führer vor mir, und die letzten drei Kilometer mußte ich allein zurücklegen.

Kurz davor, das Bewußtsein zu verlieren, torkelte ich in das nächstgelegene Zelt, aus dem eine Rauchfahne aufstieg. Die Träger saßen um ein flackerndes Feuer und hießen mich fröhlich willkommen. Ich sank zu Boden. Jemand drückte mir einen Becher heißen Tee in die Hand. Ich nahm ein paar Schlucke und schlief sofort ein, wo ich saß.

Als ich erwachte, war es dunkel. Die Träger saßen noch immer am Feuer. Ich stellte fest, daß einer von ihnen von einem schmerzhaften Husten gequält wurde. Ich schaute in sein fiebriges Gesicht und fragte ihn, was ihm fehle. »Das ist die Höhenkrankheit«, sagte er. »Sie kommt vom Auf- und Absteigen.« Seit fünf Jahren war er Träger auf dem Berg und schleppte schwere Lasten, nur in dünne Hemden und Turnschuhe gekleidet. Nun hatte man ihm gesagt, er müsse aufhören oder sterben. Er sah mich mit seinen fieberglänzenden Augen an und fragte traurig: »Und wer wird meine Familie ernähren, wenn ich nicht mehr auf den Berg gehe? Ich kann nichts anderes.« Einer der anderen Männer seufzte schicksalsergeben. »So wird es uns allen ergehen. Früher oder später passiert es.«

In dieser Nacht heulte der Wind um mein Zelt, es schneite, und ich dachte an den Sumpf, dem ich mich am nächsten Morgen wieder würde stellen müssen. Bei Sonnenaufgang packte ich meine Ausrüstung zusammen und bereitete mich auf den Abstieg vor. Als ich das Küchenzelt erreichte, um mir einen Morgentee zu holen, wollte der Dermatologe gerade aufbrechen. Er sagte mir, er und sein Führer würden jetzt absteigen; die übrigen Mitglieder der Gruppe waren schon bei Tagesanbruch losgegangen. Das Lager werde geschlossen, hatte man ihm gesagt. Am Nachmittag solle schlechtes Wetter aufziehen. Ich täte gut daran, so schnell wie möglich vom Berg herunterzukommen.

Ich traf meine letzten Vorbereitungen. Mein Führer war fertig, und wir machten uns auf den Rückweg. Das Wetter war frisch und klar und versprach einen ereignislosen Abstieg. Am Anfang war er relativ leicht. Ich spürte einen Energieschub, als die Luft nicht mehr so dünn war. Doch nach zwei Stunden erreichten wir den Sumpf, und der Alptraum begann von neuem. Was oben am Berg als Schnee heruntergekommen war, war hier Regen gewesen, und nun rauschten Ströme von eisigem Wasser an uns vorbei. Auf halbem Wege gab es einen plötzlichen Regenguß, der bald zu eisigem Schneeregen wurde und mein mühsames Vorankommen völlig stoppte. Ströme von Eiswasser flossen um meine nassen Beine und in meine Stiefel.

Mein Führer, der bisher mürrisch vorangegangen war, drehte sich mit wutverzerrtem Gesicht um. »Gib mir mehr Geld«, schrie er über den heulenden Wind. »Gib mir mehr Geld, oder ich lasse dich hier allein!«

Zorn überwältigte mich. »Ich werde dir kein Geld geben!« kreischte ich zurück. »Geh nur ohne mich zurück und schau, was mit dir passiert, wenn man in das Buch schaut, in dem du unterschrieben hast, und dich fragt, wo ich denn sei.« – »Gib mir Geld«, wiederholte er. Ich konnte spüren, wie mein Adrenalinpegel stieg. »Meinst du, du kannst *mir* drohen?« schrie ich ihm ins Gesicht und reckte ihm verächtlich mein Kinn entgegen. »*Ich* bin El Shadida. Ich brauche deinesgleichen nicht. Ich finde meinen Weg *allein*!« Einen langen Augenblick standen wir uns gegenüber, zitternd vor Kälte, und starrten einander steinern an. Eisiges Wasser rann an uns herunter. Dann sah ich seinen Mund zittern. Ich hatte gewonnen. Er drehte sich um und leitete mich weiter den Berg hinunter. Der Regenguß hörte so plötzlich auf, wie er begonnen hatte. Ich war voller Siegerstolz und schob ärgerlich das nagende Schamgefühl beiseite, das sich in mein Bewußtsein zu drängen suchte.

Nach einer scheinbaren Ewigkeit erreichten wir das Ende des Sumpfes. Meine Beine zitterten vor Erschöpfung. In der Nachmittagssonne stieg Dampf von dem auf meinem Körper trocknenden Schlamm auf.

Als wir den Pfad erreichten, der zur Hütte führte, verschwand mein Führer. Ich sah ihn nie wieder. Nach der Hälfte der Strecke fand ich meinen Rucksack, mitten auf dem Weg liegend. Ich hievte ihn mir auf die Schultern und legte mit hoch erhobenem Kopf den Rest der Entfernung zurück. Ich war drei Meter groß. Ich hatte meinen Berg erobert.

Als ich mich der Lichtung hinter der Hütte näherte, sah ich, daß man dort einen Tisch aufgestellt hatte. Er bog sich unter einer Last von Speisen. Mehrere junge Frauen sahen mich überrascht an, als ich auf die Lichtung trat, und umarmten mich dann zur Begrüßung. Sie waren Israelinnen, vor kurzem nach drei Jahren Militärdienst aus der Armee entlassen. Eine Gruppe ihrer Freunde hatte um zwei Uhr morgens mit dem Aufstieg zum Point Lenana begonnen und wurde bald zurückerwartet.

Es dauerte keine Stunde, bis eine abgehärtet aussehende Gruppe israelischer Wüstenkrieger erschien. Sie hatten den Auf- und Abstieg tatsächlich ohne jede Unterbrechung geschafft. Sie waren ganz aufgeregt. »Dieser Sumpf! Dieser Sumpf war unglaublich«, sagte sie immer wieder. Als sie feststellten, daß auch ich den Aufstieg geschafft hatte, drückten sie mich an ihre eisenharten Körper, nannten mich »Mutter« und gaben mir einen Ehrenplatz an ihrem Tisch.

* * *

Ich erinnerte mich an eine andere Gruppe junger Soldaten, die ich getroffen hatte, als ich 1979 mit meinem Rucksack durch Israel trampte. Das ganze Land war schon lange ein bewaffnetes Lager. Was ich am entnervendsten fand, war die Sachlichkeit, mit der jeder im Lande das akzeptierte: ständige, nackte Aggression war zu einem bewährten Lebensstil geworden. Das machte mich krank bis ins tiefste Innere.

Ich hatte allein an einem Strand in der Nähe von Eilat am Roten Meer gezeltet, auf einem Gebiet, das man im letzten Krieg Ägypten entrissen hatte. Für den Augenblick war es Niemandsland und sollte in naher Zukunft an Ägypten zurückgegeben werden. Ich hatte ein geschütztes Fleckchen gefunden und mich schlafen gelegt.

Plötzlich, mitten in der Nacht, wurde ich von lauten Motoren, die auf mich zurasten, geweckt. Ich fand mich gefangen in den harten Strahlen von drei Scheinwerfern, und grobe Hände zogen mich in meinem Schlafsack auf die Füße. »Wer bist du, und was machst du hier?« herrschte mich eine strenge Stimme drohend an. Zutiefst erschrocken erklärte ich, so ruhig ich überhaupt konnte, ich sei Ame-

rikanerin und gekommen, um auf dem Riff zu schnorcheln. Ich kramte meinen Paß aus meinem Rucksack und reichte ihn ihnen. Als sie feststellten, daß ich eine hellhäutige Frau in mittleren Jahren war, beruhigten sie sich, senkten die Waffen und schalteten die Scheinwerfer aus. Meine Antworten auf ihre Fragen schienen sie zufriedenzustellen. Sie gaben mir meinen Paß zurück, ließen ihre Motoren an und brausten am Strand entlang außer Hörweite.
Ich muß wohl eine Stunde gebraucht haben, um mich so weit zu beruhigen, daß ich wieder einschlafen konnte. Gerade fiel ich in Schlummer, als ich sie noch einmal zurückkommen hörte. Diesmal richteten sie weder ihre Scheinwerfer noch ihre Waffen auf mich. Ich sah zu, wie einer von ihnen aus dem Fahrzeug stieg. Er trug zwei große Einkaufstüten. »Hier ist etwas zu essen für dich«, sagte er bärbeißig. Er stellte die Tüten vor mir auf den Boden, stieg wieder in seinen Jeep, und alle drei Fahrzeuge brausten davon. Ich betrachtete die Tüten verwundert und bedauerte zum ersten Mal, allein am Strand zu sein. Sie hatten mir genug Nahrungsmittel für eine ziemlich große Party gebracht.

* * *

Ich meldete mich im Büro des Mount-Kenia-Basislagers ab und erwähnte nichts von dem, was sich im Sumpf abgespielt hatte. Als es dunkel wurde, setzten meine israelischen Bergsteigerfreunde mich wieder vor der Herberge ab.
Zu meiner Bestürzung fand ich diese zum Bersten voll mit einer Gruppe afrikanischer Grundschüler und ihren Lehrern. Nicht nur die Kojen, sondern auch jeder Zentimeter Boden war bereits besetzt. Während es heftig zu regnen begann, wanderte ich zum Hotel zurück und hoffte, dort Unterkunft zu finden.
Das Hotel war komplett ausgebucht. Das Wochenende hatte begonnen, und alle Zimmer waren vergeben. Ich ging am Speisesaal vorbei, um vielleicht einen Angestellten zu finden, mit dem ich wegen eines Platzes auf dem Boden irgendeines Lagerraums verhandeln konnte, als ich den Dermatologen erspähte, der allein an einem Tisch saß. Bei einer Tasse Tee erzählte ich ihm von meinem Dilemma, und er bot mir gutwillig an, sein Zimmer zu teilen. Er habe ein großes Zimmer mit drei Betten, sagte er, und er sei allein. Außer-

dem besaß es sogar den Luxus einer eigenen Dusche mit reichlich heißem Wasser. Dankbar nahm ich sein Angebot an.
Ich schwelgte unter der Dusche. Das herabrauschende heiße Wasser spülte den Schlamm und die Erschöpfung von meinem Körper. Als ich zwischen die kühlen, glatten Laken meines Bettes glitt, hörte ich den Dermatologen auf der anderen Seite des Zimmers schon leise schnarchen.
Am nächsten Morgen beim Frühstück bot er mir eine ganz unnötige Entschuldigung an. »Es ist nicht, daß Sie nicht eine sehr attraktive Frau wären«, sagte er, »aber ich war gestern abend vollkommen erschöpft. Ich hoffe, Sie betrachten das nicht als Versäumnis.«
Ich lächelte ihn traurig an. »Nicht nur Sie waren erschöpft«, sagte ich, »und ich betrachte das ganz bestimmt nicht als Versäumnis.« Dann fügte ich hinzu: »Es ist nicht, daß Sie nicht auch ein sehr attraktiver Mann wären (er war nichts dergleichen), aber ich bin vor kurzem vergewaltigt worden. Ich werde wohl einige Zeit brauchen, um damit fertig zu werden.«
Etwas in meinem Gesicht ließ ihn rasch den Blick abwenden. Endlich fragte er leise: »Glauben Sie, daß Sie wieder in Ordnung kommen?«
»Ich hoffe es«, flüsterte ich tonlos. »Es kommt und geht. Es wird eine Weile dauern, bis ich es weiß.«
Er seufzte tief und sagte, er wünsche mir alles Glück der Welt.
Ein paar Minuten saßen wir schweigend da. Dann fügte er hinzu, eine Limousine warte, um ihn vom Hotel zum Flughafen zurückzubringen. Er bot mir an, mich nach Nairobi zurückzufahren, wenn ich mitkommen wolle.
Ich stieß einen Seufzer der Erleichterung aus. Solcher Luxus begegnete mir in Afrika nicht oft, und wenn er es tat, machte er das Leben unermeßlich viel leichter. Es war ein Moment, in dem ich das sehr nötig hatte.
Auf dem Rückweg nach Nairobi erzählte er von seiner Arbeit in Saudi-Arabien. Er gestand, er liebe sie. Natürlich habe sie ihre Nachteile, und man müsse sich an die erzwungene mönchische Existenz in rigoros abgeschotteten Junggesellenquartieren gewöhnen. Jede Art von Alkohol war streng verboten, und Lesestoff sowie Filme, die ins Land kamen, waren strengstens zensiert. Alles von

auch nur entfernt sexueller Natur war tabu. Er selbst sei in der Lage, diese Einschränkungen auszuhalten, aber er kenne eine ganze Reihe anderer Männer, für die sie absolut unerträglich seien.
Sein Job war exzellent bezahlt. Er hatte jedes Jahr drei Monate Urlaub und konnte sich die luxuriösesten Reisen in alle Welt leisten. Was ihm jedoch am besten gefiel, war die Tatsache, daß er alle möglichen fremdartigen und exotischen Krankheiten sah, denen er nie zuvor begegnet war. Immer, wenn er in die Vereinigten Staaten zurückkehrte, um medizinische Kongresse zu besuchen und über diese Fälle zu berichten, erregte er den unverhüllten Neid seiner Kollegen.
Besonders auf einen Fall war er sehr stolz. Vor ungefähr zwanzig Jahren hatte er in einem medizinischen Buch über afrikanische Tropenkrankheiten Bilder eines jungen Mädchens mit einer schrecklich entstellenden, undiagnostizierten Hautkrankheit gesehen. Die Krankheit hatte den ganzen Körper des Mädchens befallen. Sie war bis auf das von einem Schleier verhüllte Gesicht nackt abgebildet.
Vor ein paar Monaten war eine Frau in den Dreißigern zu ihm gebracht worden, und an gewissen körperlichen Merkmalen hatte er sie erkannt. Sie war das Mädchen von den Fotos. Nachdem er sie untersucht hatte, hatte er ihre Krankheit diagnostizieren und mit einer Kombination aus Antibiotika und Sonnenlicht erfolgreich behandeln können. Natürlich war sie durch die Krankheit mit so schlimmen Narben bedeckt, daß er glaubte, sie könne nie heiraten. Trotzdem war sie zum ersten Mal in ihrem Leben von lähmenden Schmerzen befreit und unermeßlich glücklich und dankbar. Er habe vor, seinen Vertrag in Saudi-Arabien zu erneuern, wenn er abgelaufen sei, sagte er. Zum ersten Mal in seinem Leben empfinde er die Freude, ein Arzt im Dienste der Menschheit zu sein.
Als wir den Flughafen von Nairobi erreichten, wies er seinen Fahrer an, mich zum Haus meines Bekannten, des Bankangestellten, zurückzufahren. Wir gaben uns die Hand, wünschten uns gegenseitig Glück und trennten uns. Eine halbe Stunde später war ich wieder in meinem Zimmer, säuberte meine Ausrüstung und bereitete mich darauf vor, am nächsten Tag nach Mombasa abzureisen.
Als ich bei Sheilas und Rockys Wohnung ankam, fand ich kein Lebenszeichen. Schließlich öffnete sich auf mein hartnäckiges Klopfen

hin die Tür einer Nachbarin im oberen Stockwerk, und sie sagte mir, die ganze Familie sei von ihrem Wohltäter nach Nairobi geflogen worden. Es hatte so ausgesehen, als sei das die einzige Chance, Sheilas Leben zu retten. Unmittelbar nach meiner Abreise war es ihr wieder sehr viel schlechter gegangen, und sie war dem Tod nahe gewesen. Die ernste Gefahr eines Transports mußte abgewogen werden gegen den möglichen Nutzen besserer Pflege, die sie im Krankenhaus von Nairobi zu erhalten hoffte. Da sie wußte, daß sie keinerlei Chance hatte, wenn sie in Mombasa blieb, hatte sie sich für die Reise entschieden. Weitere Informationen konnte ich nicht bekommen. Ich entschied, daß mir nichts anderes übrigblieb, als den letzten Teil meiner Rückreise nach Lamu in Angriff zu nehmen. Voller Befürchtungen ging ich zu der feuchtheißen, müllübersäten Busstation. Ich wählte einen der vielen klapprigen Busse, die auf Reisende warteten, um schnaufend nach Melindi zu rattern. Ich spürte, wie das Leichentuch einer Depression sich auf mich herabsenkte. Ich hatte kein Verlangen, nach Lamu zurückzukehren, aber ein harter, dickköpfiger Kern in mir ließ sich nicht vertreiben und zwang mich, zurückzugehen, um meine Arbeit an dem dort begonnenen Buch zu beenden.

Auf dem Marktplatz in Melindi fand ich einen Expreßbus zum Flughafen. Als dieser Bus mit quietschenden Reifen um eine Ecke des Touristenmarktes bog, sah ich Die Göttin.

Nachdem ich sie vor den Dieben gerettet hatte, trug ich sie zum Flughafen. Man sagte mir, ich müsse ein zweites Ticket kaufen, da mein Gepäck nun das geringe, für das kleine Flugzeug zugelassene Gewicht überstieg. Ich kaufte zwei Flugkarten, eine für sie und eine für mich. Es gab noch einen weiteren Passagier, der in der viersitzigen Maschine hinter mir saß. Im letzten Augenblick stieg noch ein Mann ein, und ich mußte ihm den zweiten Sitz überlassen, für den ich bezahlt hatte. Ich erkannte ihn als den Einäugigen Ali, der, wie in Lamu wohlbekannt war, jeden Samstag nach Mombasa flog, um die Kameras, die während der Woche den Touristen in Lamu gestohlen worden waren, an Händler zu verkaufen. Er hüllte sich in einen Mantel von Achtbarkeit und hielt sich zweifellos für einen erfolgreichen Geschäftsmann, aber ich erkannte ihn als das, was er wirklich war: ein gewöhnlicher Dieb.

Ich zog Die Göttin dicht an meinen Körper, legte den Gurt um uns beide und saß still da, die Arme um sie geschlungen. Als ich nach der Landung das Flugzeug verließ, stürmte eine Horde von Gepäckträgern, die draußen gewartet hatten, auf mich zu und wich dann zurück. Ich weiß nicht, ob es das Totem in meinen Armen war, das sie vertrieb, oder die Wut und Entschlossenheit auf meinem Gesicht.

Es gibt im Leben viele Wege, unter denen man wählen kann, aber jeder von uns kann nur einen Weg gehen. Rückblickend ist es fruchtlos, über all die anderen Wege nachzugrübeln, die man an einem bestimmten Punkt hätte einschlagen können. Weit produktiver ist es, die Strecke zu betrachten, die man zurückgelegt hat, und etwas aus der Reise zu lernen.

Ich beschloß oder wurde von etlichen Umständen und inneren Antrieben dazu gezwungen, weitere sechs Monate auf Lamu zu bleiben. Dummerweise hatte ich ein kleines Gasthaus auf der Seeseite des Hafens gepachtet. Auf seinem Dach war für mich eine Hütte gebaut worden. Die Geschäfte des Gasthauses wurden eher schlecht als recht von Ali, einem gebürtigen Kenianer, der offiziell als Unternehmer fungierte, geführt, während ich das Gasthaus finanzierte. Dieses Arrangement verschaffte mir zwar eine Wohnstätte, doch mein Geld schmolz rasch dahin. Die einzige Möglichkeit, das fast tägliche Abschalten von Strom und Wasser zu verhindern, war eine endlose Reihe von Gaunereien, windigen Genehmigungen und Bestechungsgeldern. Zu allem Überfluß eröffnete auch noch eine Woche nach meiner Rückkehr gleich nebenan eine Disco, die fünf Nächte in der Woche bis fünf Uhr morgens ausgemusterte amerikanische Platten durch ihre ruinierten Lautsprecher dröhnen ließ. Schlafen war unmöglich, und die paar arglosen Touristen, die Ali in das Gasthaus gelockt hatte, flohen nach einer Nacht.

Ich saß in meiner Hütte, kämpfte gegen den Wahnsinn und nahm meine im Sudan gesammelten Notizen auf Band auf. Ich hatte vor, mir diese Bandkassetten auf den Körper zu kleben, um sie vor den Dieben zu schützen, die gewohnheitsmäßig das Gepäck am Flughafen von Nairobi durchsuchten. Das jedenfalls war eine völlig rationale Vorsichtsmaßnahme. Der Flughafen von Nairobi war berüchtigt für seine Diebstähle.

Viele Male während dieser sechs Monate dachte ich sehnsüchtig daran, nach Hause zurückzukehren, aber es gab keinen Ort mehr, den ich mein Zuhause hätte nennen können. Mehrmals machte ich mir die Mühe, das zu packen, was ich brauchen würde, um der Insel zu entkommen und meine Reisen fortzusetzen. Ich stellte fest, daß ich unfähig war, auch nur die einfachsten Entscheidungen zu treffen, was ich mitnehmen und was ich über Bord werfen sollte. Ich schaffte es kaum, mich morgens anzuziehen.

Mir fiel kein Ort mehr ein, an den ich gehen wollte. Ich war plötzlichen, unvorhersehbaren und unkontrollierbaren Wutanfällen unterworfen, die sich meist gegen den verwirrten Ali richteten. Periodisch ergriff der Wahn von mir Besitz, auf Lamu gebe es Leute, die meine Ermordung planten, und ich wurde überaus umsichtig bei allem, was ich tat. Bis auf den heutigen Tag weiß ich nicht, ob ich an Paranoia gelitten habe oder ob das nur berechtigte Vorsicht war.

Irgendwo las ich die scherzhafte Beobachtung, wenn man auch paranoid sei, bedeute das auf keinen Fall, daß sie nicht hinter einem her wären. Auf Lamu war das eine todernste Angelegenheit. Alle paar Wochen wurde ein Leichnam an den Strand gespült, den die Strömung vom fünf Kilometer entfernten Hafen angetrieben hatte. Die Geschichte war immer dieselbe. Der Mann war betrunken gewesen. Er war von der Hafenmauer gefallen, als er nachts nach Hause torkelte. Oft wiesen die Köpfe dieser Ertrunkenen unerklärliche Verletzungen auf, und niemand konnte wirklich sagen, wie es in der mäßigen Strömung und dem weichen Sand des Strandes dazu gekommen war.

Ich weiß nicht, ob ich die Verrückte von Lamu oder der Engel von Lamu wurde. Vielleicht beides. Ich versuchte jede Frau, die ich finden konnte, vor den in den Dünen versteckten Vergewaltigern zu warnen. Ich redete unablässig – in den Teestuben, den Gasthäusern, an der Hafenmauer, überall, wo ich eine dieser Frauen traf. Vielleicht habe ich einige gerettet.

In den sechs Monaten, die ich auf Lamu blieb, sah ich fünf weitere Frauen, die von anderen Männern vergewaltigt worden sein mußten. Eine war ziemlich übel zusammengeschlagen worden, einer anderen hatte der Mann mit einem Messer das Gesicht zerschnitten, wieder einer anderen waren mehr als dreitausend Dollar geraubt worden, die sie bei sich hatte, und danach hatte der Dieb sie vergewaltigt. Als sie zur Sicherheit des kleinen Strandhotels zurückfloh, wurde sie von einem zweiten Mann angefallen, der wartend in den Dünen gelegen hatte. Er kam heruntergerast, als der erste Angreifer sie verließ, und hatte sie erneut vergewaltigt. Ich weiß nicht, wie viele Frauen die Insel noch hastig verließen, ohne jemandem zu erzählen, was ihnen passiert war, und die nur entkommen und irgendeinen Arzt suchen wollten. Die Polizei schnalzte mitfühlend mit der Zunge, versicherte jeder Frau, so etwas Schreckliches sei auf Lamu noch *nie* passiert, schrieb sorgfältig alles auf und tat dann absolut gar nichts.

Fast täglich kamen neue Besucher auf die Insel und reisten zwei oder drei Tage später wieder ab. Obwohl ich meine Geschichte in der Hoffnung, etwas Linderung zu finden, wieder und wieder erzählte, war es, als läse ich immer von neuem die erste Seite eines abgenutzten Buches. Es war, als ginge man täglich zu einem neuen Psychotherapeuten, nur um ihn dann nie wiederzusehen. Manchmal, für ein paar Tage, schien jemand, der ein oder zwei Tage länger blieb, eine Art emotionales Unterstützungssystem zu bilden. Dann verschwand es wieder.

Ich verbrachte die meiste Zeit allein mit Der Göttin in meiner Hütte. So inbrünstig ich sie auch darum bat, sie gab mir kein Zeichen. Endlich lernte ich die bittere Lektion, daß keiner kommen und mir helfen würde. Ich erkannte, wenn ich die Insel lebend verlassen und meine Kinder wiedersehen wollte, so mußte ich meine geistige Gesundheit aus meiner eigenen Kraft tief im Inneren zurückgewinnen. Da gab Die Göttin nach und schickte mir einen ihrer Engel.

Als ich ihn zum ersten Mal sah, saß er in einer der Teestuben, und sein schönes, glückseliges Lächeln zog mich sofort an. Er war ein gutaussehender Mann mittleren Alters mit breiten Schultern und kräftigem Brustkorb und sah überaus männlich aus. Er trug Khakishorts, die bemerkenswerte, muskulöse Beine sehen ließen. Sein prachtvoller, ergrauender Haarschopf glänzte seidig, und mir fiel auf, daß er eine Tonsur hatte.

Wir brauchten nicht lange, um ins Gespräch zu kommen. Er erzählte mir, er sei der Abt eines kleinen Klosters in San Francisco. Zu seinem fünfzigsten Geburtstag hatte ihm ein reicher Verwandter einen Urlaub an einem beliebigen Ort der Welt geschenkt, komplett mit der unbegrenzten Benutzung mehrerer Kreditkarten. Er hatte mit einer Reisevermittlerin über seinen Wunsch gesprochen, irgendwo in Afrika eine spirituelle Einkehr zu halten, und sie um Rat gefragt, wohin er gehen solle. Diese leider sehr blöde Person hatte auf eine Landkarte geschaut und ihn in ihrer Ahnungslosigkeit nach Lamu geschickt, eine der schlimmsten Lasterhöhlen in ganz Afrika.

Lamu, erbaut in der Blütezeit des Sklavenhandels und einer von einer Kette von Sklavenhäfen an den Küsten Afrikas, war einst eine reiche und makellos saubere islamische Inselstadt gewesen. Der Tourist, der heute seinen Fuß darauf setzt, findet einen malerischen Ort, der noch immer Reste seines früheren Charmes besitzt, wenn er nicht weiter geht als durch die zwei Hauptstraßen am Wasser. Sobald er diese aber verläßt, stellt er fest, daß der Rest der Insel unter nie weggeräumtem Müll erstickt. Offene Abflußgräben säumen die engen Gassen zwischen den Häusern, in denen überall übelriechender Schmutz fließt.

Wenn man etwas länger auf der Insel weilt, wird man sich einer anderen Art von Gestank bewußt. Die Stadt Lamu ist ein Zufluchtsort für Pädophile, die aus aller Welt scharenweise herbeiströmen. Für ein paar Pfennige sind kleine Kinder zu haben, und im Laufe der Zeit habe ich genau erfahren, welche Spezialität des Hauses viele der kleinen Gasthöfe am Ufer boten. Einige dieser Gasthäuser waren bloß ganz konventionelle Bordelle, aber die größte Nachfrage herrschte zweifellos nach Kindern.

Als der Abt das Flugzeug verließ, wurde er sofort von Kupplern umringt, die ihm kleine Mädchen anboten, Jungfrauen oder was sein Herz sonst begehrte. Sanft lehnte er ab und sagte, seine Religion verbiete ihm solche Dinge. Das schreckte die Kuppler jedoch nicht ab. Sie begannen sofort das Lob einer anderen Art von Ware zu singen, die sie ihm anbieten könnten: kleine Knaben, jung, zart und natürlich rein. Auf dem Gesicht des Abtes kämpfte Schmerz mit Empörung, als er mir diese demütigende Szene schilderte. Sie sollte sich während seines Aufenthalts auf der Insel noch viele Male wiederholen.

Wir wurden Freunde und erzählten uns gegenseitig unsere Geschichten. Er war in eine privilegierte Familie hineingeboren und

hatte einige der besten Universitäten des Landes besucht. Die religiöse Bindung hatte bei seiner Erziehung keine wichtige Rolle gespielt, und er hatte nicht groß darüber nachgedacht. Als er zweiunddreißig war, hatte er sich schon ein eigenes Vermögen erworben und war sehr weltmännisch. Er hatte zwei schöne Geliebte, die ihn beide genug liebten, um ihm die Existenz der jeweils anderen in seinem Leben zu verzeihen. Er besaß alles, was ein Mann sich nur wünschen kann: gute Gesundheit, einen athletischen Körper, die Liebe schöner Frauen, großen Reichtum, kultivierte und interessante Freunde, eine anregende und vielfältige Umgebung.
Eines Nachts erlebte er eine religiöse Erfahrung, eine Vision – er wußte nicht, wie er das nennen sollte. Es gab keine Erklärung dafür. Er war weder krank, noch stand er unter dem Einfluß von Drogen, Alkohol oder Trauer. Er wurde sich einfach einer Kraft bewußt, einer Präsenz in seinem Zimmer. Diese Erfahrung war so stark, daß er sein weltliches Leben aufgab, in ein theologisches Seminar eintrat und sich darauf vorbereitete, anglikanischer Mönch zu werden. Einige Jahre später legte er seine Gelübde ab und verpflichtete sich zu Keuschheit, Armut und Gehorsam. Seine Familie war zutiefst verstört. Seine untröstlichen Geliebten hatten ihm bis auf den heutigen Tag nicht verzeihen können.
Ich erzählte ihm, wie mich in meiner Kindheit die unverhohlene persönliche Heuchelei meines nach außen hin frommen Vaters belastet hatte und wie mich unerträgliche politische und soziale Lügen niedergedrückt hatten. Infolgedessen glaubte ich an absolut nichts. Ich war eine reuelose Skeptikerin, Heidin und Ungläubige. Keiner von uns fühlte sich gedrängt zu versuchen, den anderen von seiner Einstellung zum Leben abzubringen, und so vertiefte sich unsere Freundschaft.
Wir verbrachten viele Stunden zusammen. In der wohltätigen Aura seiner sanften Spiritualität begann ich zu genesen, und auch die Weisheit seiner weltlichen Erfahrung gab mir Kraft. Weil seine Männlichkeit eine so starke, sichtbare Komponente seiner Person und die Frage daher ganz natürlich war, erkundigte ich mich, ob sein Keuschheitsgelübde für ihn kein Problem sei. »Es begleitet mich an jedem Tag meines Lebens«, antwortete er demütig. »Ehe ich das Gelübde ablegte, hatte man mich gewarnt, daß es so sein

würde.« Ich war mir einer starken erotischen Strömung zwischen uns bewußt, und ich hatte keinen Zweifel, daß er das genauso deutlich empfand wie ich.

Nachdem er mir vier heilsame Wochen geschenkt hatte, schickte er sich an, die Insel zu verlassen. Er kehrte in sein Kloster zurück. Er und seine Mönche webten dort Stoffe und nähten handgewebte Hemden, um die Herberge zu unterhalten, in der sie heimatlosen Wanderern Nahrung und Obdach gaben. Ich wartete in seiner Hotelsuite, während er sich auf den Rückflug in sein anderes Leben vorbereitete.

Als er aus seinem Ankleidezimmer kam, trug er eine dunkle Kutte aus schwerem, mönchischem Gewebe, jeder Zoll der religiöse Asket. Wir umarmten uns zum Abschied. Ich verspürte eine Welle intensiver Sehnsucht, die Wärme seines sanften, starken, intensiv männlichen Körpers auf meinem zu empfinden.

Später kam mir in den Sinn, daß ich ihn wohl hätte verführen können, solange er seinem Kloster fern war, aber ich wußte auch, daß eine solche Verführung ebenso grausam gewesen wäre wie eine Vergewaltigung. Am Ende hätte sie ihm nur Schmerz und Reue eingebracht. Ich liebte ihn viel zu sehr, um ihm das anzutun.

Ich schrieb ihm einmal, als ich sicher in die Vereinigten Staaten zurückgekehrt war. Ich dankte ihm für seine Freundschaft und für seine Hilfe dabei, meine innere Kraft wieder zurückzugewinnen. Ich hörte niemals von ihm, aber das hatte ich vorher schon gewußt. Sein Armutsgelübde gestattete ihm nicht einmal den winzigen Luxus, eigenes Schreibpapier zu besitzen.

Zwei Wochen nach seiner Abreise warf ich wahllos einige Sachen in meinen Rucksack, sagte Ali, er könne alles andere behalten, wikkelte Die Göttin in ein Stück Kanga-Stoff und machte mich zum letzten Mal auf den Weg nach Nairobi. Ich fand ein bezahlbares Zimmer in einer als gefährlich bekannten Straße in der Innenstadt. Doch dieser Ruf spielte gar keine besondere Rolle. Ich hatte von Banden umringte Touristen im exklusivsten Teil des Zentrums von Nairobi gesehen, die ausgeplündert wurden, während die Polizei in die andere Richtung schaute. Schlimmer konnte dieser billige Aufenthaltsort auch nicht sein.

In meinem Geldgürtel versteckt hatte ich ein Ticket von Athen nach

New York bei mir, und nun mußte ich einen möglichst günstigen Flug von Nairobi nach Athen finden. Ich erkundigte mich bei mehreren Fluglinien nach den gängigen Preisen und stellte fest, daß sie für mich alle gleichermaßen unerschwinglich waren. Ich erinnerte mich an eine Information, die mir ein anderer Afrikareisender irgendwo auf meinem Weg gegeben hatte. Er hatte gesagt, ein Flug mit Aeroflot via Moskau sei die bei weitem billigste Möglichkeit. Ich beschloß, mich zu erkundigen.
Ich fand das winzige, nur aus einem Raum bestehende Aeroflot-Büro, spartanisch möbliert mit einem Schreibtisch und zwei Stühlen, im Obergeschoß eines Hauses in einer Nebenstraße. Das Zimmer war voll mit Leuten, die eindeutig aus ganz Europa und Asien stammten. Sie warteten geduldig, während die einzige Angestellte am Schreibtisch Tickets ausstellte.
Endlich kam ich an die Reihe. Ich setzte mich ihr gegenüber an den Schreibtisch und sagte ihr, was ich wollte. Ein billiger Flug nach Athen sei tatsächlich möglich, informierte sie mich. Ich könne in zwei Tagen abfliegen. Perverserweise wurde die Maschine in Ägypten aufgetankt, gleich auf der anderen Seeseite Athen gegenüber, doch die Passagiere mußten an Bord bleiben. Dann würde die Maschine nach Moskau weiterfliegen, die Passagiere mußten für unbestimmte Zeit in einem Transithotel warten, und dann würde ein anderes Flugzeug nonstop Europa durchqueren und uns nach Athen bringen. Es würde nicht möglich sein, so kurzfristig ein Transitvisum zu erhalten. Dazu brauchte man zwei Wochen. Während der Dauer meines Aufenthalts würde ich also in dem Transithotel bleiben müssen.
Das war vor der Zeit von Glasnost. Ich hatte die Grenze nach Rußland noch nie überschritten, und dies schien mir eine passende Art, meine Reise zu beenden. Ich kaufte das Ticket.
Die Maschine startete, wie üblich, um irgendeine unchristlich frühe Morgenstunde. Man mußte zwei Stunden vor Abflug am Flughafen sein, um die langwierige Prozedur der Zollkontrolle hinter sich zu bringen. Es schien kaum ratsam, um drei Uhr nachts auf der Suche nach einem Taxi in den Straßen von Nairobi herumzulaufen. Ich beschloß also, wie schon so oft die Nacht auf dem Fußboden des Flughafens zu verbringen.

Ich kam um neun Uhr abends dort an, suchte mir einen Platz an der offenen Tür zur Kabine der Sicherheitswachen, legte mich vorsorglich auf meinen Rucksack und versuchte vergeblich zu schlafen. Um Mitternacht war es auf dem Flughafen still geworden. Ich hörte nur gelegentlich Schritte kommen und gehen, das Summen eines fernen Staubsaugers, die Ablösung des Wachmanns in der Kabine durch einen anderen. Niemand störte mich an meinem gut gewählten Platz. Am frühen Morgen begannen andere Passagiere einzutreffen. Ich schleppte mein Gepäck dahin, wo eine indische Familie mit fünf stillen, großäugigen Kindern und zwei alten Großeltern saß, und schlief während einer Stunde immer wieder kurz ein. Dann schloß ich mich einer Gruppe anderer Passagiere an, die zum Einchecken bei den mühseligen Flughafenkontrollen anstanden.
Es war Ende März. Die Nacht in Nairobi war ziemlich warm gewesen, und ich hatte für die Reise ein Baumwollkleid und Sandalen angezogen. Meinen warmen Pullover und meine Stiefel hatte ich ganz oben in den Rucksack gestopft, damit ich sie anziehen konnte, wenn wir den Moskauer Flughafen erreichten. Ich ging an Bord, im Handgepäck nur eine kleine Tasche mit meinen kostbaren Notizen und Filmen, ein Buch, meine winzige Kamera, eine Brille, einen Baumwollschal und auch ein Paar warme Socken, die ich aus irgendeinem Grund noch eingepackt hatte. Den Rucksack hatte ich abgegeben. In den Armen trug ich Die Göttin, in eine doppelte Lage Kanga-Tuch gewickelt. Meine Tonbänder hatte ich mir fest mit Pflaster um die Taille geklebt.
Das Flugzeug hob ab, und ohne eine Spur von Bedauern sah ich zu, wie Kenia unter mir verschwand. Irgend etwas in meiner Psyche verschob sich, und ich fühlte mich plötzlich wieder vollkommen normal. Einige Stunden später landete die Maschine in Kairo. Nach dem Auftanken mußten wir auf der Rollbahn unerklärlich lange warten, und schließlich waren wir wieder in der Luft und über Europa auf dem Weg nach Moskau. Die Müdigkeit überwältigte mich fast sofort, und den größten Teil des Fluges verschlief ich in traumloser Sicherheit.
Als ich erwachte, war später Nachmittag. Die Maschine sollte gleich landen, und ich starrte erstaunt auf die fremde, schneebedeckte Welt, die unter mir sichtbar wurde. Eine kalte Wintersonne

hing über dem Horizont. Blattlose Bäume bogen sich im Wind. Seit sehr langer Zeit hatte ich keine Winterlandschaft mehr gesehen.
Als wir die Maschine verlassen hatten, wurden die Transitpassagiere sofort von den wenigen Mitreisenden getrennt, die in das Land einreisten. Als Gruppe wurden wir von drei jungen Soldaten mit Automatikwaffen durch den stillen und einmalig schönen Flughafen geführt. Sie brachten uns in ein kahles, ungeheiztes Hinterzimmer, und wir stellten uns an, um unsere Papiere und unser Handgepäck kontrollieren zu lassen. Ein Gepäckwagen mit unserer restlichen Habe rollte herbei und wurde in vier Schritt Entfernung abgestellt. Ich zitterte inzwischen vor Kälte und dachte sehnsüchtig an meine warmen Kleider. Ich konnte meinen Rucksack sehen, der verlockend ganz oben auf dem Gepäckstapel des Wagens lag.
Versuchsweise tat ich zwei Schritte in seine Richtung, und sofort wurde eine Waffe auf meine Brust gerichtet. Ich blieb stehen und fragte die Aufsichtsbeamtin, die mir am nächsten stand: »Bitte, wäre es vielleicht möglich, daß ich mir meine Jacke und Schuhe hole? Ich habe alle meine warmen Sachen da im Rucksack.« Ich zeigte darauf. Die teiggesichtige Frau schüttelte säuerlich den Kopf.
»Njet. Kein Gepäck. Gepäck bleibt hier.« Es war mir sofort klar, daß eine Fortsetzung der Diskussion überhaupt keinen Sinn hatte. Ich erkannte, daß ich mit dem würde auskommen müssen, was ich bei mir hatte.
Ich setzte mich auf den Boden, öffnete meine Handtasche und nahm den Baumwollschal und die Socken heraus. Ich zog die Socken an und band mir den Schal um den Kopf. Dann wickelte ich Die Göttin aus dem Kanga-Tuch und hüllte mich darin ein.
Die Augen in dem teigigen Gesicht betrachteten sie erschrocken.
»Was ist *das*?« Sie zeigte darauf. »Ein Grabstein«, antwortete ich mit strahlend liebenswürdigem Lächeln.
»*Wofür* ist das?«
Mein strahlender Gesichtsausdruck gab ihr zu verstehen, daß die Antwort doch auf der Hand lag. »Es ist für mein Grab.« Ihr Kinn fiel herunter. Ich blickte über meine linke Schulter und fügte übertrieben düster hinzu: »Man weiß doch nie. Seinen Tod hat man immer bei sich.«

Sie murmelte leise etwas auf russisch, hielt sich den Zeigefinger an die Schläfe und drehte ihn langsam. Das Milchgesicht mit dem Automatikgewehr kicherte hinter vorgehaltener Hand. Ich zwinkerte ihm spielerisch zu, und er kicherte noch mehr.
Nachdem wir abgefertigt waren, wurden wir nach draußen geführt und standen zwanzig Minuten im kalten Wind, auf den Bus wartend, der uns ins Transithotel bringen sollte. Vom Frost geschüttelt, hüllte ich mich in mein Kanga-Tuch und dachte reuevoll an die Träger auf dem Mount Kenia.
Das große, einzige Fenster des eiskalten Zimmers, das mir zugewiesen wurde, war vergittert. Der Raum besaß ein eigenes Bad mit einer altmodischen, körperlangen Badewanne, deren Hähne scheinbar unbegrenzte Mengen unerwartet heißen Wassers verströmten. Ich ließ mir ein dampfendes Bad ein und schwelgte eine Stunde lang darin, um meine steifen Glieder aufzutauen. Dann kleidete ich mich an, zog eine schwere Wolldecke vom Bett und wickelte mich darin ein wie in eine Toga. Nachdem ich meine Lenden solcherart gegürtet hatte, verließ ich mein vergittertes Zimmer und folgte dem Geräusch von Geschirrklappern in den düsteren Speisesaal.
Die Transitfrist von unbestimmter Länge zog sich nun schon den dritten Tag hin, und das Flugzeug nach Athen hatte sich noch nicht materialisiert. Ich hatte mein Buch ausgelesen und allen versäumten Schlaf nachgeholt. Obwohl ich ernstlich suchte, hatte ich keinen Menschen gefunden, der besonders daran interessiert war, sich mit mir zu unterhalten. Ich schien die einzige ältere Frau zu sein, die allein reiste; alle Englisch sprechenden jungen Leute hockten paarweise zusammen. Nach einigen mißlungenen Gesprächsversuchen mit mehreren unscheinbaren jungen Reisenden gab ich auf. Die Gefängnisatmosphäre des Transithotels hatte ihren anfänglichen bizarren Reiz verloren, und da es an interessanten Unterhaltungen fehlte, begann ich mich nach anderen Möglichkeiten umzusehen, meine Langeweile zu lindern. Ich wanderte in den beiden Hoteletagen herum, in denen die Transitpassagiere isoliert waren, und fühlte mich zunehmend rebellisch. Ich hatte immer weniger dagegen, ein kleines bißchen Aufruhr zu machen.
In der Halle gab es zwei Aufzüge zu den Stockwerken für die Transitpassagiere, die vom Rest des großen Hotels abgetrennt waren.

Zwei Matronen, die für ein Stockwerk verantwortlich waren, lagen mit hängenden Armen und Beinen faul schlummernd auf ihren Stühlen, die Schuhe von sich geworfen. Ich fand, daß ihre Haltung ihrer gewichtigen offiziellen Stellung nicht entsprach. Schließlich hatten sie doch die Aufgabe, das Mutterland vor gefährlichen durchreisenden Ausländern zu schützen. Still setzte ich mich auf einen Stuhl ihnen gegenüber, nahm meine kleine Kamera heraus und machte ein belastendes Foto davon, wie sie ihre Arbeitszeit verbrachten.

Beim Klicken des Auslösers schreckten sie sofort hoch und entfalteten blitzschnell hektische Aktivität. Eine von ihnen drängte mich mit ihrem massiven Rumpf körperlich in die Ecke, bereit, mich mit Gewalt am Aufstehen zu hindern, während die andere in flatternder Eile die Wählscheibe ihres Schreibtischtelefons drehte und aus voller Kehle dauernd »*Spion! Spion!*« schrie.

Nach einer Minute antwortete jemand. Aufgeregt platzte sie mit ihrer Geschichte heraus, die, soweit ich das mitbekam, von der gefährlichen Spionin handelte, die sie soeben beim Fotografieren des Hotels ertappt hatte.

Endlich legte sie auf und lehnte sich mit über der Brust gefalteten Armen zurück. Ihr Gesichtsausdruck besagte: »So, jetzt wird es dir schlechtgehen!« Dann warteten wir alle auf das Erscheinen des Exekutionskommandos. Die Dicke griff nach meiner Kamera, aber die Spionenjägerin hinderte sie rasch daran, sie mir wegzunehmen. Es war klar, daß sie wollte, daß man mich damit ertappte.

Ich steckte die Kamera wieder in die Tasche, und wir warteten. Nach vielleicht zehn Minuten läutete das Telefon. Die Spionenjägerin nahm den Hörer ab, und ich hörte am anderen Ende der Leitung eine laute Männerstimme bellen. Je länger die Frau zuhörte, desto enttäuschter sah sie aus. Augenscheinlich stand nicht unbedingt die Todesstrafe darauf, Fotos von herumlungernden Matronen in der Transitetage des Hotels aufzunehmen. Schmollend legte sie den Hörer auf, erhob sich von ihrem Stuhl, reckte in Schulterhöhe den Arm und wies mit dem Zeigefinger auf mich. »Madam! Gehen Sie in Ihr Zimmer!« befahl sie. Ich wies auf den Fernsehapparat, um ihr zu verstehen zu geben, daß ich in die Halle gekommen war, um fernzusehen. Sie pflanzte sich unerbittlich davor auf. Kein

Fernsehen für unartige Kinder. »Gehen Sie in Ihr Zimmer, Madam!« wiederholte sie streng.
Gehörig gestraft zog ich mich in den Aufzug und zu dem Fernsehgerät im nächsten Stockwerk zurück. Dort sah ich eine Anzahl hervorragender Kulturprogramme, bis über die Lautsprecher die Ankündigung kam, das Flugzeug nach Athen starte in einer Stunde.
Als ich auf dem Weg nach draußen an der Sicherheitskontrolle vorbeikam, schälte ich mich aus meiner warmen, lebensrettenden Toga, faltete sie sorgfältig zusammen und reichte sie einem der Wachleute. Das Wetter hatte sich erwärmt, die Luft war frühjahrsmild, und ich atmete tief den süßen Duft der Freiheit ein, während der Bus uns zu unserer Maschine brachte.
Die Straßen in Athen waren unerwartet still. Es war eine Art verlängertes Feiertagswochenende, und fast alle hatten die Stadt verlassen, wie sich herausstellte, auch die Freunde, die ich auf dem Rückweg in die Staaten hatte besuchen wollen. Ich fand eines von vielen kleinen Hotels nahe der Hauptstraße im Stadtzentrum, wo ich bleiben konnte, bis ein Heimflug möglich war.
Auch das Hotel war still und schien praktisch verlassen. Der Manager am Empfang hatte ein dunkles, fettiges Gesicht und machte den Eindruck, er sei gerade aus dem Bett aufgestanden. Er nahm meinen Paß, stellte fest, daß ich Amerikanerin war, und musterte mich abschätzend von oben bis unten. Als er schrieb, bemerkte ich, daß er Wurstfinger und schwarze Ränder unter den Fingernägeln hatte. Seine harten schwarzen Augen zeigten einen gierigen Ausdruck, der mich veranlaßte, ein Zimmer mit einem schweren Riegel auf der Innenseite der Tür zu verlangen.
Als ich meinen Rucksack durch den schmalen, schlecht erleuchteten Gang wuchtete, um mein Zimmer zu finden, sah ich, wie eine Tür sich einen Spalt öffnete, und hatte das starke Gefühl, daß Augen nach mir spähten. Unbehaglich eilte ich daran vorbei, betrat mein Zimmer und verriegelte die Tür. Das Zimmer war überraschend angenehm und geräumig mit hohen weißen Wänden und einem großen Fenster, durch das die warme griechische Sonne flutete.
Nach einer Weile gab ich meinem üblichen intensiven Wunsch nach, mich vom Staub der Reise zu reinigen, und machte mich auf die Suche nach einer Dusche. Wieder öffnete sich dieselbe Tür einen

Spalt, und ich spürte, daß Blicke mir durch den Gang folgten. Hastig suchte ich das Badezimmer, vergewisserte mich zweimal, daß die Tür fest verriegelt war, und seifte rasch unter dem kaum lauwarmen Wasser meinen Körper ein. Angenehm erfrischt, frottierte ich mich ab, zog mich an und ging über den Gang zurück zu meinem Zimmer.

Diesmal stand die geheimnisvolle Tür weit offen, und ein bezauberndes junges Wesen in Khaki-Wüstenshorts stand da und lächelte mich hoffnungsvoll an. »Ich heiße Avi«, sagte er, »und bin aus Israel. Du bist Amerikanerin, nicht?« Dann fügte er naiv hinzu: »Ich weiß es schon, ich bin nämlich nach unten gegangen und habe den Manager am Empfang gefragt, woher du kommst.« Ich wußte, bei mediterranen Männern galten amerikanische Frauen notorisch als leicht verführbar.

Er trat zwei Schritte in sein Zimmer zurück und fuhr fort: »Ich hatte gehofft, du würdest mir beim Essen Gesellschaft leisten, damit wir reden und Freunde werden können. Willkommen.« Ich schaute an ihm vorbei und sah, daß er ein kleines Festmahl aus Oliven, Datteln, Pita-Brot, Hummus und Wein vorbereitet hatte. »All das habe ich aus Israel mitgebracht«, drängte er. »Ich bin gerade aus der Armee entlassen worden.« Da ich plötzlich hungrig war und auch sicher, daß mir hier nichts Böses passieren würde, betrat ich das Zimmer.

Avi war über seinen Fang ungeheuer erfreut, und seine jungen, hellen Augen leuchteten vor Glück und Lust. Mein kleiner Spinnenmann war einundzwanzig. Er hatte dickes, lockiges schwarzes Haar, das vor Gesundheit glänzte, und einen abgehärteten, schlanken Körper. Er hatte drei Jahre lang in der Wüste gedient und war ausgehungert nach Erfahrungen. Es schien ihm überhaupt nicht in den Sinn zu kommen, mich »Mutter« zu nennen. Seine Begeisterung war grenzenlos, er war lieb und seine herzergreifend naive Verführungstechnik köstlich amüsant. Nachdem wir einige Zeit zusammen verbracht hatten, entdeckte ich, daß mein Körper wieder zur Lust fähig war, und da ich mich geheilt fühlte, ließ ich ihm seinen Willen.

Nach ein paar Tagen war ich in der Lage, den Rückflug in die Vereinigten Staaten anzutreten. Der Feiertag war vorüber, das alltägliche

Athen wieder voller Menschen, der Lärmpegel wahnsinnig wie immer, die gequälte Luft wieder durchsetzt und verschmutzt von erstickenden Ausdünstungen. Ich war glücklich zu entkommen. Ich küßte meinen ekstatischen, höchst erfahrenen Liebhaber zum Abschied und flog davon.
Als ich die Zollabfertigung der Vereinigten Staaten erreicht hatte, wurde mein Gepäck überhaupt nicht durchsucht. So erging es mir immer. Weil ich aber aussah wie eine Frau, die frisch aus der Wildnis kam, wollte jedermann wissen, wo ich gewesen sei und was ich gemacht hätte. Die Göttin war wieder in ihr Kanga-Tuch gewickelt. Nur ihre skelettartigen Füße schauten heraus. »Was ist *das* denn?« fragte die Zollbeamtin, und ihr Abscheu war deutlich sichtbar.
»Das ist nur eine Holzschnitzerei«, sagte ich. »Möchten Sie sie sehen?«
»Nein, nein«, antwortete sie nachdrücklich und winkte mich schnell durch.
Als ich mein Zimmer erreicht hatte, wickelte ich Die Göttin aus, zog auch mich selbst ganz aus und ölte sorgfältig unsere beiden Körper ein. Dann setzte ich mich nackt ihr gegenüber auf den Boden und streichelte sanft ihr dunkel schimmerndes Holz.
»Mutter«, sagte ich. »Es ist Zeit, daß wir von Frau zu Frau miteinander reden. Ich bin des Exils müde. Ich muß einen Platz finden, den ich mein Heim nennen kann, und ich habe ein dringendes Bedürfnis nach Liebe. Sag mir, was ich tun muß.«
Über die Jahrtausende hinweg hörte ich ihre Stimme wie eine Silberglocke lieblich lachen. »Du kennst die Straße«, sagte sie zu mir, »und du wirst deinen Weg finden. Du wirst finden, wonach du suchst.«
Und so war es auch. Wahrhaftig, so ist es gewesen.

Kristallnacht:
Wiederbegegnung mit Deutschland

Einige Jahre später, 1988, war ich wieder einmal auf dem Weg von Hamburg nach Kopenhagen. In diesen beiden schicksalhaften Städten hatte ich die engsten Freundschaften geschlossen, so daß sowohl die Umstände als auch mein Herz mich immer wieder dorthin zogen.
Es war im November, und in vielen Städten Deutschlands hatte es Gedenkfeiern zum fünfzigsten Jahrestag der berüchtigten »Kristallnacht« gegeben, die den offiziellen Beginn der Vernichtung fast der gesamten europäischen Judenheit durch die Nazis markierte. Ich saß nachdenklich und allein in meinem Abteil und wurde mir nur gelegentlich der kahlen, kalten Herbstlandschaft bewußt, die an mir vorbeizog. Ich dachte daran, wie lange alles her war und wie meine Alpträume endlich doch verblaßt waren.
Als der Zug an einem kleinen Bahnhof hielt, öffnete sich die Tür zu meinem Abteil. Ein junges Paar mit zwei kleinen Kindern schaute hoffnungsvoll herein und erkundigte sich, ob noch Platz sei. »Bis jetzt bin ich die einzige Reisende«, sagte ich lächelnd. Und dann, wie zurückversetzt in den Sudan, wo ich dieses Wort so oft und unter ähnlichen Umständen gehört hatte, fügte ich hinzu: »Willkommen.«
Dankbar richteten sie sich im Abteil ein und erklärten, sie hätten keine Platzreservierungen und großes Glück, alle zusammen unterzukommen. Sie fuhren nach Hause, was nur zwei Stunden dauerte, nachdem sie mit den Kindern einen kurzen Urlaub gemacht hatten. Sie fragten mich, wohin ich führe, und ich sagte ihnen, ich käme aus Hamburg und sei unterwegs nach Kopenhagen.
Beide kümmerten sich sehr aufmerksam um die Kinder und sorgten dafür, daß diese glücklich mit ihren Büchern und Spielen beschäftigt

waren. Ich war sofort fasziniert von der ganzen Familie. Jeder von ihnen strahlte eine Aura von gleicher Wärme und Respekt für die anderen aus. Die Eltern beantworteten mit anscheinend endloser Geduld und Aufrichtigkeit alle Fragen der Kinder, und die Kinder hatten etwas Freies und mühelos Selbstbeherrschtes an sich, dem man keinerlei elterlichen Zwang anmerkte. Unwillkürlich staunte ich. Ich muß sie alle angestrahlt haben, denn bald strahlten sie zurück.

Ein paar Augenblicke später verließ ich das Abteil auf der Suche nach einem Wasserhahn, und als ich zurückkam, sprach der Vater mich in entschuldigendem Ton an: »Bitte, wir möchten nicht aufdringlich sein, aber während Sie fort waren, versuchten wir zu raten, woher Sie kommen. Sie sprechen perfekt Deutsch, und trotzdem sind wir sicher, daß Sie nicht von hier sind. Sie sehen so interessant und ungewöhnlich aus, daß wir sehr neugierig sind, und Sie wirken so freundlich, daß wir dachten, Sie würden nicht böse, wenn wir fragen.«

Ich erklärte, ich sei Amerikanerin, hätte kürzlich einige Jahre lang Afrika bereist, sei aber in Hamburg geboren und hätte es 1938 als Kind verlassen.

Das junge Paar sah plötzlich alarmiert und bedrückt aus, und die Frau fragte zögernd: »Sind Sie aus *politischen* Gründen fortgegangen?«

Ich nickte bejahend. »Ja, so könnte man sagen«, antwortete ich und fügte sanft hinzu: »Das waren schlechte Zeiten für *jedermann*.«

Es war, als sei ein Leichentuch über sie gefallen, und die Kinder schauten verwundert zwischen uns hin und her. »Was ist?« fragte ich. »Das ist alles so lange her. Warum sind Sie so verstört?«

»Wir haben oft miteinander darüber gesprochen«, sagte der junge Mann stockend. »Wir empfinden solche Schuldgefühle wegen dem, was unsere Väter Ihnen und der ganzen Welt angetan haben.«

»Nein!« Ich schrie beinahe. »Das dürfen Sie nicht! Das dürfen Sie sich und diesen schönen Kindern nicht antun! All das passierte, bevor irgendeiner von Ihnen auf der Welt war! Das hat nichts mit Ihnen zu tun! Nichts! So etwas wie *kollektive* Schuld gibt es nicht. Solche Gedanken müssen Sie abwehren, wann immer sie kommen,

und sich statt dessen an das erinnern, was ich Ihnen sage: Sie sind für keinen Teil der Vergangenheit verantwortlich. Das ist tot und vorbei, und Sie waren noch nicht einmal am Leben, als all das passierte. Leben Sie für die Gegenwart, leben Sie für die Zukunft, vergeuden Sie Ihre Energien nicht an geborgte Schuld. Ich verstehe, was Sie sagen. Ich verstehe, was Sie fühlen, aber Sie müssen dagegen ankämpfen, und wenn es kommt, müssen Sie ihm sagen, daß es in Ihrem Leben keinen Platz hat.«
Dann erzählte ich ihnen von der »Schuld des Überlebenden«, unter der ich jahrelang gelitten hatte, einfach, weil ich noch am Leben war, einfach, weil ich nicht die Schrecken erduldet hatte, die fast alle meine Zeitgenossen erleiden mußten. Ich hatte mich durchs Leben geschleppt, unfähig, Freude zu empfinden, weil so viele, die mehr Verdienste besaßen als ich, umgekommen waren. Eines Tages hatte ich, ähnlich wie diese jungen Menschen, diese Gefühle einer älteren Frau gestanden, und auch sie hatte mich angeschrien, ich solle mit dieser Häresie aufhören, diesen Wahn bekämpfen, ihn mit der Realität konfrontieren, daß ich persönlich für *keinen* einzigen dieser Tode verantwortlich war, daß ich keinen einzigen davon verursacht hatte. Das hatte ich getan, und langsam und allmählich war der Wahn gewichen.
Die Kinder fragten, worum es ginge, und die Eltern erzählten ihnen die traurige Geschichte ihres Landes. Sie befolgten das, was ich gerade gesagt hatte, und erklärten den Kindern, es sei in keiner Weise ihre Schuld und lange vor ihrer Geburt passiert. Ihre Augen glänzten vor Dankbarkeit, während sie sprachen.
Dann befragten sie mich über Afrika, und ich erzählte ihnen, was ich da gemacht hatte, was ich da lernte, und von dem Buch, das ich schließlich darüber geschrieben hatte. Ich erzählte ihnen von meinem langen Wandern und wie es mein ganzes Leben verändert hatte.
Als der Zug schließlich ihr Ziel erreicht hatte, waren sie ganz aufgeregt. »Was für eine Begegnung«, sagten sie immer wieder. »Ihretwegen war das eine ganz besonders denkwürdige Reise. Wir werden nie vergessen, was Sie uns gesagt haben.« Wir schüttelten einander die Hände, und sie verließen das Abteil.
Der Zug fuhr wieder an. Ich lehnte mich in meinen Sitz zurück und

hörte plötzlich ein heftiges Klopfen am Fenster. Ich sah hinaus, und da waren sie alle, wie alte Freunde, mit strahlenden Gesichtern, und winkten mir zum Abschied. Ich legte beide Hände auf mein Herz in einer universellen Geste der Liebe, und als der Zug schneller fuhr, sah ich sie in der Ferne verschwinden.